高校图书馆资源与服务体系建设研究

王爱玲 著

中国原子能出版社

图书在版编目（CIP）数据

高校图书馆资源与服务体系建设研究/王爱玲著．—北京：
中国原子能出版社，2021.9（2023.1 重印）

ISBN 978-7-5221-1563-4

Ⅰ．①高…　Ⅱ．①王…　Ⅲ．①院校图书馆-资源建设-研究
②院校图书馆-图书馆服务-研究　Ⅳ．①G258.6

中国版本图书馆 CIP 数据核字（2021）第 183960 号

高校图书馆资源与服务体系建设研究

出版发行	中国原子能出版社（北京市海淀区阜成路 43 号　100048）
责任编辑	刘东鹏
责任印刷	赵　明
印　　刷	河北宝昌佳彩印刷有限公司
经　　销	全国新华书店
开　　本	787 mm×1092 mm　1/16
印　　张	10.25
字　　数	220 千字
版　　次	2021 年 9 月第 1 版　　　2023 年 1 月第 2 次印刷
书　　号	ISBN 978-7-5221-1563-4
定　　价	56.00 元

出版社网址：http：//www.aep.com.cn

前　言

　　高等学校图书馆是学校的文献信息资源中心，是为人才培养和科学研究服务的学术性机构。图书馆的主要职能是教育职能和信息服务职能。图书馆的主要任务是：建设全校的文献信息资源体系，为教学、科研和学科建设提供文献信息保障；建立健全全校的文献信息服务体系，方便全校师生获取各类信息；不断拓展和深化服务，积极参与学校人才培养、信息化建设和校园文化建设；发挥信息资源优势和专业服务优势，为社会服务。围绕高校图书馆职能与任务，实践中，各高校图书馆的实际表现良莠不齐。

　　随着计算机自动化与网络化技术在图书馆的应用，图书馆的布局也向一种开放式大环境转变，书库的主要功能已经从过去的单纯藏书变为现在的集阅览、收藏与流通为一体的大书库。读者要利用图书馆获取信息资料，并不是单纯靠借书来实现。在数字化网络化环境下，图书馆开展科学文化传播的服务模式正在悄然变化。一些高校或科学院系统图书馆引入"知识发现系统"，链接多方资源和服务，支持人们对科学知识的关联与联想，实现知识创新和进步，已经成为大势所趋。如中国科学院国家科学图书馆开通"科学文化传播服务"平台，立足自有特色资源，并与多方资源有效集成，重点传播科学研究的社会价值、科学团队的文化精神、科学家的文化人生等内容，开展科学文化传播服务，实现优秀科学文化信息的共建共享。

　　图书馆工作是一个重要方面，因此，高校的领导要像抓好教学科研工作一样抓图书馆工作。图书馆的专业人员要适应形势发展的需要，努力提高业务水平和服务质量，使图书馆在高校的支柱地位不断加强，以充分发挥其职能和作用。

王爱玲

郑州轻工业大学

2021 年 3 月

目　录

第一章 图书馆管理概述

第一节 图书馆管理的历史沿革

图书馆是人类文明发展到一定阶段的产物。图书馆的建立，需要有一定数量的各类图书、专门的管理人才以及适当的保管场所。在漫长的岁月里，有关图书馆的管理经历了不同的阶段，显现出不同的特征。

一、古代的图书馆管理实践

（一）古代西方的图书馆管理

从中外的古代历史来看，图书馆均产生于人类进入文明时代、阶级和国家出现后的奴隶社会，中国是这样，埃及、两河流域及印度、希腊、罗马等也都是如此。在西方社会早期，古埃及、古希腊和古罗马的图书馆比较有特色，只是它们的管理尚处于自发的萌芽阶段。

早期的图书馆建立者一般为王室，管理者多为学者，馆藏内容多为世俗性图书。古埃及有名的尼尼微（Nineveh）图书馆就是亚述巴尼拔（Ashurbanipal）国王建立的，收藏的文书内容广泛，包括各种宗教铭文、文学作品、天文观测记录、医学原典、数学、化学、植物学及其他科学著作，也有历史文献、条约、法律、书信、命令，还有王室的经济报表、房屋和沟渠建筑的报告等。后来的亚历山大（Alexandria）图书馆的建立应该归功于埃及国王托勒密一世（Ptolemaios、Ptolemaeus 或 Ptolemy），该馆建立后，国王经常派人到各地高价购买图书，此外，他们还借来不少书籍抄成复本。亚历山大图书馆的藏书十分丰富，不仅收藏希腊的几乎全部的重要文献，还收有其他各国的学术作品。与亚历山大同时期的帕加马图书馆是国王阿塔罗斯一世（AttalosI 或 AttalusI）开始建造的，该馆很注意聘请有名学者任职，如有名的希腊语法学家克拉特斯担任馆长。帕加马的几代国王都热心于收集和抄写书籍，把帕加马图书馆建成仅次于亚历山大图书馆的大图书馆。

早期的图书馆在整理、编目上已开始了探索。亚述王国图书馆所藏的泥版文书都按不同主题排列，在收藏室的门旁和附近的墙壁上注有泥版文书的目录。对篇幅较大的泥版文书还做一些简单叙述，有的还摘录了书中的重要部分。亚历山大图书馆的馆长卡里马科斯编制了该馆的图书目录，该目录叫《皮纳克斯》(Pinakes，又名《各科著名学者及其著作目录》)，是一部名著解题目录，达 120 纸草卷。书目共分几大类即戏剧家、诗人、法律家、哲学家、历史学家、雄辩家、修辞学家、医学家、数学家、自然科学家、杂家，每一类再按细目或年代排列。每一作品都附有著者生平介绍、书名、作的开头几句话、作品的总行数及评价。

罗马公共图书馆的馆藏主要来源于对希腊战争的掠夺，建立者多为皇帝，管理者初期都是著名的学者，后来经过多次政府行政改革，罗马城里的全部公共图书馆都由行政长官管理，但馆内的业务工作还是由学者担任，一般馆员大部分是国家的奴隶或被解放的奴隶，因而，早期罗马图书馆馆员的社会地位是相当低贱的，这同兴旺时期的亚历山大图书馆和帕加马图书馆馆员的社会地位是无法相比的。但随着图书馆的增多，馆员的地位逐渐提高，分工趋于专业化，出现了馆长、馆员、副馆员、助理馆员之类的等级，这些馆员除了从事图书的采购、修补、摘录、排列等工作外，有的还从事抄写或翻译。女性馆员在这时期也开始出现。中世纪为欧洲封建社会产生、发展和衰落的时期。这一时期，图书馆的命运随着社会环境的变动而跌宕起伏。基督教产生之后，出现了修道院图书馆。随着古罗马帝国的覆没，基督教支配了政治、思想、文化、教育等各个领域，古代大型图书馆无影无踪，修道院图书馆成为学术中心。修道院图书馆的平均藏书量在 200 ~ 300 册，收藏的基本都是基督教书籍，历史悠久的意大利的博比奥修道院图书馆才拥有大约 50 册的藏书。由于图书数量少，制作不易，因此，图书的出借十分严格。在修道院内部借书，有的规定一年办一次集体借书，在特定的日子，所有的僧侣都要前来归还上一年借走的书，然后借当年要看的书。馆内因管理不善而遗失图书的，管理者不仅要赔偿与书价相等的金币，还要另加罚款。几乎所有的修道院图书馆都附设抄写室，由于抄本的抄写费时费力，致使价值昂贵，因而，修道院图书馆采取了严格的保护措施，图书多存放在书箱或书柜内，大多数加锁，陈列在书桌上或台上的书被装上铜架子或铜圈，再用铁链拴住防范甚严，修道院图书馆的目录比较落后，一般只有财产登记簿模样的东西。随着藏书的增加，有的图书馆开始粗分所藏图书，但分类标准极不统一。有的按宗教书和非宗教书分类，宗教书的顺序是：圣经、圣父的著作，他们的传说，有关的注释书等；有的按文种分类，如拉丁文和其他文种分别搁放；有的按照书的开本大小分类；有的按赠寄者的不同来源加以编排。修道院图书馆的目录编制虽然简单，但部分修道院图书馆却在有限范围内开辟了馆际互借，甚至编制了联合目录。

此时在阿拉伯世界，伊斯兰教图书馆异军突起，达到相当高的水平，如设在科尔多瓦的皇家图书馆。该图书馆的藏书超过 40 万册，目录达 44 卷，其藏书也绝不是专藏伊斯兰教书籍，而是注意收集世界各国的任何时期、任何学科的图书，并加以抄写和翻译，内容包括宗教、地理、历史、自然科学、哲学、各种辞典、文法、教科书、簿记和会计的图书以及有关各地货币兑换率等资料。工作人员通常有数百名，包括抄写员、书籍装订装帧工和警卫，馆长不是学者就是著作家或诗人，因此，当一名管理图书的官员成为当时显贵家族的子弟所羡慕的职业之一。伊斯兰教图书馆的分类比较明确，共分为《古兰经》、经济历史、诗歌、教义学、法学、哲学、消遣文学、宗教、炼金术等，大类之下由各图书馆根据需要进行复分。此外，还制定了图书借阅规则，规定不得在书上加旁注，不得转借，不得将所借书用作个人私事的抵押品，按规定时间还书，还书时应附有阅读该书的感谢信等。一般说来，伊斯兰教图书馆借书是比较方便的，除书籍携出馆外需付押金外，读者在馆内阅览免费，有些图书馆还向读者提供抄写和翻译的方便12世纪开始，在欧洲出现了大学。宗教改革后，修道院及其图书馆每况愈下，大学图书馆呈现欣欣向荣之势。早期大学图书馆不供流通的书大部分都用锁链系在书桌上。图书馆的目录，有的按著者或标题的字母顺序排列，有的像是图书财产目录。借书规则也很不一致，大部分只能在馆内阅读，有时学生可借出一些书，但多半需要缴纳保证金。在早期的大学图书馆里，没有出现专业的图书馆馆员，管理图书的人员一般是水平较低的人员或是学生。

文艺复兴推动了学术的发展，造纸术与印刷术的西传以及二者的结合，把图书馆事业推向新的阶段；活字印刷术的发明和推广，将图书的管理和生产分隔开来。廉价的印刷书籍大量出版，使一般市民阶层容易买到书，图书开始由社会上层进入中下层，同时，也使图书馆的藏书以空前的速度增加。馆藏的膨胀给图书管理带来了种种问题，粗糙的仅仅只有几个大类的分类表再也不能适用，图书的著录要求科学化、标准化，这使得各种不同类型的目录编制被提到了日程。1545年，瑞士的格斯纳编成了《世界总书目；拉丁文、希腊文和希伯来文全部书籍的目录》，这一书目收录上述三种文字的3000名著者的书籍共约12000册，均按著者的字母顺序排列。1564—1794年，《法兰克福图书市场目录》每隔半年出版一次。1605年，英国博得利（Bodley）图书馆编印了英国的第一套印刷目录，收录了当时的馆藏2000余册，1620年又编印了第二套。其馆长詹姆斯还编了一份手写的主题目录，这是主题目录较早的样式。图书馆建筑也发生了很大的变化，铁链加锁的图书看不见了，读经台式的书架逐渐被墙壁式书架所取代，直至最后出现了书库。在时代的需求下，图书的管理工作逐渐职业化，出现了掌握图书知识的专业人员，同时也出现了初期的图书馆理论，为即将诞生的一门崭新学科—图书馆学—奠定了基础。

（二）古代中国的图书馆管理

中国人的图书管理实践出现得很早，虽说文献记载是周代，老子曾"守藏室之史"，但河南安阳小电出土的大量殷商甲骨却证明，早在距今3000多年前的商代，我国就有了较大规模的文献收藏，并且是有序化的收藏，这大概可以算作中国最早的图书管理实践。自先秦以来，历代有关公、私藏书的记录史不绝书。历史上的各个朝代，包括以焚书坑儒著称的秦朝，也都有自己的政府藏书。不仅中央政府有，各级地方政府也都有，而且是越到后代越发达，数量越多，整理、加工也越完善。

西周时期，政府设置了多种职掌不同文献的史官，分别掌管中央政府的文书、档案。春秋战国时期，除周王朝之外，各诸侯国也大都有自己的文献收藏，并设有专门的机构管理。秦朝是御史大夫执掌政府图籍。西汉年间，政府多次举行大规模的图书征集活动，并设有多处专门的藏书之所。东汉年间，经过多次变化，最终确定了秘书监作为国家正式的图书管理机构。以后历代大多相袭，只是在名称上略有变化。如秘书省之类，或在此基础上增加新的藏书机构，如崇文院、翰林院之类。

除了中央和地方政府的藏书之外，属于政府藏书的还有后代的藩府藏书以及前期以太学，中、后期以国子监为代表的学校系统藏书。学校系统藏书又称书院藏书，宋代之后，随着科举制的普及与规范，各地书院大多有数量不等的藏书，形成一个庞大的藏书体系，在官府藏书和书院藏书之外，更多的是私人藏书。我国的私人藏书传统源远流长，从春秋时期孔子晚年课徒之余整理六经的过程来看，孔子当有一定数量的参考藏书。春秋时期，私学发达，百家争鸣，办教育想必也应有相应的图书收藏。到汉代，有关私人藏书已是史有明载。雕版印刷和活字印刷术发明之后，图书生产进入规模化、社会化，民间得书较易，私人藏书进入一个大发展时期，尤其是明清的江南地区，由于社会经济比较发达，文化传统浓厚，民间私人藏书大家不胜枚举，如宁波的天阁延续几百年而不辍。至于寺院宫观藏书，则更有特色。寺院宫观藏书与普通官府、书院、私人藏书相比多了一个供奉与顶礼膜拜的功能，因此，中国自有寺院起，就有相应的经书收藏。寺院宫观藏书，除了收藏本宗教的经书之外，还有目的地收藏一些其他宗教经书和普通图书等外典，这也是寺院宫观藏书的另一特色。此外，寺院宫观藏书在记录、整理图书方面也极具特色。

从有政府藏书起，有关图书的征集就受到重视，西汉时曾三次在全国范围内大规模征集图书，并派朝廷官员四处访书，还制定了一系列的奖励献书政策。到了隋代，有关政府藏书的聚散问题已引起相当注意，秘书监牛弘上《请开献书之路表》于皇帝，一方面阐述了图书事业的重要性，并列举了隋之前图书事业遭遇的"五厄"；另一方面建议在全国范围广开献书之门，得到隋文帝重视。以后，明代胡应麟又有"十厄"之说，延续了牛弘的观点。对于图书征集，除了朝廷派官员四处访书、搜书或利用战争进行抢掠之外，宋代郑樵又提出了"求书八法"，从理论上总结了公、私藏书中访求图书的八种途径与方法：即类以求、旁类以求、因地以求、因家以求、求之公、求之私人以求、因代以求，极有见地。在寺院宫观藏书中，北朝李廓《元魏众经目录》中单列"未译经论"一类，专门收录西域传入中土尚未翻译的原始佛典，以供各寺院抄录、供奉、翻译，这种带有新书预告性质的目录，在其他藏书类型中尚未见到。藏书的目的是为了使用，要使用就要加以整理，孔子晚年整理六经可以说是这种行为的滥觞。汉代建立后，针对政府藏书进行了数次大规模的整理活动，并形成了不同的成果，尤其是汉成帝时刘向、刘歆父子的校书活动，最终生成了中国历史上第一部综合性的群书目录——《别录》和第一部综合性的群书分类目录——《七略》。自此之后，各种类型的公、私藏书目录，据不完全统计，在整个封建时代大约有数百部之多，内容涉及各个方面，其中最大规模的当属清代所编的《四库全书总目》，共

200 卷，成为一时之冠。在古代的各类公、私目录中，大多是按照分类进行排列的。分类的概念大约始自孔子整理《诗经》时有关"风、雅、颂"的区分，但这只是从文体形式方面加以区分，属于按外在特征区分的范畴。按内容特征进行区分大致来源于荀子的"同则同之，异则异之"的分类原则。汉代以后，在图书分类上，出现了以《七略》为代表的七分法体系和以《隋书经籍志》为代表的四分法体系，影响了中国古代图书分类 1000 多年。宋代郑樵，则更为强调了分类的重要性，"类例分，则百家九流各有条理"，"类例既分，学术白明"，并自编了一个十二大类、三级类目的分类目录——《通志·艺文略》。不过，中国古代图书分类的最高成就当属唐朝僧人智升，他在《开元释教录》中，创立了一个四大类的五级分类体系。

在中国古代的图书整理、加工过程中，最有特色的是对图书的著录。对于图书外在特征的揭示，突出强调书名、卷帙、作者、时代等内容；对于内容特征的揭示，则有解题、注释等；根据解题的写作方式和取材角度，又分为叙录、传录和辑录三种；对于同·类书的揭示，则有小序之类，始终贯彻着"辨章学术，考镜源流"的精神。对于不同形态、不同内容的图书，采用不同的处理方式。如南朝梁武帝天监年间，曾将宫中所藏善木书专门收藏于文德殿，并与其他图书合编成《梁天监四年文德正御四部及术数书目录》，正御即普本。其后，梁元帝在江陵校书，将所藏图书按质量分为正御、副御、杂重三类。到隋炀帝大业年间，柳顾言从西京嘉则殿所藏 37 万卷藏书中挑选了 37000 卷善本书单独收藏于东都观文殿，并编有《隋大业正御书目录》。据史书记载，这批图书又被抄成五十副本，分为上、中、下三品，山于当时的图书装帧形态是卷轴装，因此，上品用红色琉璃做轴，中品用黑红的琉璃做轴，下品用黑漆圆本做轴。这种追求、推崇善本的传统，到了明、清两代被推向极致。明代所售宋版书是按页论价的，清代有藏书家，就自号"佞宋主人"，也有的家藏二百部宋版书，干脆将自己的藏书楼命名为"醋宋楼"，以此自显。清乾隆年间，宫中昭仁殿专门收藏善本书，皇帝赐名"天禄琳琅"，并编有《天禄琳琅书目》正、续编，以示夸耀。自宋代尤袤《遂初堂书目》始，一直到清代，在相当多的私藏目录中，都注有版本。

这种重视图书版本的做法，在寺院宫观藏书中也有反映。南朝梁武帝年间，僧人僧姑将当时收藏佛经最盛的建康定林寺所藏佛经进行整理，挑选译文较好、没有疑义的佛经，单独供奉，名为"经藏"。此后，隋代费长房在《历代三宝记》中单独设立了"入藏录"一类，以规范各寺院的佛经收藏。到了唐代，智升《开元释教录》中的"入藏录"最终成了"安史之乱"之后全国各寺院恢复经藏的依据，并成为日后雕版大藏经的版本来源。《开元释教经略出》首先采用"千字文"标号，十卷一字，成为后世佛教大藏经排架目录之始。此外，唐代僧人道宣整理西京西明寺藏经而编成的《大唐内典录》中的"历代众经举要转读录"，不仅注明译本优劣，同时也是后世读藏目录的发源。由于图书本身的特点，当一本图书内容涉及两个以上主题时，简单的分类已无法适应，于是明代的祁承㸁提出了"互"与"通"的概念，以解决这个问题。到了清代，章学诚在此基础上，又提出了"互著"与"别裁"的主张。这个主张实际上是当今目录组织中"参见"与"分析"类目的前身。除此之外，章学诚还极力主张编制索引，以提高目录功效。

在中国古代图书馆管理实践中，值得一提的还有有关图书开放的理论与实践，如金代孔天监在其《藏书记》中提倡建立公共藏书楼；明末曹溶在《流通古书约》中提出，藏书须在藏书家之间流通、传抄；清代周永年在《儒藏条约三则》明确提出，儒藏应对四方读书人开放。在这些理论的影响下，清代一些私人藏书家的藏书有限度地对外开放，清代《四库全书》修成后，南三阁对江南士子开放。这一切都反映出中国古代藏书楼向近代图书馆自发转变的萌芽。

二、近代的图书馆管理实践

（一）近代西方的图书馆管理

17世纪中期英国资产阶级革命揭开了世界近代史的序幕。工业革命导致了印刷工艺的重大变革，机械印刷的图书如潮水般地涌向市场，知识为越来越多的人所掌握，人们开始重视各种科学技术、自然科学的研究。在这样的时代，图书馆仅收集图书已经不能适应时代的要求，对于汗牛充栋的藏书，必须进行系统的组织和科学的管理，因此图书馆管理的要求随之提高，图书馆事业也出现了新的变化。

1. 图书馆事业由封闭走向开放

在此之前的图书馆一直是为社会上层服务的，服务对象仅限于皇室、贵族、上层知识分子，一般的平民无缘利用图书馆。近代工业革命使人迅速向新兴的工业城镇集中，产业大军形成，工场主需要受过教育的工匠和有技术的工人，于是公共图书馆逐步兴起。1850年2月，英国议会下院通过公共图书馆法，允许人口达到1万及1万人以上的城镇建立公共图书馆，经费从地方税收种支出，建馆后免费对纳税人开放。自此以后，公共图书馆建设之风渐盛，图书馆也一改过去专为统治阶级服务的职能，把视野投向了平民百姓。

2. 有计划、有组织的新书采购工作

中世纪的图书馆，补充馆藏时很少有计划性，收集图书的途径不外乎接受私人捐赠、王室花力气四处收集及通过战争掠夺这几种方式；收集图书一般追求珍本、善本；在馆藏上追求多多益善，缺乏整体的统筹规划。17—18世纪，各门学科日新月异，这种随心所欲式的收集图书显然不能满足时代的要求和现实的需要，馆藏逐步走向有计划和有组织，如近代图书馆学家莱布尼茨就强调，有学术价值的新出书刊应当及时地、连续地、均衡地采购补充。德国的格廷根（Gottingen）大学图书馆有意识地应用了莱布尼茨的理论，馆长亲自负责采购工作，同国内外书商保持密切联系，在选择书籍时及时征求教授们的意见，尊重他们的建议，以确保购书质量。担任英国不列颠图书馆馆长的帕尼齐也十分重视藏书建设，他要求不仅要增加藏书的数量，更要注意藏书的质量，尽量收藏好的版本和可信的标准版，并十分重视藏书结构的系统性和科学性。

3. 书目工作进展迅速

图书的剧增，馆藏的膨胀，对图书整理工作提出了新的要求。帕尼齐曾制定了有名的

91 条著录条例，强调必须要有科学的著录规则，目录一定要严格地按照著录规则加以编制，如果没有统一的著录条例，图书有系统的整理、妥善的保管和充分的利用则无从谈起。这 91 条著录条例在以后的 100 多年成了世界不少国家的著录原则，直到 1961 年 10 月在巴黎召开的国际编目原则会议，仍是遵守 91 条的基本精神。1881 年，加内特（Richard Gameti）主编的《不列颠博物馆馆藏总目》印制出版，收录了该馆在 1881 年以前入藏的 130 万册图书，著录了 450 万条以上的款目，1882—1899 年入藏的图书另编追加目录，于 1900–1905 年出版。不列颠图书馆还编制中文目录，由东方书刊文献部主任道格拉斯（Robert Kennaway Douglas）编制的《不列颠博物馆图书馆所藏中文图书手稿及绘画目录》及其续编收录了两万册以上的中文资料是西欧最早的一本中文文献大型书目。

德国慕尼黑图书馆施梅累尔（Johann Andreas Scheller）编制了一套长达 10 万张的写本目录，这份目录为后人编制更为浩繁的写本目录奠定了基础，施梅累尔还重新确定了写本目录的编制原则，即按写本的出处（来源地点）编制。德国近代图书馆学的理论家和实践家、主题目录的先驱施雷廷格（Martin Schrettinger）编制了慕尼黑王室图书馆的主题目录，另外，他还著有《图书馆学综合性教科书试编》，在图书馆学史上第一次全面地叙述了图书馆的目录编制原理，意义重大。

4．图书馆的内部管理使其方便读者

近代以前，由于图书数量少，制作不易，对图书的出借有十分严格的限制，读者不能够在馆内阅览，而是需要提前把自己的要求告诉图书馆，然后办理　定的借书手续，借书时间也很有限，出借书籍还需缴纳相当数目的押金，十分不便。莱布尼茨高瞻远瞩地指出，图书馆要给读者提供方便，要尽可能延长开馆时间，不要给图书出借规定太多的限制。德国格廷根大学图书馆实施这一理论，制定了对读者十分方便的各种制度，除星期六外，每天开馆 10 小时，学生可以一次借到 10 ~ 12 册图书。

5．图书馆建筑向近代化迈进

英国不列颠图书馆率先打破传统图书馆的建筑结构，采用铁制骨架结构的建筑，把阅览、收藏分开。圆顶阅览室建成后，高达 35 米，大厅直径长达 42 米，可以摆设近 500 个读者座位，是当时世界上座位最多的阅览室。阅览室的中心是服务台，服务台的周围是目录柜，读者座位围绕着目录柜，阅览室的外围是书库，书库首次使用了铁制书架，并将两排书架背靠背地并排起来。这种双面书架的书库结构直到目前仍为很多图书馆所采用。

这个时期，出现了一批具有丰富实践经验的图书馆管理者，他们的经验和思想为今天图书馆管理科学的建立奠定了基础。

法国的诺代（Gabrielnaude）是近代图书馆组织理论的最早创始人之一，1627 年他写成了《关于创建图书馆的建议》一书，这是一本图书馆学理论著作，也是近代第一本论述图书馆管理的著作。在其著作中，诺代集中阐述了以下观点；图书馆的收藏不仅限于收藏古代善本，更应该收藏近代的文献，应该包罗万象，兼收各类知识的书籍；尤其要着眼于新生的学科；必须科学地管理图书，明确编制目录的重要性；书籍的编排与分类应方便给读者使用；采用将人类文化知识分成12大类的分类法；图书馆必须向一切研究人员开放，使平民受益；图书馆应该挑选正直、学识丰富、懂得图书的人担任图书管理人员。在17世纪前后，除了诺代等人，真正可以成为图书管理理论创立者的应该是莱布尼茨。莱布尼茨受聘进德国的诸侯图书馆前后近40年，他的图书馆理论散见于书信、备忘录及对王公们的建议书中。他的观点主要有：图书馆是所有时代、所有的伟大人物向后人讲述他们杰出思想的场所，因此，杰出人物的著作只要对后人有可取之处都应当收集；强调图书馆的价值不在于图书的数量、有无珍本或华丽的图书装订而在于图书内容是否健全与正确，以及书中所含资料是否新颖；应该及时、连续、均衡地补充馆藏，尤其是新出的有学术价值的书刊，图书馆必须有充足的经费以保证其顺利发展；强调为了让读者充分利用馆藏，必须配置完备的目录，主张编制分类目录，同时也推荐主题索引主张尽可能延长开馆时间，不要给图书出借规定太多的限制。

19世纪，公共图书馆在英美同时发展起来。对英国公共图书馆事业的组织与管理做出过巨大贡献的，是被称为"英国公共图书馆运动精神之父"的爱德华兹（Awards）。爱德华兹的主要贡献有：推动议会制定公共图书馆法；主张公共图书馆必须免费为市民开放；强调馆藏应包括不同观点的书籍。他在1859年发表的《图书馆纪要》文中，对图书采购、图书馆建筑、图书馆管理及服务等进行了阐述。

杜威（Dewey）在图书馆的许多领域都取得了巨大的成就。作为图书馆事业的组织者，他是美国图书馆协会的创始人之一作为图书馆专业教育者，他在哥伦比亚大学创立了世界第一所图书馆学校，在教学过程中强调图书馆管理理论和实践的结合；作为图书馆技术专家，他编制了划时代的《杜威十进分类法》。杜威图书馆管理思想的核心是"关心时间和成本效益"，把图书馆工作作为一种专门的职业，提倡图书馆用品、设备的标准化和规范化；提倡建立保存图书馆，以及倡导图书馆使用新设备等。

（二）近代中国的图书馆管理

鸦片战争之后，中国逐渐沦为半封建、半殖民地社会。作为"文化掮客"的西方传教士，手持福音书，随着四方侵略者的战船炮舰，在中国的土地上建起一座座教堂的同时，也建立了一座座与中国传统藏书楼完全不同的近代图书馆。实际上，西方图书馆随传教士传入中国并不是此时的事，早在明朝后期，著名传教士金尼阁（Nicalas Triganit）就曾在中国建立了一个具有一定规模的基督教图书馆，明末清初，北京也有耶稣会的南堂、东堂、北堂、西堂"四堂"图书馆。所不同的是，那时的基督教图书馆并不是近代意义上的图书馆，而是带浓烈传统藏书楼和修道院图书馆意味的图书馆。近代西方传教士在中国建立的教会图书馆，著名的有徐家汇天主堂藏书楼、工部局公众图书馆、亚洲文会北中国支会图书馆、圣约翰大学图书馆、格致书院藏书楼、文华公书林等。这些超越了传统藏书楼窠臼的新型图书馆大多具备了开放或半开放的特点，馆藏丰富、馆舍先进，对当时的中国传统藏书楼起到了示范作用。尤其是在管理方面，更是远远地走在时代的前列。如在分类方面，早在杜威法被正式介绍进中国之前，亚洲文会北中国支会图书馆和圣约翰大学图书馆即已使用，同时编有卡片目录，除书名、著者之外，还有分类索引和子目片与分析片；以收藏中国古籍和中文译著为主的格致书院藏书楼的分类体系也很有特色，其对旧籍采用四部分类，新书则用自编的三十六类分类法。这种区别处理新、旧图书的做法与当今图书馆古籍与新书分开管理的思路是一脉相承的。近代教会图书馆的建立，向中国知识界传达了新式图书馆的观念，指明了中国图书馆事业的发展方向，其所起到的启蒙、示范作用是不容低估的。

近代中国，藏书楼自发地对社会开放的行为也时有发生。如同治、光绪年间北京的满洲贵胄国英，将其家藏"共读楼"藏书两万余卷每月定期对士人开放六天，特殊时间如乡试、会试期间，则连开十天，藏书只能在楼内阅览，概不外借。国英的这个举动，虽说与近代图书馆的某些做法有相通之处，但二者之间却有本质的区别，因为二者的前提、理念、基础都不同，是无法走到一起的。

中国人自己的图书馆事业，是随着当时中国的一批有识之士，面对危亡、寻求救国图强之道的同时逐步形成和发展起来的。他们可能分属于不同的利益团体，但在向西方学习的过程中，逐步形成这样的共识：社会改良的首要内容是开启民智，而兴办教育、开办新式学堂、建立西式图书馆则是开启民智的最好方法。这种共识在19世纪90年代以后迅速普及。在此之前，虽有林则徐、魏源、徐继畬等在其著作中不同程度地提到了英、美等国的图书馆，但仅限于一般介绍，谈不到有较深刻的认识。其后不久，王韬撰文明确提出建公共藏书楼，藏书向社会公众开放，可影响并不大。而以提倡新政著称于世的洋务派大员张之洞，在由他组织人员编写的《书目答问》中，虽然提出了一个至今在古籍分类中仍在使用的"经、史、子、集、丛"五大部类的分类体系，虽然其所使用的注释这种揭示文献内容的方法至今仍有相当的学术价值，但书目中收录的基本上仍是中国传统典籍。

19世纪90年代是中国危亡的最关键时期，也是有识之士最活跃的时期。他们四处探寻变法图强之道，反映在建立新式图书馆方面，形成了一系列的原则和思路，并影响着日后中国图书馆事业的发展。这其中最重要的当属近代改良主义先驱郑观应。1892年，他在《盛世危言》第4卷《藏书》中，凭着他对四方世界的了解，盛赞了、法等四方国家的图书馆，批判了中国传统的藏书楼，揭示了二者之间的实质性差异。在此基础上，郑观应把在中国广建新兴图书馆提到了救国救民的高度，并提出了具体主张：以官办为主，对全社会开放。其后，《马氏文通》作者马建忠1894年所写的《拟设翻译书院议》中，也明确提到院中应建"书楼"，专人管理、按时开馆、每月清查、定期添购新书。郑观应等人的思想与呼吁引起了当时思想界、舆论界的强烈共鸣，使得新式图书馆的观念日渐深入人心。无论哪种政治势力，都对兴办新式图书馆投入了相当的热情。如维新派的康有为、梁启超等人，都有过宣传、鼓吹及创办、管理新式图书馆、编制目录。提出新的分类体系的经历。梁启超就曾公开鼓吹"图书馆为开进文化一大机关"，并协助康有为建立强学会书藏，发起创办松坡图书馆，自任馆长，还曾于1926年任新成立的北京图书馆馆长。民间方面，有绍兴徐树兰的古越藏书楼。政府方面，早年有同文馆的书阁，中期有官书局藏书院和以北京大学图书馆的前身京师大学堂藏书楼为代表的新式学校系统图书馆，后期有以中国国家图书馆的前身京师图书馆为代表的各省官办公共图书馆。这其中，京师大学堂藏书楼和京师图书馆对中国近、现代图书馆事业贡献最大。

辛亥革命前后大量出现的各种类型的新型图书馆奠定了中国图书馆事业的基础。新型图书馆的运作与管理实践，开启了中国当代图书馆管理理论与实践之门。总体来说，这个阶段的图书馆管理基本上还处于摸索、模仿、翻译、介绍、探索阶段，但也进行了较为系统的思考和革新，如1910年王懋镕翻译了日本的《图书馆管理法》，1917年朱元善所著《图书馆管理法》出版，1909年孙毓修翻译了杜威的《十进制图书分类法》，1917年，沈祖荣、胡庆生仿杜威法例，编制了《仿杜威书目十进法》。此外，1900年徐树兰制定的《古越藏书楼章程》中第四章"管理规程"就带有图书馆规章的意味。1909年清政府又颁布了中国第一部全国性的图书馆法规《京师及各省图书馆通行章程》，使得公共图书馆建设走向规范化。民国建立后，中央各部和各省都相继制定图书馆与图书室章程和规则，北京等地成立地方性图书馆协会等。这一切都可以说是中国图书馆界自觉进行图书馆管理的早期形态，对于当今的图书馆管理研究仍具有积极意义。1917年开始的"新图书馆运动"，更是将中国近、现代的图书馆事业推向了一个新的高峰。

三、现代的图书馆管理实践

（一）现代西方的图书馆管理

20世纪以来，尤其是第二次世界大战结束以后，新技术革命以方兴未艾之势冲击着全世界的图书馆事业。图书馆从传统转为现代，对外开放的程度越来越高，成为充满活力的社会服务机构，其类型、职能、建筑、设计等方面都发生了许多新的变化。

1. 重视现代化手段的运用与网络服务

随着科技文化的发展，出版物的数量急剧增加，导致图书馆馆藏激增。据美国著名图书馆学家、缩微卡片的发明者赖德统计，自1876年起，每隔10～20年图书馆馆藏就会翻一番。在大量的图书资料面前，图书馆的传统工作受到很大的冲击。读者越来越强烈地要求入藏的图书资料能迅速得到处理、报道和提供，这就促进了现代信息处理技术在图书馆各领域中的广泛应用。图书馆在采购、编目、检索、出借等工作环节中逐渐放弃了传统的工作方法，采用机械化、自动化等手段。美国国会图书馆为了对庞大的馆藏进行高效率的书目管理，从20世纪60年代中期起，开发计算机可以阅读的编目格式（MARC）并向国内外发行。根据这种格式，计算机可以自动输出以磁带形式记录的编目数据，可以很容易地打印出用于手工检索的编目卡片。在图书馆界研制MARC的同时，计算机技术被广泛应用于处理二次文献，到20世纪70年代初，大型的商业化二次文献数据库已相当普遍，很多图书馆都开始向用户提供这种数据库的检索服务。随着计算机技术的发展，光盘技术、联机目录、集成化的图书馆管理系统等新技术在图书馆领域得到广泛应用，彻底改变了图书馆的传统形态。如新加坡公共图书馆从2000年开始普遍实行了读者自助服务，所有图书馆均有自动借还设施。无论是借书、还书、预约、查询（已借、未还、逾期）、逾期费支付等均十分简单。这种全自助式的现代化手段的运用不仅培养了市民的信息素养，也使读者通过各类自助设施掌握了利用图书馆的方法。

2. 图书馆管理中更加关注读者、方便读者

注重服务和人文关怀成了图书馆界的共识，苏联1959年通过了《关于改善图书馆事业的状况和措施》的决议，这个决议指出，图书馆的任务在于"力求使图书馆真正变成政治的、全民教育的、科技的、农业的和其他职业的各方面知识的群众性宣传的实际中心"。苏联图书馆根据读者的不同兴趣、不同年龄和不同职业，经常组织不同形式的读者座谈会，为读者制订个人阅读计划，帮助读者挑选图书，及时把读者感兴趣的新书通知他们，广泛采用开架制，举办图书展览、文艺晚会和讨论会，组织读者同作者见面，送书上门等活动。

美国国会于1956年通过了《图书馆服务法》，该法适用于各种类型图书馆，并要求将公共图书馆服务扩大到乡村地区。美国的公共图书馆服务范围已扩大到残疾人、少数、退休中心、地段医院、监狱等处，甚至还在超级市场开设分馆。出借的内容十分丰富，除了图书之外，也出借音乐资料、录音磁带、电影录像、名画摹本等。出借方式则普遍采用开架式，使读者能直接接触大部分馆藏。

19世纪末20世纪初，美国几乎全部大型公共图书馆都发展了单独的参考咨询工作，并建立了独立的参考咨询部。参考咨询部工作大约有三个方面：一是教会读者如何利用图书馆，如何发现和使用图书资料；二是在读者寻找资料的过程中给予指导，帮助读者查询所需要的特定资料；三是把读者寻找的图书资料直接提供给读者。

西方许多公共图书馆实行无证或免费进入图书馆，进行文献资源的使用。柏林中央暨州立图书馆为了保证每个人有得到信息的自由，规定读者到图书馆来使用图书馆的设施是用不着办理证件或付费的。这包括图书馆内所有开放、可以让人自由进出的部分，保证了图书馆的公益性和信息获取的公平性。

现代图书馆馆舍建设也着重体现"读者至上"的原则。纽约公共图书馆总馆新址在曼哈顿的中心区域，面向著名的第五大道。这一近乎完美的选址，对于一个研究机构而言，使其能为不断发展的都市社区提供良好的服务。将过去的"让读者来图书馆"的理念改变为"让图书馆到读者中间去"，使图书馆成为社区居民生活的重要组成部分。

现代图书馆注重工作细节，处处体现人性化服务。在韩国，读者能在宽松的环境中充分获得和利用文献资源服务，提供文献服务的馆员能在充满人性化的氛围中提供优质的服务。以图书整理为例：将图书分为大类型，书标上方分成种颜色，用不同的颜色来区分不同的图书种类；书标的下方再用不同的颜色区分小类，用颜色区分到二级类目。读者在前台检索文献机读目录，记录文献的分类号，直接到相应的书位提取即可。这样大大提高了读者获取文献的效率，相应提高了馆藏资源的利用率。

3. 图书馆之间加强合作、协作采购、馆际互借，构建图书馆网络

从20世纪初到20世纪中叶，很多图书馆都开展了以编制联合目录、馆际互借为内容的合作，有些图书馆还开展了联合采购。

德国早在19世纪下半叶就提出了图书采购的分工和协作问题。第二次世界大战以前，

在馆藏建设的分工、协调方面，德国图书馆走在世界前列。第二次世界大战后，联邦德国于 1949 年恢复了德国学术援助协会的活动，1951 年更名为德国学术促进会，学术促进会设有图书馆委员会，1949 年制订了全国的图书采购协调计划，把外国图书资料的收集按 28 个大类、105 个小类分配给各图书馆。前民主德国的采购协调叫作"采购重点"计划它也是为收集外国资料而进行的协作，参加的图书馆共有 71 所，都是科学研究图书馆。收集的专题有 14 大类，再细分为 140 小类，包括自然科学、科技、经济、政治和文化等各领域。

美国研究图书馆协会在 1942 年发起著名的外国出版物联合采购的"法明顿计划"，由一批图书馆按学科分别承担采购任务，后改为按地区承担，大约有 60 所科学研究图书馆参加这个计划。刚开始采购对象只限于法国、瑞典和瑞士三国，之后范围扩及全世界约 150 个国家。法明顿计划保证外国的有用图书至少有一本能够进入美国的某一所科学研究图书馆，并及时登入国会图书馆的联合目录中，以供馆际互借与照相复制。该计划运行 30 余年，后来由于经费和协调上的困难，于 1972 年停止。

美国国会图书馆发起的"全国采购编目计划"，目的是以最快的速度收集外国出版物，及时进行编目，迅速传播书目资料，以便通过全国统一的计划来满足国会图书馆和其他图书馆的需要。为了执行这个计划，国会图书馆在英、法、德等国建立了采购编目中心，在这些国家的国家图书馆协助下，采购有学术价值的外国出版物，并就地按英、美编目条例进行编目。

20 世纪 60 年代，计算机开始应用于图书馆，为图书馆合作提供了新的契机，其中最有影响的合作组织是成立于 1967 年的 OCLC（联机图书馆中心，Online Computer Library Center）。该中心由俄亥俄州各大学图书馆联合筹建，与国内外数万个图书馆、情报中心、计算机终端连接，加上它拥有世界上内容最为丰富的图书馆书目记录以及相关资料，因而成为一个规模宏大的信息交流中心。

德国的科学研究图书馆在馆际互借方面有着悠久的历史。早在 1853 年，普鲁士皇家图书馆就为不同类型的图书馆之间的合作采取过措施。1893 年，正式制定了该馆同普鲁士各大学图书馆的馆际互借规则。1905 年，该馆成立了德国图书馆参考咨询部，1924 年制定出全德范围馆际互借规则，并在 1931 加以修订。第二次世界大战后，前民主德国在 1949 年制定了临时的馆际互借规则，1955 年发布了正式的规则，1965 年又加以修订，把互借范围扩大到全国所有图书馆。前联邦德国也在 1951 年制定了德国图书馆馆际互借规则，1966 年修订，将全国划分为 7 个馆际互借区。

英国的馆际互借的中心是国家中央图书馆。第二次世界大战后，英国图书馆的互借工作有了很大的发展。1973 年，国家中央图书馆同 1961 年成立的"国家科技文献外借图书馆"合并成为"不列颠图书馆外借部"，该外借部是全国的馆际互借中心。

美国的馆际互借是继德国、英国之后发展起来的，1917 年美国图书馆协会制定了馆际互借规则，1968 年修订。美国的互借工作开展得比较广泛，仅在高等院校之间，据估计每年就办理百万册次以上，州内和地域内图书馆网的建立，使不同类型图书馆之间的互借工作得以进一步开展。

国际图书馆协会联合会对图书的国际互借十分关心，早在 1936 年就制定了国际互借规则。这一规则要求国际互借的图书免收关税并付低价邮资，它还制定了各国都能接受的统一的借书格式，免去了烦琐的手续。这一规则对推动国际的图书互借起到了促进作用，世界上许多国家都以法律形式保证按照国际图联所制定的规则办理图书国际互借。新世纪计算机、网络、通信技术的快速发展，使得图书馆网络发挥了更加有效的作用。例如美国、加拿大等国合作实现北美地区的资源共享。其主要包括以下几个方面：馆际互借与全文传递、共享流通系统、资源建设合作、联合编目、专门技术等。资源共享的目标是所有的图书馆、所有的读者、无论是亲自或是远程都可以方便地利用资源。在北美地区，主要通过OCIC/World Cat 实现书目共享，采用 Iiad 实现管理系统的共享。在伊州通过 LLINET Online实现 65 个成员馆之间的馆藏资源共享，资源共享收到了明显的效果。

4．现代管理学理论在图书馆中的应用

早在 1930 年，唐纳·孔尼（Donald Coney）就建议将科学管理的观念与方法运用到大学图书馆的组织与行政上。随着图书馆的规模日趋庞大和复杂，现代管理学理论日渐成熟，管理学理论不断被运用到图书馆中。著名美籍华裔图书馆学家李华伟在《现代化图书馆管理》一书中总结道："现代管理学在美国图书馆的应用比较受重视的有三个方面：图书馆结构的观点，图书馆人际关系的观点，图书馆政治运用的观点。"结构的观点是强调组织的重要性，视组织为有理性的系统，它假设图书馆与其他组织一样，设立和存在是为了要达到某种预定的目的；组织结构及其内部程序受制于它的目的、规模。技术和环境组织的行为基本上是理性的。人际关系的观点是在某种程度上相信组织是理性的，但认为组织与员工的需要只有一致才能和谐互惠；组织中员工能较大地影响组织的目的、目标和程序；员工要依赖组织来满足个人需要和获得生活的意义；假如个人的需要能符合组织的需要，不但个人感到满足，组织的目的也能实现。政治运用的观点是重视以协调方式来处理组织内部的冲突现象，并能在分配有限资源时考虑到权力影响的因素；一个组织内最重要的决策是如何分配有限的资源；一个机构的决策是各种内部协调的结果；在一个组织内各位员工和各单位都有不同的价值观念和对现实的看法；机构的目的是多重的，决定机构的目的要经不断地协商和谈判。

近年来，现代心理学被越来越多地引入图书馆人力资源管理。从心理学角度分析人与人之间的不同之处，是更好地进行人力资源的开发与管理的前提。图书馆的管理者应注重对自己、对图书馆馆员性格类型的认识、分析和了解，不仅能够更好地规避冲突，而且能够促进图书馆的正常运营和良好的组织文化的形成。瑞士精神病学家卡尔·荣格的心理类型理论和嘉芙莲·谷嘉·碧瑞斯与她的女儿伊莎贝·碧瑞斯·麦尔创造的 16 种性格类型是进行个性分析的重要理论和工具。16 种性格类型的创始人运用荣格的心理类型理论发展这种方法来帮助人们理解自己的行为以及人们的行为如何因人而异。根据对人员进行测评，了解每种性格的人擅长于从事哪些工作、性格特征、别人如何看待某种性格特征的人以及每种性格潜在的发展领域等，在图书馆的工作岗位上发挥各种性格特征人员的优势以及最佳组合。

5．建立科学用人机制，实行馆员资格认证制度，法定馆员社会地位，高度重视图书

馆人力资源管理美国图书馆所有的工作人员都是聘用制，机构与个人之间是契约管理。各层次工作人员按职位说明书确定的职责，向社会公开招聘，按相应的职位薪酬签订合同工作人员社会保险完善，保持社会人的身份。合同书已明确工作人员的岗位职责、薪酬，人员能进能出、能上能下。公共图书馆的工作人员的职责、薪酬等级、岗位设置等均由图书馆委员会认可后确定。

韩国早在 1963 年就颁布了《图书馆法》，图书馆管理专业与资格认证制度得到了法律保障，并将馆员的社会地位以法律形式予以确认，实行公务员制度管理，具有馆员资格证书是从事国家或地方自治团体经营的图书馆工作的基本条件，在获得了图书馆馆员资格同时被纳入对等的公务级别，享有较高的社会地位和经济待遇，从而使图书馆有一支稳定的、较高素质的专业队伍。

现代图书馆的人力资源管理高度重视馆员的培训教育工作，例如英国大学图书馆培训形成馆内—大学—国家三级培训格局。

（1）馆内培训。图书馆自身有专门的部门负责职工的培训，一般与实际工作紧密结合，注重亟待解决的重大问题和职工感兴趣的问题。以牛津大学为例，培训内容包括：

①年度学术讲座，包括总馆、分馆的所有职工；

②重视对新职工和实习人员的培训工作；

③建立职工图书馆；

④配合 OUIS 系统管理，实施对所有馆职工的 A 级培训计划。

（2）学校培训。学校设有专门的培训委员会。教职工培训一般分为三期。培训方式和类型多种多样；有本校办班，也有外校办班；有业余学习，也有短期脱产学习；有白天的课程，也有晚上的课程；还有免费的计算机培训。

（3）国家培训。国家级的培训主要由全国图书馆协会 CImP 负责，它不仅对馆员资格具有皇家特许认证权，重要的是它有一系列培训课程和专业指导。如前图书馆协会的 CPD 计划，即馆员继续教育计划，现已转到 CIP 培训中。

悉尼大学图书馆也建立了系统的员工发展培训机制。图书馆设立了员工培训发展委员会和专职的员工培训发展协调官，有计划、有目的地组织员工的培训和继续教育工作，员工培训发展委员会和专职的员工培训发展协调官在分析上一年度的培训计划实施情况和培训需求的基础上，结合图书馆业务和员工需要，制订出本年度员工培训计划和相应的培训课程，并利用图书馆内部网站上的图书馆馆员发展和培训园地，多种方式组织员工学习。培训机制的建立，既满足了员工自身发展及图书馆人才队伍建设的需求，使图书馆各项业务的开展更显活力，也为员工创造了良好的学习氛围，提高了员工学习的积极性。

6．图书馆依据法律法规运行，建立质量监督和评估机制进行科学管理

图书馆法是国家对图书馆各种规范的总和，是国家意志的体现，是管理图书馆的依据和指导方向。美国的图书馆法比较完备，它们对图书馆事业的发展起了很大的推动作用。1956 年颁布的《图书馆服务法》是第一个国家级图书馆法，涵盖了公共图书馆、中小学图书馆、大学图书馆、研究图书馆、专业图书馆。1964 年又颁布了《图书馆技术和服务法》（原为《图书馆服务与建筑法》），该法案向美国各州提供图书馆基金，资助图书馆项目研究，同时提出图书馆服务的要求。此外，《医学图书馆资助法》《初等和中等教育法》《高等教育法》等法律、法案都有对专门图书馆的司法规定。各州、各大城市也有相应的图书馆法案，不同层次的法案保障了图书馆服务的发展，也确保了美国图书馆建设的公平性、科学性和合理性。

图书馆法还规定了公立大学、公共服务机构等接受政府拨款的单位内设的图书馆对社会公众开放，极大地提高了文献保障程度。美国的公共图书馆体系是和美国社会的财税制度相一致的，图书馆的经费主要来源于服务区内的居民税收。地方政府的税收中一般规定 3% ~ 6% 用于公共图书馆建设，并在相应的图书馆法案中加以确定。通过立法，可以确立图书馆的社会地位和功能；获得与社会经济发展相适应的财政支持；取得在图书馆建筑和扩建、版权（包括电子版权）、邮政和电信、筹措社会捐助、成立支持团体等一系列的政策优惠。同时，图书馆法也对图书馆服务（社会义务）做出严格的要求和规定，对图书馆的业务发展提出规范；图书馆法对读者行为也有一些规定性要求。

质量监督与评估机制也是现代图书馆科学管理一项重要内容。英国政府通过"拨款立法、评估"为主的"三位一体"的质量监督与评估机制，保障了英国大学图书馆的发展。政府拨款目前仍是英国高校资金的主要来源。为了保证竞争的公平性，英国政府将要划拨的经费分为两部分：核心 + 边际。在划拨经费的参考坐标中，图书馆的状况如何是一个重要参数；"一所大学的特点和效率可以用其中心机构——图书馆的状况来衡量"。这个"状况"包括两个方面：一方面是图书馆对教学与科研的服务水平，另一方面是图书经费开支在大学总支出中的比例。因此，图书馆在英国大学中的地位十分显要，图书经费的开支比例较高。比如，牛津大学图书经费曾占大学总支出的 99%，剑桥大学也达到 7.5% 的高比例。

美国大学普遍设立了图书馆理事会和图书馆咨询委员会，注重发挥图书馆理事会的作用，使之拥有对图书馆进行管理与监督的权力，包括制订图书馆中长期计划，聘用与考核图书馆馆长，审批图书馆各项规章制度，讨论与核算图书馆经费等。在美国，各级图书馆都有相应的图书馆委员会代理政府行使管理职能。在全国范围，有国家图书馆和信息科学委员会。委员会由 16 人构成，其中国会图书馆馆长与博物馆和图书馆服务学院的院长是当然的委员，其他 14 名委员由参议院推荐和批准，总统任命。其职责是发现并满足美国人民对图书馆和信息服务的需求；对全国的图书馆和信息需求进行听证、研究、普查和分析；对现有的图书馆和信息资源以及研究和发展活动的优劣进行评估。美国公共图书馆的社会支持团体—"图书馆之友"—在图书馆事业的发展中起着不可低估的支持与监督作用。"图书馆之友"由热心图书馆事业的人士组成，主要是经常利用图书馆的热心读者、离职的专业馆员、图书馆委员会的卸任人员等。他们代表民众向图书馆提出服务诉求，以提高图书馆的服务水平，并督促图书馆实现其应尽的社会义务。"图书馆之友"在公共图书馆系统中充当公众与议会、政府之间的桥梁，是美国体制下公共图书馆不可或缺的强有力的支持团体，也是图书馆提高服务水平、满足居民阅读需求的馆外监督团体。

（二）现代中国的图书馆管理

1919 年爆发的"五四运动"，是中国历史的转折点。对于图书馆事业来说，随着"新文化运动"的发展，也有了较大的发展空间。1918 年，李大钊任北京大学图书馆主任，他一方面加强内部管理工作，如加强目录编制、开展开架借书、增加开放时间等；另一方面，他也十分重视图书馆事业和图书馆教育，并积极向社会宣传与普及图书馆知识 1919 至 1949 年的 30 年里，中国图书馆事业的最大成就是一批图书馆学者如沈祖荣杜定友、刘国钧、李小缘等学成归国，在国内或从事图书馆学教育，以培养图书馆的新型人才；或投身于图书馆事业之中，摇旗呐喊，以壮声威。1920 年 3 月，由美国人韦棣华及沈祖荣、胡庆生等人创办的武昌文华大学图书科成立，成为中国第一个现代图书馆人才的培养机构。1922 年 3 月，杜定友在广州创办图书馆管理员养成所，此外，还有金陵大学等一些单位陆续开办了有关图书馆人才的培养与训练机构。1917 年，沈祖荣从美国学成回国，与余日章等人一道，在全国大力宣传"新图书馆运动"。"新图书馆运动"对中国现代图书馆学和图书馆事业的发展意义重大。1925 年 4 月，在各地成立省、市级图书馆协会的基础上，中华图书馆协会在上海成立，极大地规范和促进了中国图书馆事业的发展。各地图书馆协会办有多种图书馆学刊物，繁荣了图书馆学研究。此外，中国图书馆界还积极开展国际交流，除不断派出留学生出国学习之外，1925 年 4 月美国图书馆专家鲍士伟来华访问，历时两个月；1926 年 7 月，法国图书馆专家莱爱尼女士受法国政府派遣；来华考察图书馆事业，使得当时中国的图书馆事业能够和国际进行交流。这个阶段，国内图书馆事业发展较快，各地公共图书馆不断建立，高校图书馆也日益规范。北洋政府和民国政府陆续颁布了十多个有关图书馆的全国性法规。在近代中国图书馆事业中发挥过积极作用的教会图书馆此时大多以教会学校图书馆的面目出现，积极融入中国图书馆事业之中，加快了西方模式图书馆"中国化"的进程。

这个阶段，有关图书馆管理的研究也日益受到关注。1928 年，杜定友出版了《学校图书馆管理》，1932 年，又发表了《图书馆管理方法与新观点》；1926 年，洪有丰出版了《图书馆组织与管理》；1928 年，马宗荣出版了《现代图书馆经营论》。此外，以刘国钧为代表的一些图书馆学家编制了多部以"仿杜威分类法""改杜威分类法"为特色的图书分类法，以类分图书馆的新、旧藏书。

新中国建立之后，人民当家做主，中国的图书馆事业有了质的飞跃。反映在图书馆管理方面，新中国成立初期图书馆界批判了欧美图书馆管理理论，引进了苏联的图书馆管理理论，对当时中国的图书馆管理实践进行了一些探讨。国家有关部门也颁布了一系列相关法令、法规。1958 年，北京大学和武汉大学图书馆学系还相继开设了《图书馆工作组织》和《图书馆行政》课程，两校和文化学院合编的《图书馆学引论》中也有相关内容的论述。但从总体上来看，由于这个时期有关图书馆管理并不是当时图书馆学关注的重点，因而整体研究水平不高。1958 年，图书馆界一度较为混乱，自然影响到当时的图书馆管理实践和理论研究。1962 年后有所调整，但时隔不久，整个图书馆事业处于无序和混乱状态，图书馆管理的理论研究也停顿下来。

改革开放之后，中国的图书馆事业又进入蓬勃发展时期。随着社会对图书馆管理的要求不断提高以及图书馆自身所面临的内、外环境的不断变化与日益复杂，尤其是传统图书馆在向数字图书馆的转变过程中，图书馆管理理论的研究日益受到重视，开始进入飞速发展阶段。图书馆管理理论和实践随着时代的发展，也不断被注入新的内容。

早在改革开放之初的 1981 年，中国图书馆学会学术委员会就在四川召开了"图书馆科学管理专题学术讨论会"，同年出版的北京大学、武汉大学合编的教材《图书馆学基础》中又辟有"图书馆科学管理"专章。其后，有关图书馆管理的研究进入一个飞跃阶段。据有关学者统计 1981 至 1989 年，共发表有关图书馆管理论文 1516 篇，1990 至 1996 年，则发表 2017 篇，呈逐年增长的趋势。1981 至 1998 年，正式和内部印行的有关图书馆管理专著或译著共 40 部，研究的主题主要集中在图书馆的管理理论、管理体制、业务管理、行政管理、人力资源管理、经营管理和各类型图书馆管理 7 个方面，而 1996 年以来发表的有关图书馆管理论文超过 300 篇，研究主要集中在有关管理价值的认识、管理理论的发展、管理机制的创新、人本管理以及数字图书馆管理等方面。与此同时，各高校图书馆学系或图书馆学专业也都将"图书馆管理"作为必修课程，这在另一个方面又促进了有关图书馆管理研究的发展。

纵观这个时期中国图书馆管理理论的发展，尤其是改革开放以来的 30 年，有关图书馆管理的研究明显可以看出以下转变的痕迹，即从纯经验、感悟为主导的研究到理性与经验相结合，进而实现理性为主导的研究；从封闭式的研究到主动寻求现代管理理论，进而实现与国际先进水平同步的研究。这种主动追寻现代管理理论，跟踪最新研究成果的尝试与努力，反映了我国图书馆管理研究的日渐成熟。

进入新世纪之后，中国的经济飞速发展，图书馆事业也进入了繁荣发展的新时期。尤其近年来，随着国际化进程不断加快，国内图书馆与国外同仁的联系和交流不断深入，为我国的图书馆事业建设提供了先进的管理理念和方法，极大地促进了中国图书馆事业的成熟。

新世纪，随着互联网、计算机和万维网的发展和技术的成熟，人类社会迈进了信息时代，图书馆从传统纸质形态进入了现代数字图书馆管理时代。迅猛发展的高科技技术对其业务的影响显而易见；在文献体系方面，各类型数字化文献的增长，极大地带动了图书馆数字化资源的建设；在知识组织整理方面，引发了机读目录格式和元数据格式等编目技术的应用；在文献检索服务方面，实现了面向图书馆终端用户检索的方式；在图书馆管理方面，引导了集成化图书馆自动化系统的应用。现代化技术在图书馆工作的应用，几乎改变了图书馆管理的所有方面，图书馆的服务效率和服务质量都得到了极大的提高。

21 世纪是大力弘扬以人为本思想的时代，同时，以人为本也是图书馆系统管理工作、全面协调各种矛盾问题、顺利推进图书馆系统可持续发展的根本方针。以人为本的办馆理念在现代图书馆馆舍建设、制度建设、服务程度和环境改善等各个方面中都得到体现。深圳南山图书馆设立了儿童娱乐室，"妈妈、爸爸读者"可以将孩子寄托后安心地去图书馆其他各室借阅；首都图书馆在一楼设立了"康复阅览室"和为残疾读者准备的轮椅；上海图书馆设立盲人阅览区；上海黄浦区图书馆按"国际视窗""投资理财""设计新潮"三个专题，陈列各种载体文献的涉外信息服务；湖南图书馆从方便读者出发，大胆对原综合书库进行了改造，将原有的高书架换成低书架，对整个书库进行了装修，为读者营造了一种宁静、宽松的极具人文意蕴的阅读氛围。

上述"以读者为中心"的人性化服务是图书馆"以人为本"管理理念极具重要意义的实现方式，同时人性化服务也与它的提供者——图书馆馆员密切相关。"优秀的图书馆馆员是当代图书馆最重要的资源和首要财富"。"以馆员为中心"的人性化管理也应该成为图书馆"以人为本"的核心内容。图书馆在政策制定、岗位设置、业务运作等方面要设身处地地为馆员着想，在管理中尊重人、理解人、关心人、发挥人的创造性与潜能。苏州大学图书馆馆员平时坚守岗位，默默奉献，馆领导会适时组织出外参加旅游活动、卡拉 OK 演唱舞会、体育比赛等活动，增强馆员的集体意识，促进人际交流，活跃馆员的身心，使其精神面貌焕然一新。

近年来，随着我国图书馆事业的繁荣发展，图书馆规模迅速增加，业务急剧扩张，各项新技术得到日益广泛的应用，对工作人员的素质要求越来越高，对工作人员的需求也随之增加。采用图书馆业务外包和聘用非正式员工成为现代图书馆管理的一种普遍方法。图书馆业务外包是把图书馆一些事务性和技术性业务外包给专业公司来完成。早期主要表现在清洁卫生、图书装订、贴书标等。进入新世纪后，随着联机编目和 CTP 的发展，文献信息服务专业组织的多元化服务，业务外包的范围和领域有了新的拓展，主要有以下类型。

①工作人员培训和教育工作外包图书代购。

②图书编目。

③图书馆现代化建设外包。包括图书馆数据库管理、数据库建设、图书馆计算机硬件与软件维护等。

④信息服务外包。例如万方数据库、维普咨询、CNKI 等大型数据库。

开展业务外包可以弥补图书馆人力资源的不足，提高整体工作效益，有益于充分利用社会资源。但图书馆也应该认识到市场还处于不成熟的发展阶段，在实施时应考虑外包业务内容的合理性，另外承包商的正确选择问题也是应重视的一项内容。

现阶段许多图书馆选择聘用非正式员工来缓解人员需求的问题。非正式馆员具有以下特点：流动性强，离职率高；专业知识和能力高低不同；职业发展潜力小，培养提升概率非常低。聘用非正式员工可以在一定程度上满足图书馆对多样化、多层次人才的需求，使图书馆增强应变能力，规避用人风险，降低人力成本。例如，高校图书馆为学生提供勤工俭学的岗位，对双方都有益处。大学生的参与加强了图书馆的力量，提高了工作效率和读者服务效益，促进了图书馆与读者之间的交流与联系，同时也锻炼和培养了大学生的能力。但是在公共图书馆事业中事实也存在着很大的弊端：非正式员工职业认同感和归属感较低，工作主动性不高；高流动性使得图书馆实际投入的培训等成本总体较高，实际增加图书馆的潜在人力成本。但是，从雇用非正式员工的总体效果看，其积极意义远大于消极影响。对于其产生的不利因素，可以通过调整非正式员工比例，保持合理的人员岗位配备，并通过加强科学规范管理和实行激励机制来解决或缓解。

在图书馆事业开展上述实践工作如火如荼之时，有关现代图书馆管理问题的理论研究也得到了很大的进展。进入 21 世纪后，随着国家法治力度的加大和范围的不断普及，学者们对图书馆内实行"依法治馆"的呼声越来越高。总体上，图书馆法律问题研究有两个重点。第一，图书馆立法——图书馆法律问题的宏观研究。主要集中在立法的概况、主要内容、主要问题等方面。第二，数字图书馆知识产权的保护——图书馆法律问题的微观研究。主要是数字图书馆知识产权的保护方面，特别是进入 WTO 后，版权越来越成为数字图书馆发展的制约因素。另外，图书馆有偿服务的法律保证，图书馆馆员资格认证制度的法律规定等也是图书馆立法研究的内容。图书馆创新管理方面的研究也是现代图书馆管理研究的重点研究方面。随着 21 世纪科学技术的日新月异，电子计算机和现代通信技术的结合为人类创造了一个全新的信息环境和网络环境，图书馆必须运用创新管理手段来应对网络时代提出的挑战。图书馆的创新理论研究涉及各个层面的工作，如人力资源管理的创新、管理技术创新、文献信息资源管理创新、管理观念创新、组织机构创新以及服务创新等。

此外，知识管理的研究也取得了不少颇有理论深度的成果，其中具有代表性的文章有柯平的《以知识管理为基础的图书馆学》、邱均平的《知识管理与图书情报学的创新》等。从大量的研究文章中可以看出，近几年国内知识管理关注的问题主要有；强调隐蔽知识的观点，这使我们从一个全新的角度来评价人才的价值；知识管理所关注的另一个核是信息的超载与知识的匮乏；知识管理对图书馆工作的创新以及知识资本的运营和创新问题。

这个时期，通过与国外图书馆的交流，图书馆管理学研究取得了明显的成果，很好地指导了图书馆的实践活动，为读者提供了优质的服务。同时我们也应该清楚地看到现代图书馆管理存在的阻碍与问题；网络时代数字图书馆建设与管理对图书馆创新管理的挑战；数字图书馆知识产权管理与图书馆立法的迫切性；人力资源科学管理；复合图书馆管理；等等。但是毫无疑问，未来图书馆管理发展的方向将实现以人为本，目标是把图书馆建设成为知识服务中心，其全心全意为读者服务的根本宗旨将得到继续贯彻，而围绕这一目标展开的对图书馆管理的研究和探索也将继续。

第二节　图书馆管理的含义与特点

随着计算机、网络和信息存储等现代信息技术的发展和社会网络化、信息化的不断推进，图书馆正从传统图书馆向数字图书馆过渡。与传统的图书馆管理相比，现代的图书馆管理已经发生了很大变化，显现出许多新的内容与特点。

一、图书馆管理的定义

关于图书馆管理定义的叙述，有代表性的主要有以下几种：

（1）倪波、苟昌荣认为：图书馆管理是指应用现代管理学的原理和方法，合理组织图书馆活动，有效地利用图书馆的人力资源和物质资源，发挥其最佳效率，达到其预定目标，并在此过程中不断地审查改进，最终圆满完成任务的过程。

（2）黄宗忠认为：图书馆管理就是通过计划、组织、指挥、协调和控制等行动，最合理地使用图书馆系统的人力、财力、物质资源，使之发挥最大作用，以达到图书馆预期的目标，完成图书馆任务的过程。

（3）吴慰慈认为：图书馆管理是对图书馆的文献信息、人力、财金、物质资源，通过计划、决策、组织、领导、控制和协调等一系列过程，来有效地达成图书馆的目标的活动。

（4）原国家教委高教司《图书馆管理学教学大纲》提出：图书馆管理是指以图书馆发展的客观规律为依据，遵循管理工作的内容与程序，建立优化的管理系统，合理配置和利用图书馆资源，实现其社会职能的控制过程。

综合以上几种说法，可以这样定义图书馆管理：在当今信息时代，抓住时代特色，全面运用现代管理理论，用以指导现代图书馆的全部活动，提升现代图书馆管理水平的整个过程。

那么，图书馆管理的对象是什么呢？图书馆管理的对象就是图书馆系统。根据系统论的观点，世界上一切事物都可视为系统。在一个系统内可有若干个子系统，只有每个子系统都达到最佳效果，整个系统的管理才处于最佳状态。图书馆管理包括微观管理和宏观管理两个部分。微观管理是对个体图书馆的管理而言，宏观管理则是对社会图书馆事业体系的管理而言。

图书馆系统是由人员、文献信息、建筑、设备、经费、技术方法等要素构成的，这些要素就是图书馆管理的具体对象。图书馆管理的目的，就是根据图书馆的既定目标，合理地组织这些要素，并择其最优的组合方法，使之成为一个互相联系、互相制约、互相促进的有机整体，最大限度地提高图书馆系统的功能，为广大用户服务。

图书馆系统是图书馆工作作为一种社会分工而独立存在之后，人工构成的社会的一个子系统。它是一个开放系统,与外界不断有物质、能量和信息的交换。人类增长的信息知识以及大批人力、物力、财力的投入是系统的输入,对外提供的各种文献信息和服务是系统的输出,而社会所利用的正是图书馆系统的开放性。

二、图书馆管理的特点

与传统的图书馆管理相比,当今的图书馆管理除具有传统图书馆的特点外,还具有如下几个特点。

(一)理论性

理论性是现代图书馆管理的一个重要特点。在传统的图书馆管理实践中,轻视理论是图书馆界的通病。轻视理论,不学习,不研究,不借鉴,其直接后果是目光狭窄,观念落后,管理水平普遍低下。一种实践活动,如果没有先进的理论做指导,其结果必然是盲目的。图书馆的管理,既然是一门科学,其理论性就一定要得到重视,得到体现。

(二)前沿性

图书馆管理要想发展,就必须紧紧关注、追踪现代管理理论的发展并加以研究,看看还有哪些新理论能够移植到管理中,以切实提高管理水平,如知识管理之类。特别要注意的是,这种关注、追踪、移植如果仅仅限于名词,不仅无益反而容易搞乱思想;应切实地深入其中,弄清弄懂,这才是科学的态度。

(三)实践性

现代管理理论大多具有很强的实践性,借鉴、移植、导入到现代图书馆管理中,是为了切实提高图书馆的管理水平。因此,除了要注意相关理论、体系的学习外,更要加强对其方法、手段的关注,使之具有可操作性。只有这样,现代管理理论在图书馆管理实践中才有生命力。

第三节 图书馆管理的职能

图书馆管理是通过决策、计划、组织、领导、控制和协调等环节相互作用实现的。各环节之间不是相互独立的,而是相互联系、相互制约,共同作用于管理运动的全过程中,形成图书馆管理的特定职能

一、决策职能

任何图书馆系统及其所属子系统在管理过程中都离不开正确的决策。图书馆系统的决策主要包括以下几个方面;①在发展方针、政策和战略方面的决策;②在各项业务工作方

面的决策，包括采集文献品种与复本数量的选择，分类法的选择，馆藏划分方案的选择，排架方式的选择，开架与闭架方式的选择，借阅数量与借阅时间的确定等；③在人事方面的决策，包括人员智力、职称结构的确定，人员更新与培训的方式，奖惩制度的制定等；④在财务、设备方面的决策，包括经费的预算及分配，设备的选择及维修等。正确的决策来源于正确的判断，正确的判断来源于周密细致的调查研究。深入调查研究是决策过程中避免失误和减少错误的重要一环。

二、计划职能

计划在管理过程中十分重要。计划是图书馆各项活动的指针，指导图书馆确定目标、决定政策、选择方案的整个过程。图书馆系统的各方面决策都要通过计划去实现。图书馆计划包括两个基本方面；一是国家图书馆事业发展计划；二是个体图书馆的发展计划。

国家图书馆事业发展计划包括以下几方面内容；①图书馆事业总体规划，规定图书馆发展的总量与速度，确定重点与比例，平衡各类型图书馆的建设和布局；②图书馆网的发展计划，规定图书馆网的组织形式及其结构；③专业人员的培养计划，包括正规的学校教育和职业技术教育、函授教育、在职教育等多层次教育形式；④科学研究与协调发展计划，包括基础理论研究、重要科研项目、技术设备和服务手段，以及引进技术与大型协作计划等。

个体图书馆的发展计划包括以下内容；长期计划与短期计划，全馆计划与各业务部门的计划，本馆的整体发展规划与各局部的发展计划等。计划由定额、指标、平衡表三部分组成。各项定额是发展计划的基础，计划的内容和任务则体现在指标上，计划就是综合平衡，平衡表是基本的手段和工具。国家图书馆事业发展计划是各分项计划的集合，一个图书馆的总体计划是本馆内各业务部门计划的集合。制订各项计划时，应明确该项计划的主要任务及其在总体规划中的地位和作用，认真选取衡量该项计划发展水平的主要指标，确定发展规模和发展速度，突出发展重点，规定适当比例，注意各项计划之间的协调。还应当指出，在编制图书馆计划时，必须通过统计工作收集可靠的数据指标，并根据各项相关指标谋求最佳的发展方案。

三、组织职能

组织是指对活动所需的资源加以组合，建立组织的活动与职权之间的关系的过程。组织是发挥管理职能、实现管理目标、完成计划的保证。组织工作既是一个分工的行为，又是一个组织各方进行协作的行为。组织工作还包括人事工作，也称为人员配备，即在组织的工作过程中设置的工作岗位需要配备合适的职工人选。在图书馆管理系统中必须要有健全的组织机构，明确各个工作岗位的职责，确立各级人员之间的相互关系，做到职责分明，权责结合。只有这样，才能实现管理过程中的各项决策和各项计划。

四、领导职能

领导工作影响人们为实现组织计划的目标而努力，包括激励制度、领导的方式方法、沟通等方面问题。图书馆要建立合理的领导层群体结构，需要注意选拔主导型人才，重视领导者群体的智力结构，加强领导者之间的团结协作。图书馆的领导者在管理中应当注意正确运用合法权利、奖励权力和强制权力，注意学习和掌握图书馆专业知识和管理知识，不断完善本人在各方面的素质，不断增强自己的专家权力和个人影响力。领导在管理中还要重视自身对授权艺术、决策艺术、会议艺术、用人艺术和奖励艺术等领导艺术的学习与实践。

五、控制职能

控制是按既定的工作计划、标准去衡量各项工作成果，并纠正偏差，使工作按计划的方向进行。控制不仅是对现有的工作成果进行评定，更重要的是认识和判断工作发展的趋势，并为改进工作提供信息反馈。可以说，没有良好的信息反馈，图书馆就无法对自己的各项工作进行有效控制。这是因为控制的功能是通过输入、中间转换、输出和反馈四个环节实现的。输入包括物流的输入（人、资金、设备、物资、文献等）和信息流的输入（各种决策、计划、规章制度等）。中间转换包括物流、信息流在图书馆各层次系统中的实际运动过程。输出包括品种数量、成本等各种指标。反馈即将输出信息回收到输入端，与原给定物流、信息流进行比较，发现差异，查明原因，予以消除，这样就达到了控制的目的。反馈是控制中最为重要的一环，反馈的信息有真假之分，必须对反馈的信息进行去伪存真的分析，以便对图书馆系统的各个工作环节进行有效控制．保证图书馆均衡地完成工作计划，取得最佳的服务效果。

六、协调职能

协调是管理过程中不可缺少的环节，它可以使图书馆事业的建设或一个图书馆的各项工作趋向和谐．避免矛盾和脱节现象发生。图书馆的协调，从微观角度来看，指的是图书馆内部纵向和横向的协调。纵向协调，就是要保持图书馆各层次和子系统的上下平衡；横向协调，就是要保持图书馆系统各层次彼此之间的协作，以避免各个工作环节和各个部门之间发生脱节或失调现象。图书馆的协调，从宏观角度来看．是指与图书馆外部的协调。这种馆际之间的协调，也分为纵向层次和横向层次。纵向层次的协调是指本系统图书馆从上至下的协调，横向层次的协调是指本图书馆系统方针、任务与其他图书馆系统的协调。例如．高校图书馆，除了在高校范围内开展协调活动外，还要积极参与到当地地方公共图书馆系统中进行协调，而省级图书馆虽然居于公共图书馆系统中，除了要与整个公共图书馆系统协调外，还要同高等学校图书馆系统、科学图书馆系统及其他图书馆系统进行横向协调，使各个图书馆系统紧密联系，均衡发展，从而充分发挥各种类型图书馆的功能，为广大用户服务。

第四节　图书馆管理的方法

当今时代，图书馆管理所使用的方法有许多，常用的有行政方法、经济方法、法律方法、思想教育方法、统计方法和咨询顾问管理方法等。

一、行政方法

行政方法，主要是指依靠行政机构和行政领导者的权力，通过下达强制性的行政命令，直接对管理对象和内容发生作用。其表现形式主要为通过由行政系统下达各种行政命令、指令性计划和规章制度来进行管理。目前国内大多数图书馆都沿用这种方法来进行图书馆的日常管理。

行政方法适用于各类型的行政机构、政府机关和大中小学校。与其他管理方法相比，它具有以下特征：①命令的权威性。作为行政系统的核心，下达的各种行政指令具有相当高的权威性，并且发布信息的行政级别越高，其权威性也越高，下级接受信息的比率也就越高。②执行的强制性。与司法机构颁布的法律强制性不同，行政命令通过权力机构发布，仅对其管理范围内的对象具有强制性而非普遍适用。它可以采用多种灵活形式，通过思想上、行政上和组织上的方法体现其强制性。③系统的相对稳定性。行政方法依靠行政系统相对严密的组织机构而存在，只要行政系统能够保持自身结构的稳定，行政管理就能够发挥作用，同时具有抵抗外界干扰的作用。④内容的具体性。各种行政命令、指令和制度都有相当具体的内容，是针对特定的管理对象下达的特定命令，能够让管理对象了解具体的行动方向。⑤时间的有效性。行政命令只在特定时间内对特定管理对象有效，一旦逾期，该行政命令随之失效。⑥内容的保密性。根据行政系统性质的不同和具体行政指令的需要，行政命令会分出不同的机密等级，并且只能够在机密等级要求的范围内传达和发挥作用。⑦传递的垂直性。行政方法适应行政系统的等级体系，行政命令采用由高级向低级逐级传递的方式。

行政方法实际上是一种行政系统的集中统一管理模式，发挥各级系统的管理职能，根据系统目标，采用和实施各种必要管理手段。它具有针对性强、灵活性高、强制实施的优点，适宜及时处理新情况和新问题。

但是，行政方法在根本上是"人治"的方法，存在着不可避免的局限性。主要表现为行政命令是由行政领导制定的，命令的及时性和准确性也会受领导的水平、领导的权威性等因素的影响。行政命令的传达和执行要由系统人员逐级实现，传达效率和执行质量都会受到人为因素影响。另外，由于传统行政体系权力过分集中，制约了子系统积极性的发挥，同时还因为组织臃肿，导致横向沟通、协调困难，信息传递迟缓、失真严重等情况发生。

二、经济方法

经济方法，是指依靠经济组织，按照客观经济规律的要求，运用经济手段来进行管理。经济组织是指有独立经济利益的组织机构，而经济手段则是指把一个组织或个人的物质利益，与其工作相联系的方法。在宏观管理中，经济方法主要运用价格杠杆、税收调节和信贷作用，合理优化整个社会资源的分配情况，并根据社会发展需要，调整社会各组织间的利益分配比例。在微观管理中，经济方法的运用多表现为根据组织内部的需要，调整组织各系统之间和个人之间的物质利益分配方式，如工资、奖金和福利等。

在市场经济条件下，经济方法几乎适合各种组织类型。它具有以下特点：①客观性。采用经济方法的前提是遵循客观经济规律的要求，因此，在制定和实施经济方法的过程中必须符合客观经济规律。②一致性。组织或个人的利益与整个系统的根本利益相一致，利益分配原则也必须与工作完成的质量和数量相一致。③利益性。经济方法符合物质利益原则，整体和个体有相同的利益，必须把个人的工作成果与其物质利益联系起来，这是经济方法得以成功实施的关键。④制约性。经济方法通过对利益的分配，对组织和个人的行为产生影响，在激发积极性的同时实现其制约性。⑤多样性。不同部门、地区、时间、工作环境所采取的经济方法是不一样的，可分配的利益和分配原则也是不一样的。⑥技术性。根据经济规律的特点，可采用各种衡量方法和分配原则。⑦公开性。公开指标和结果，是经济方法有效运用的保障。

将管理方法建立在利益原则基础上，被管理对象会直接考虑自身利益，因而对信息的接受率较高，也便于充分调动组织中各级子系统和个人的积极性、主动性和创造性。而且由于经济方法具有统一的衡量标准，使管理过程公开化、合理化，也可以使各级部门得到更多的自主权，防止权力过分集中。但是，经济方法也有其局限性，主要表现在道德意识上的副作用，过分追求利益的最大化会导致道德意识的沦丧。因此，在图书馆管理中必须制定一套严密的经济立法与之相配合，否则易造成混乱。

三、法律方法

法律方法，是指国家依靠国家机器的强制力，通过制定、颁布和实施法律来管理整个社会的方法。虽然国家机器的强制力是保障法律方法的最根本保障，但是要真正发挥法律的作用则需要具备各种社会条件。一方面，需要有健全的法律机构和体系，如立法、司法、执法和法律监督机构，才能够树立法律的权威性，保障立法的适当性、执法的公平性和严格性；另一方面，全社会的舆论道德水平和法律意识也是成功运用法律方法的社会基础。法律方法的作用在于保证社会和组织中人、财、物的合法沟通，并把沟通方式用法律文件的形式加以规定，明确权利和义务的关系，使整个管理系统具有稳定性，以利于管理系统的发展。随着社会的不断变化和管理系统的不断发展，法律规范必然要符合客观事物的发展要求。只有这样，才能提高管理效率，使系统的功能得以增长；如果不能正确、及时调节各种管理因素之间的关系，则会对管理系统的发展起到阻碍作用。

法律方法适用于社会管理的各个方面，尤其是对共性问题的处理。但由于"法治"所具有的特殊性，它并不适用于意识形态领域和某些特殊问题的处理，这也是"法治"无法代替其他管理方法的根本原因。法律方法具有以下特点：①利益性。法律的制定依托于不同社会群体的共同利益。②概括性。法律制约对象是抽象、一般的，而非具体、特殊的，在同样的情况下可以反复适用。③规范性。运用法律这种社会规范来进行管理，规定人们应当或不应当做什么，以引导人们的行为。④强制性。对社会全体成员具有普遍的约束力，是依靠强大的国家机器来实现的。⑤稳定性。整个法律体系和具体法律文件在一定时期内相对稳定，在同样的情况下可反复适用。⑥可预测性。法律以符号信息表达内容，人们可以根据具体内容预见自己或他人行为的后果。

法律是整个社会和国家管理的依据，是国家权力的集中体现，通过明确权利与义务之间的关系，确定所有成员的行为规范，用于处理社会生活中共性和一般性的问题，实现其管理和自动调节的功能。但法律方法也有一个明显的缺点，即缺少灵活性，并且从法律的最初制定到最终执行需要相当长的周期，因此，法律方法不便于及时处理特殊问题和管理中出现的新问题。法律强制性的这个特点也不利于系统积极性、主动性和创造性的发挥。

四、思想教育方法

思想教育方法，是通过对人进行劝导、说服等方式来改变人的态度、观念，进而改变人的行为的一种管理方法。采用这种管理方法的依据有两个：第一，人的态度、观念和行为是在学习、生活等实践经验中获得的，也可以通过学习、生活等方式来改变。正确的态度、观念会产生正确的行为，错误的态度、观念会导致错误的行为。人都有认识和判断能力，利用这种能力可以获得真理，树立正确的态度和观念。因此，要使人的行为朝着正确的方向发展，可以通过向人们传达真理，引导人们树立正确的思想观念的行为方式来实现。第二，人的动机是可以被激发的。人的行为发生过程是，当个体缺少了某种东西就会产生一种生理或心理上的紧张感，这种紧张感会成为一种内在动力，成为人的行为动机，促使个体采取行动去满足需求，以消除紧张，达到生理或心理上的平衡。但不是所有的需求都会上升为动机，也不是所有的动机都会导致行为的必然发生，只有在需求足够强烈、动机足够大时行为才会发生。因此，要想影响人的行为，必须激发人的动机。思想教育方法就是一种激发人的动机的方法，它通过引导人们树立高尚的情操、远大的理想，激发人积极向上的动机，做出正确的行为。

思想教育方法具有以下特点：①启发性。思想工作的开展着重于对人思想的启发，不能以强硬的方式让别人接受观点；否则，就起不到良好的效果，甚至与初衷背道而驰。②利益性。在做思想工作的时候要着重宣传系统的共同利益，要把系统的利益与个人的利益结合起来，这样才能激发人的动机。③灵活性。思想教育工作可因人而异，面对不同的对象、不同的问题，采取不同的措施。④长期性。改变人的思想观念是一项长期的工作，需要在日常的工作中不断坚持。思想教育方法是一种非强制性的方法，在对人的管理中，通过思想教育工作引导人们树立正确的思想观念，可以促使人在工作中发挥自觉能动性，对系统目标的实现产生强大的推动作用。但是，思想教育方法也有其不稳定性，如果没有其他的管理方法相配合，思想教育的成果难以保障。

五、统计方法

统计方法，是通过对社会现象进行调查，进而认识社会现象，以便更好地开展工作的一种管理方法。对客观事物的管理依赖于对客观事物的认识，统计方法是认识客观事物的一种有力工具。

统计方法具有以下特点：①数量性。统计方法主要是对社会现象数量特征方面的认识，包括数量的多少、现象之间的数量关系以及质量互变的数量界限。②总体性。统计方法的认识对象是社会现象总体的数量特征，而不是单个研究对象的数量特征。例如，图书馆对读者的统计工作不是只研究单个的人，而是要研究图书馆全体读者的数量构成，如不同年龄阶段的人各占多少，不同学历的人各占多少等。③具体性。统计方法的认识对象还包括具体事物的数量特征，并不是抽象的量，这种数量的表示必须是具体事物在一定时间、地点的反映。④社会性。社会现象必然有人的参与，统计方法也不可避免地要受到人为因素的影响。统计方法是认识社会的有力工具，利用统计方法可以加强对社会现象的认识，为问题的解决提供科学依据。但是统计方法的应用，尤其是对数据的后期加工处理，会碰到很多数学上的问题，掌握起来较为困难，难以推广使用。

六、咨询顾问管理方法

咨询顾问管理方法，是指由管理者提出问题，由相关的专业咨询人员给予解答或为问题的解决提供建议的一种管理方法。这种方法一般只是作为一种辅助的管理方法，为政策的制定提供背景信息，为发展提供预测和评价，为社会各行业的工作提供专业指导。

咨询顾问管理方法具有以下特点：①专业性。咨询人员一般都有某种专业背景，所提供的信息或建议往往带有很强的科学性。②广泛性。咨询顾问管理方法的适用范围广泛，几乎所有的领域都适用。③针对性。咨询顾问工作往往是根据管理者所面对的具体问题而进行的，工作内容要围绕问题的解决来开展，根据问题搜集信息，提供咨询服务。

采取咨询顾问的方法进行管理，可以为管理者提供科学的建议，减少对问题的盲目性，提高解决问题的能力。但是，咨询顾问管理方法缺乏统一性，如果没有行政、法律的方法提供保障，则可能造成各子系统各行其是，因此，它还只是一种辅助的方法。

第二章　图书馆管理理论与高校图书馆管理

第一节　图书馆管理遵循的理论原则

一、战略管理与竞争战略管理理论

20世纪50年代开始,战略思想被应用于企业管理,60年代以后进入高潮.到了70年代,战略管理已成为一门独立的学科。战略管理主要研究的是组织整体发展规划问题,侧重于回答组织在竞争环境中如何适应环境的变化,如何树立竞争优势的问题,为组织的发展指明道路。战略管理理论受到管理学家的普遍重视,并涌现出了一大批管理学者,如美国企业史学家艾尔弗雷德·D·钱德勒于1962年出版了《战略与结构》一书,美国管理学教授伊戈尔·安索夫于1965年出版了《公司战略》一书,接着又在1979年出版了《战略管理论》一书。进入80年代,美国著名战略管理学家、哈佛大学商学院的迈克尔　波特教授将战略管理理论的研究推向了一个新的高潮,他出版的两本著作《竞争战略》和《竞争优势》引起了极大的社会反响。90年代以来,战略管理理论又得到丰富,基于资源和能力的理论开始提出。

二、企业再造理论

再造工程源于20世纪80年代以来在美国和其他工业发达国家兴起的一场轰轰烈烈的企业再造运动。20世纪80、90年代以来,企业面临的外部环境发生了很大变化,买方市场已经形成,顾客拥有更大的权利,再也不像商品短缺年代那样,企业生产什么就接受什么。行业内的竞争更加激烈，使用原来的方法、技术已行不通了，企业面对变化必须及时采取策略，必须满足顾客提出的越来越苛刻、越来越个性化的要求。以往按职能划分部门、分层分级、管理体制严格的金字塔式组织结构严重影响了企业的应变能力，迫切需要变革。面对这种情况，再造工程被提上日程。再造工程即业务流程重组（Business Process Reengineering，BPR），指的就是从根本上对业务流程的运作方式进行再思考，对企业所从事的最基本的管理工作及核心业务流程进行脱胎换骨的设计，以期在成本、品质、服务及速度等方面得到显著改善。20 世纪 80 年代，美国的企业开始了大规模的再造运动，随后，企业再造开始在日本盛行。这一运动使得西方发达国家的企业发生了巨变。

三、全面质量管理理论

20 世纪 80 年代初，由美国质量管理专家 W·爱德华兹·戴明提出的"戴明圈"思想逐渐发展成为全面质量管理理论，并在工商企业界与公共组织内掀起了一场革命。全面质量管理所代表的是一种与早期管理理论相反的观点。传统的观点认为，低成本是提高生产率、扩大市场的唯一途径，而全面质量管理理论则强调首要的条件是为用户提供最佳质量的产品，而产品的成本降到了次要位置。全面质量管理主张的是更多地关注顾客，坚持不断地改进，认为没有最好，只有更好。全面质量管理不仅注重产品质量，而且还关注组织中所有工作、所有活动的质量。因为组织为顾客提供的产品和服务不仅与最终产品有关，也与组织中的每项工作都发生联系，所以它要求改进组织中每项工作的质量。全面质量管理采用统计技术度量组织作业中的每一个关键变量，然后与标准进行比较以发现问题，追踪问题的根源，从而达到消除问题、提高质量的目的。

四、组织文化理论

组织文化的研究热潮始于 20 世纪 80 年代，起源是日本经济对美国的挑战。20 世纪 70 年代，美国经济持续增长的势头减缓，石油危机使经济愈加不景气，而日本国土面积狭小，资源贫乏，却在 60 年代实现了经济起飞，并于 80 年代开始与美国相抗衡。美国学者面对这种情况，开始寻找出路，并于 70 年代末 80 年代初兴起了关于美日比较管理学的研究。美国学者在考察日本企业时发现，组织文化在促进企业发展中具有重大作用，从此，组织文化的研究开始兴起。组织文化是指由组织领导倡导，全体员工共同遵守，在组织中代代相传的文化传统、价值观念、道德规范、行为准则、管理制度、工作作风、历史传统、风俗习惯和典礼仪式的总和，它贯穿于组织的各个工作领域。这些共有的价值观在很大程度上决定了员工的看法及对周围世界的反映。每当遇到问题时，组织文化可通过提供正确的途径来约束员工行为，将问题概念化，并加以分析和解决。

五、知识管理理论

知识管理的理论和实践源于 20 世纪 80 年代初期，80 年代末逐渐兴起，许多知识管理的项目开始实施，有关论文和著作纷纷涌现。90 年代末，知识管理进入了实用化阶段，开始广泛地应用于企业中。目前，关于知识管理的研究已经趋于白热化，形成了一股知识管理浪潮。知识管理的兴起有其深刻的原因。在当今社会，管理者所面对的组织环境正发生着翻天覆地的变化，用户需求和市场动向变幻莫测，技术发展日新月异，这一切都要求企业要注意培养自身的核心能力、信息能力和应变能力，以便对种种变化做出积极的应对。以前以土地、机器和资本等作为组织成功运营基础的局面已经一去不返，知识作为生产力要素越来越多地融入产品和生产过程中，信息、知识、人才以及人才所拥有的技能日益成为组织最重要的资源，企业竞争优势的建立也越来越依赖于企业的学习能力。由此，知识管理得到了现代企业的普遍认同。一般认为，知识管理就是通过把组织的信息处理能力、组织成员的创新能力、组织的文化和制度结合起来，提高组织的核心竞争力，增强组织对环境的适应能力的过程。知识管理的一个重要方面就是要建立学习型组织。学习型组织的核心在于解决问题和提升员工解决问题的能力。在学习型组织内，员工参与问题的识别，并且有权利、有能力对识别到的问题自主地提出并采取解决的措施，组织通过培养和提升员工的学习能力来获得和保持竞争优势。学习型组织建立的关键是组织文化，组织文化要求组织内部有对知识和学习价值的认可态度，有一个开放的信息环境，以及员工和管理层之间相互信任的关系。更重要的是，组织要将信息、知识、人才以及人才所拥有的技能确立为组织的首要资源，并给予充分的投入。

六、SWOT 理论

网络环境、市场经济在为图书馆的发展带来机遇的同时，也使得图书馆面临前所未有的挑战，社会上一些新的信息服务机构的产生对图书馆的垄断地位构成了威胁。图书馆要生存与发展，就必须把自己置身于大环境中，于是一些学者借用了 SWOT 理论。SWOT 分别是优势、劣势、机会和威胁四个英文单词首字母的大写。该理论是一种综合考虑企业内部条件和外部环境的各种因素来选择最佳经营战略的方法。

七、CIS 理论

CIS（ CorporateIdentitySystem ）是企业形象识别系统。图书馆的改革需要注重形象的塑造，在图书馆中运用 CIS 理论也是图书馆与社会上其他信息机构竞争的需要，这一理论能促使图书馆重新整合资源并全面提高价值观、管理制度、发展战略和图书馆文化等。

八、终身学习理论

1990 年，自彼得·圣吉在其出版的《第五项修炼——学习型组织的艺术与实践》一书中提出学习型组织这个概念以来，终身学习理论就不断被推广和运用。20 世纪 70 年代，日本最先倡导"构建学习化社会"，新加坡也建立了很完善的终身教育体系，可见国家经济的高速发展与重视学习教育是息息相关的。2003—2004 年间，我国企业界开始提倡推广运用这一理论。

九、核心竞争力理论

核心竞争力的构成要素包括研究开发能力、不断创新能力、将科技成果转化为生产力的能力、应变能力等。高校核心竞争力具有以下基本特征：①独特性。核心竞争力的独特性主要表现为稀缺性、难以模仿性和难以替代性。②价值性。以高校核心价值观为主导，旨在为用户提供超过其他高校更多的使用价值，能够更好、更全面地满足用户的需要。③延展性。通过经营管理、科研和教学创新、产品拓展以及市场开发等环节，进一步增加产品品种，提高产品质量，延长产品生命周期。④动态性。核心竞争力是高校适应内、外环境因素而逐步形成的结果，应随着环境因素的变化而变化。⑤综合性。高校核心竞争力是组织上的积累性学习，是各种技术学习心得与各个组织知识的总和。⑥图书馆的核心竞争力是指图书馆在社会中的独特竞争优势，维持图书馆存在和保障图书馆发展的独特的、外界不易掌控的能力。核心竞争力来源于图书馆活动过程中的高层次的信息研究与开发环节，领先的管理战略和服务战略也是图书馆核心竞争力的来源。

十、双赢思维理论

双赢理论是一种基于互敬、寻求互惠的思考框架与心意，目的是获取更多的机会、财富及资源，而非敌对竞争。双赢要求从"我们"的观念出发，以互惠式的角度思考问题，是一种资讯、力量、认可及报酬的分享。

十一、其他相关的理论

（一）物流管理理论

物流是企业针对库存问题而言的，它的出发点是没有闲置的资源，不断地消除浪费。面对新环境、新挑战和新机遇，将物流管理应用于图书馆的业务部门，可以将本馆及国内、国际各类图书馆之间的物质流、信息流和资金流有效地整合起来，处理好出版商、供应商和终端用户的关系，促进文献的共建共享，降低图书馆的运营成本。

（二）集成管理理论

集成管理理论要求将图书馆的各种信息、技术、组织和人力等资源进行整合与集成，以实现各要素的连锁互动、优势互补、资源共享、协同推进和图书馆整体功能的优化以及图书馆的可持续发展。

（三）项目管理理论

项目管理理论源于20世纪80年代后期，它是组织为了完成一个既定的目标，通过临时性的组织运行机构，运用多种学科知识的融合，来解决问题的一种系统的、科学的管理方法。项目管理作为一种效益高、灵活快速和高弹性的组织管理模式，可广泛应用于图书馆日益丰富和不断变化的各项活动中，特别是回溯建库、数据库建设、信息咨询服务、图书馆社区服务与文化经济活动等。项目管理作为管理科学的重要分支日渐渗透到图书馆领域，成为当前国内外数字图书馆领域所采用的较为普遍、先进的科学管理方法。

对于图书情报学而言，图书馆管理理论可以丰富研究内容，拓展研究领域，提高研究人员的素质，促进图书情报学的蓬勃发展。但移植不当也会产生一些负面效应，论题雷同、论述重复的现象大量存在，很多内容都给人一种似曾相识的感觉。大都在做表面文章，缺乏深度和创意；有的只是生搬硬套，局限于名词术语的移植，脱离了图书馆管理的实际。所以在创新图书馆管理理论与实践中，要采用权变的管理思想，结合实际，扬弃变通，才能取得实效。

第二节　高校图书馆管理的基本适用原理

当今社会中管理学的一些原理，如系统原理、人本原理、责任原理、弹性原理、动力激励原理、效益原理和反馈原理等，在高校图书馆等各类型图书馆界也都是完全适用的。

一、系统原理

系统是由若干相互作用、相互联系的要素所构成的具有特定功能的有机整体。它具有三个基本特征：①目的性。整个系统的建立必须有共同的目标，这是系统存在的基本前提。②全局性。系统的建立和制度的制定必须着眼于全局，从系统的整体出发。③层次性。系统包括不同功能的子系统，子系统之间存在上下层的关系。

可以将图书馆作为一个完整系统，依据现代管理的系统理论，对它进行系统分析。图书馆系统主要包括以下几个方面：①系统要素方面，即构成图书馆的各个组成部分和相关条件；②系统结构方面，即图书馆各部分的组成方式及其相互关系；③系统功能方面，表现为图书馆系统整体和局部功能的总和；④系统集合方面，揭示维持、完善与发展图书馆系统的源泉与因素；⑤系统联系方面，研究图书馆系统与其他系统间以及其内部子系统之间相互纵横的联系；⑥系统历史方面，展示整个图书馆系统产生和发展过程，揭示其一般的历史规律。

图书馆系统包括不同层级的子系统，各子系统各司其职。高层级子系统的主要任务是根据系统的整体目标，向下一层级子系统发出指令，最后考核该层级指令执行的结果，同时解决下一层级各子系统之间的不协调或矛盾；低层级的子系统要对上一层级子系统负责，协调相关层级子系统共同完成任务。按照系统原理的观点，图书馆管理者必须重视各层级子系统之间的协调，制定适当的管理制度，从图书馆工作目标出发，合理分配各部门的职责，理顺不同部门之间的关系，防止各部门由于职责不清导致互相推诿，影响整个图书馆系统的正常运作。

二、人本原理

世界上一切科学技术的进步，物质财富的创造，社会生产力的发展，社会经济系统的运行,都离不开人的服务、人的劳动与人的管理。人本原理就是"以人为中心"的管理思想。20 世纪末管理理论发展的主要特点就是强调以人为本。

人本原理不仅适用于企业，同样也适用于各地区高校图书馆这样的事业单位。对于图书馆的管理来说，人本原理主要包括以下几个观点：图书馆的主体——员工；图书馆实现有效管理的关键是员工参与；使人性得到最完美的发展是图书馆管理的核心；为员工服务是图书馆管理的根本目的。概括这些观点，人本原理的内涵就是尊重员工、依靠员工和服务员工。

三、责任原理

管理是追求效率和效益的过程。在这个过程中，要挖掘人的潜能，就必须在合理分工的基础上明确规定每个部门和个人必须完成的工作任务和必须承担的与此相应的责任。图书馆管理的责任原理是以弘扬图书馆所有成员的责任感为核心，以"人本管理"为基本出发点，建立严谨的内部约束机制，依靠赋予全体员工（包括主管人员）不同的职责来维护图书馆正常的工作秩序。一个人对自己的工作全权负责，这是管理的一项基本原则。

四、弹性原理

弹性原理是指组织部门的划分应随业务的需要加以增减和变化。在某一时期划分的部门，没有永久性的概念，其部门的增设和撤销应随业务工作而定。组织也可以设立临时部门或工作小组来解决临时出现的问题。同样，图书馆的日常管理也应保持充分的弹性，留有充分的余地，可以根据可能发生的外部环境变化或者内部结构变化及时做出调整，以适应图书馆发生变化的工作，有效地实现动态管理。

五、动力激励原理

在管理活动中，人是管理的核心，激发人的积极性非常重要。激励方法主要包括物质激励和精神激励两种。物质激励是最常用的激励方法，表现形式多种多样。该种方法使用成败的关键在于控制物质激励中刺激量大小的问题，过大和过小都起不到最好的作用，应该遵循个人的满意度会不断提高的规律，有针对性和递增性地控制物质激励的刺激量。在保障刺激适度的同时，还要引导员工对物质刺激量进行纵向和横向对比，提高对物质激励的认知程度和满意度。精神激励也是一种重要的激励方法，根据马斯洛的需求层次理论，个人在物质需求得到满足后，还会考虑精神需求。通过满足人们的精神需求来激发员工的工作动力，也是管理工作中经常采用的方式。实践中如果将物质奖励和精神激励结合起来，一般会起到更好的激励效果。

在工作中，图书馆管理者要调动图书馆员的积极性，让大家为实现图书馆所制定的各项目目标而努力。例如，在流通部，如果有读者在馆长信箱里表扬了某位图书馆员业务熟练、服务热情周到，馆长应在职工大会上对他进行表扬，让他感受到读者的认可、领导的重视，进而在以后的工作中更加努力。同时．也为其他图书馆员树立了良好的榜样。可见这种激励机制虽无物质奖励，但也会收到良好效果。

六、效益原理

图书馆管理中的效益原理是指在管理活动中针对目标进行的管理活动要有效果。图书馆管理效率包含三层含义：一是指图书馆管理行为趋于系统目标的速度，即单位时间内图书馆管理系统所完成的工作量；二是指图书馆管理系统完成单位工作量所需要消耗的劳动量；三是指图书馆管理过程产生的社会效益。效益原理能够使管理者提高认识，在图书馆管理活动中注重运用科学的管理方法和民主的管理手段．自觉地提高管理水平，能够认识到人对管理效益的意义，通过激励措施挖掘员工的潜力，充分发挥人的能动性，实现图书馆与员工价值的合一。

七、反馈原理

反馈理论是控制论的一个极其重要的概念，反馈就是由控制系统将信息输送出去，又将其作用结果返送回来，从而对系统信息的输入和再输出产生影响，起到控制的作用，以达到最终目的，也就是要求对客观变化做出应有的反应。实际上反馈就是计划、实行、检查和评价的循环往复，能够不断提供最新信息，为根据客观变化做出正确决策准备充分的资料。反馈是现代管理活动中应掌握的一个基本原理。高校图书馆应制定相应制度，组织稳定班子，依靠读者、咨询专家，建立以电子技术为主要手段的现代反馈系统，以适应信息社会发展的需要。

第三节　高校图书馆的特殊作用

一、图书馆与高校图书馆

我们知道，图书馆是人类社会和科学文化发展到一定阶段时产生的必然产物。自古以来，人们为了生存、发展，在征服自然、改造自然的社会实践中创造了语言和文字，当用文字记录的材料经过长期的积累达到定的数量和规模时，就产生了搜集、整理、保管、传播和利用的机构——图书馆。图书馆经过长期的发展，收藏了极其丰富的文献典籍，历经沧桑，经久不衰，逐步发展成为了人类的知识宝库和文献资源中心。图书馆履行着以保存文化遗产、进行社会教育、传播文化科学知识和传递文献信息为职能，全心全意为读者服务为宗旨，深刻影响着人类社会的政治、经济、文化、教育事业的发展，对促进世界文明和物质文明建设起到了不可估量的作用，一个完备、高效的图书馆已经成为建设现代化大学的必要条件。有人把现代化的高校图书馆视为现代化大学的三大支柱（师资队伍、教学设备、图书资料）之一是非常有道理的。现阶段，随着现代科学技术的飞速发展，图书馆事业进入了一个跨越式发展时期，一个规模日益庞大、服务范围不断扩大、服务手段不断改进的图书馆正走进人们文化生活之中。

新中国成立后，伴随着全国高等教育的不断发展，我国的高等院校陆续建立，各高校在发展的过程中结合自身所处的地理位置、学科建设、专业建设和人文环境，积累了比较卡富的文献资料，这些文献资料具有鲜明的学特色，而且随着高等教育事业的发展，这些文献资料为本校的教学工作、科研工作发挥着重要作用。为了将学校积累祭的这些文献资料妥善保存下来，不断地为学校今后的教学工作和科研工作提供服务，各高校陆续建立了自己的图书馆，开始了文献收集、管理与服务工作。于是，高校的图书馆就成了高校的文献信息中心，也是学校总体工作的重要组成部分。它不仅是一个服务性组织，而且是一个教学与科学研究的重要的学术性机构。新中国成立后建立的第一所高等学校是 1950 年 8 月建校的西北大学（原西北学院），建校后学校随即创建了图书馆。

二、高校图书馆的性质

如上所述，高校图书馆是以类文献资源为特色，包含文、史、哲、理、农、法、经济、管理等多种学科文献资源的综合性文献收集与收藏单位。高校图书馆的性质与本校的办学性质息息相关，它必须根据学校的性质和任务、教学和科研的需求、需要履行搜集、加工、收藏、研究、利用和传播知识信息的职责。担负着为学校教学和科研服务的双重任务。就高校图书馆的性质而言，只是它所收藏的文献具有十分鲜明的特色，其他与普通高等学校图书馆的性质是一致的，既是为本校教学和科研服务的学术性机构，又是为本校教学和科研服务的服务性机构。这主要体现在；一是学校的师生，读者要利用馆藏文献进行学习和研究，并通过实践与总结，创造出新的成果。因此，图书馆的工作一方面体现出学校教学和科研工作的前期工作，另一方面体现出学校教学和科研工作的基础性工作。二是高等院校图书馆工作本身就是学术性、技术性比较强的工作，属于学校的服务性和学术性兼备的机构，必须要开展图书馆学、目录学、文献学与情报学的研究工作，工作人员要不断提高理论水平和业务能力，为更好地发挥馆藏文献的作用作出积极贡献。三是高校图书馆在文献收集过程中，必须充分体现学科特色；在文献信息服务过程中，围绕学校的中心工作，必须充分体现为学校培养少数专业技术人才提供文献信息服务，还要充分体现为经济社会全面发展提供文献信息服务，这一点应当是高校图书馆的基本原则和宗旨。

三、高校图书馆的主要任务

高校图书馆是高等学校的重要组成部分，它的任务是由高等学校的性质所决定的。因此，它必须紧紧围绕学校的教学和科研开展一切工作。高等学校的基本任务是根据国家的教育方针，努力为少数培养各类高层次人才。根据高等学校的总任务，高校图书馆的主要任务有以下几方面；第一，根据学校的性质和任务、办学特色、学科建设和专业改置，搜集各类文献资料（包括各少数文献），用科学、规范的方法，对文献进行分类编目与管理，为全校教学、科研提供文献保障。以最大限度地满足本校读者对文献的需求。第二，配合学校教学、科研的需求，一方面开展用户教育、读者辅导作，培养少数师生的情报意识和利用各类文献情报的技能；另一方面要积极主动地开展各类文献借阅、检索、视听服务以及参考咨询和文献情报服务，努力开发少数文献信息资源。第三，加强继续教育工作，培养图书馆干部，提高队伍素质。第四，服从国家文献资源建设整体布局，参加国家、地区以及系统内图书情报工作协作，开展馆际互借、馆际协作、文献信息交流等工作，实现少数文献资源共建共享活动。第五，统筹、协调全校的图书资料采集、整理、保存、目录组织和图书资源的合理调配与共享工作。第六，不断引进新技术、新设备，改善工作条件，营造工作环境，实现业务和管理工作的现代化、网络化、数字化。第七，开展图书馆学、情报学、目录学、文献学和图书馆现代化手段的应用研究和推广工作，进行学术交流互动。第八，积极配合学校，做好政治思想教育工作，宣传马列主义、毛泽东思想及党和政府的政策法规，宣传党的政策，为培养德、智、体、美全面发展的高素质的少数人才营造良好的环境。

综上所述，为教学和科学研究服务永远是高校图书馆工作的重点，开发文献信息、启发智力、开展学术交流是高校图书馆工作的重要内容。

四、高校图书馆的文献需求类型

一般来说，高校是综合性大学，图书馆的文献需求必定是本校教学工作、学科建设和科学研究相关的各类文献资料，这一点同其他普通高校图书馆的文献需求是一致的。主要有与本校专业设置所需的各种文献资料；与本校学科建设有关的各类文献；与学校教学工作密切相关的各类文献；与学校少数文化的挖掘、研究整理有关的各类文献；与宣传与弘扬少数优秀文献相关的各类文献，等等。

五、高校图书馆文献资源的构成

我国高校图书馆自兴办以来已经走过了六十年历程，在这六十年的文献资源建设中不仅收藏了丰富的我国少数文献，同时也收藏了比较丰富的国内外普通文献，建立了比较完整系统的馆藏文献书目及藏书体系。特别是近年来，随着文献建设数字化和网络环境的不断发展，文献资源结构也发生了深刻变化。高校图书馆与其他高等院校图书馆一样，馆藏文献中除收藏了数量十分可观的印刷型文献外，新型电子型文献的收藏量也迅速增长。如缩微资料、视听资料、电子文献、数据库、网络资源等。在国外，电子文献资源的购置费也在逐年增加，表明在当代世界各个大学图书馆都十分注重电子文献的收藏。据有关资料反映，美国的奥斯汀得克萨斯大学 1998 年购买电子文献的经费仅占年度文献经费的 5%，购买纸质图书的经费占年度文献采购经费的 30%。到 2001 年该大学购买电子文献的经费上升到 20%，购买纸质图书的经费下降到 15%。我国高校图书馆大多都对外文文献和电子文献收藏量比较小。近年米，根据社会发展的需要，高校图书馆积极调整采购思路，合理组织馆藏布局，使馆藏结构发生了很大变化，外文文献电子文献尤其是全文电子期刊、检索性二次文献的收藏量增长较快。目前，基本形成了图书、期刊、电子文献三足鼎立的格局。

六、高校图书馆的特点

实践证明，任何类型的图书馆都形成了自身一定规模的藏书体系，并且具有自身收藏的特点。在这里，我们将高等院校图书馆的特点从图书馆藏书建设的特点、读者特点、服务特点和采购特点四个方面阐述。

（一）藏书建设的特点

藏书建设是图书馆文献资源建设必不可少的重要组成部分，是图书馆为读者服务的物质基础。根据服务对象，建立适合本馆特色的藏书体系，是任何一个图书馆必须遵循的原则。长期以来，高校图书馆非常重视文献资源建设，根据自身的特点，建立了各具特色的藏书体系。如中央大学图书馆馆藏少数文字图书有 14 万册；佛教文化经典 1600 余册；中南大学图书馆馆藏文献中，以中南、华东地区的少数文献为重点，馆藏少数文献 10 余万册，刊物 200 余种；西北大学图书馆收藏了文献（包括少数古籍文献 10 万余册），近 11000 余种，纸质文献中，清代以前的珍贵文献近 8 万册。少数文献文种包括藏文、蒙古文、维吾尔文、哈萨克文等，其中以藏文文献为最多。这些鲜明的馆藏特色，是高校图书馆的一大品牌，也就是高校图书馆的特色馆藏。

（二）读者特点

读者被喻为图书馆的"衣食父母"，是图书馆的"上帝"，这充分说明，没有读者，图书馆就没有存在的价值。因此，全心全意为读者服务是图书馆的工作重心。根据高校图书馆的办馆性质和特点，读者也具有鲜明的特点；一是读者的性。高校是专门为少数培养高层次人才的摇篮、基地，在校生中少数学生要占 80% 以上，而且大部分学生来自少数，显然，高校图书馆的服务对象大部分是少数读者。二是读者的稳定性。读者对文献需求的特点是由教学工作的特点所决定的。高等学校的课程内容、专业设置、办学宗旨等基本是稳定的。因此，决定了读者对教学参考用书的品种和数量也是稳定的。三是读者用书的集中性。这种现象是由于教学工作是按照教学计划、教学大纲进行的，有一个统一的进展规律，因此，往往出现集中用一种书的现象。这也就造成了图书馆出现某个时期某种图书借阅紧张的状况。四是读者用书的阶段性。教学工作是有阶段性的，要按照教学计划进行。因此，学校每学期都有开学、上课、考试、放假等过程，这样一来，必然会出现用书的阶段性，并且每个阶段的用书都不一样，这种情况反复出现。这种现状，构成了高校图书馆读者需求的多样性。

（三）服务特点

高校图书馆根据读者特点，在搞好基础性服务工作的同时，大力加强特色化服务。首先，加强特色馆藏。为了充实少数馆藏文献，为少数读者提供有关政策、研究等方面的信息，高校图书馆调整馆藏结构，加大了采购特色文献的力度。如近年来，西北大学图书馆逐年加大藏书资金投入，先后多次深入少数，采购了大量适用性的少数文献和西北地方文献。其次，改善服务环境。为了给广大读者营造一个优雅舒适，具有特色风格的学习环境。高校图书馆为读者改善学习场所，增设特色阅览室，受到读者好评。如西北大学图书馆为了使馆藏文献资源特色更加突出，进一步发挥特色文献的作用，将富有特色的文献集中起米，组建了西部地方文献阅览室、宗教文献阅览室和藏文古籍阅览室，从而使读者能方便、集中地利用特色文献。此外，构建特色数据库，扩充特色文献。为了适应现代社会发展的需求，为了满足读者多元化的文献需求，高校图书馆在加强外购数据库的基础上，积极建立具有馆藏特色的数据库。如西北大学图书馆根据馆藏特色文献资源，自建了《馆藏藏文文献数据库》；西南大学图书馆自建的《西南研究数据库》等等。

（四）采购特点

一是经费充足，采购量大。随着招生量的扩大，高等学校领导对图书馆的建设与发展都比较重视，为图书馆的文献资源建设投入了大量的资金，其文献的采购量大幅度增加；二是读者稳定，计划性强。高校图书馆的服务对象主要是教师和学生，读者对象比较单一、读者的文献需求也比较稳定。因此，读者对文献的品种和数量的需求也是比较稳定。这种稳定性要求图书馆的文献采购工作必须做出合理、周密的计划性，合理安排采访文献的品种、数量，以适应和满足教学科研需求；三是对文献的专业性、学术性要求高。高校图书馆的一切工作都要围绕本校的教学、科研这两个中心，因此在采购文献时，一般要遵循一定的采购原则，即与学校专业设置、学科建设、教学计划相关的文献要全面采购，对少数文献要重点采购，对一般文献要适当采购。

第三章 高校图书馆管理创新

管理创新是指管理者运用新思想、新技术和新方法对企业现有资源进行重新组合，以促进企业管理系统综合效益不断提高。运用先进、科学的管理方法创新图书馆管理，可以充分体现图书馆为科研、教学服务的功能。图书馆管理创新的方向，首先是管理观念创新，管理战略创新；其次是管理制度创新，管理文化创新等。

第一节 高校图书馆管理创新概述

管理是一个动态的、不断创新的过程。只有不断地创新，才能使图书馆适应现代信息社会的要求，不断发展和进步。在 20 世纪 30 年代，美国的唐纳德·科尼将现代管理理论引入图书馆管理中，在相当长的一段时间内，促进了图书馆的迅速发展。如今，传统的图书馆管理理论已经不能满足图书馆师生日益多元化的信息需求，众多的高校图书馆开始尝试并实行在管理各个方面的创新。创新是当今时代发展的趋势，高校图书馆的管理体制也在创新之列。高校图书馆的决策者和管理人员是图书馆行业的主力军，其作用不可忽视、不可替代，必须勇于承担创新管理重任，只有不断进行管理创新，才能适应经济社会快速发展的需要。

一、创新的重要性及意义

我国图书馆由于长期受"藏书楼"的传统观念影响，在管理思想上一直重藏轻用、重书轻人、重内轻外，这些传统的观念严重地束缚了图书馆的发展。但是在迅速进行结构变化和飞速发展的时代，随着人类社会结构的变迁，人与人之间关系形式的改善，无穷无尽的物质财富和精神财富的不断涌现等外界因素的冲击，高校图书馆要生存和发展，就必须勇于冲破旧的传统，树立创新意识，及时根据图书馆自身发展的客观规律和知识经济时代对图书馆发展的需求制定出正确的发展策略和管理模式。对于不适应时代发展的旧管理机制，必须勇于改革、善于改革，必须加强学习，反复改进，不断创新，只有这样才能让自身立于不败之地。在高校图书馆中进行管理创新，具有以下意义。

（一）创新是时代发展的鲜明特征

创新是一个国家和发展壮大的法宝。江泽民曾经说过；"创新是一个进步的灵魂，是一个国家兴旺发达的不竭动力。"这个精辟的论断不仅揭示了创新的历史意义，也提出了创新的现实要求。创新的内涵和外延在发展中不断变化，随着时代的发展被不断赋予新的内容。目前已形成了多种类型的创新，如促成物质实物的发明或革新的实物创新，对解决问题提出新对策的创新对策，设计某种新的制度、体制、管理方式方法的制度创新，某种理论构想的理论创新，以及对观察事物的新角度、新认识、新观点的认识创新等。

（二）高校图书馆管理的本质在于创新

知识经济时代的来临不可避免地从根本上动摇了各类组织的管理思想、管理制度和管理方式。图书馆是知识的载体、信息的阵地，所以图书馆的管理创新从一定意义上说是图书馆管理的本质所在。

1. 管理创新是图书馆自身发展的原动力

面对日新月异的科学技术发展，在知识量、信息量剧增和市场剧变的新时期，谁能思维敏捷，抓住时机，当机立断，快速做出反应，处处先行一步，谁就会在竞争中获得胜利。管理上的创新能打破图书馆常规，改革管理工作流程，大大提高管理效率，能使图书馆以敏锐的观察力密切关注未来变化的新趋势、新动向和新问题，从而以超前的意识大胆决策，适应未来发展的要求。

2. 管理创新是迎接知识经济挑战的外在需要

原有图书馆管理制度和管理模式的设计通常以规范人的行为，使人不犯错误为出发点，过多地强调管制和约束，这种过细、过严的规则通常会使那些最初很难识别的新生事物的嫩芽窒息，致使图书馆管理僵化，抑制国内外管理理论的研究。决定社会发展竞争优势的是人才和科学技术，而决定人才和科学技术发展的主要因素是创新，所以强调创新已成为现代管理的时代趋势。

3. 管理创新是深化图书馆改革的内在需求

新时期是一个孕育着巨大变革的时代，是一个从计划经济形态向市场经济形态的转变时期。随着我国政治体制与经济体制改革的纵深发展，原有的一套管理模式已经不能适应新信息技术时代下图书馆的运行发展，在此情况下，高校图书馆要继续生存与发展，就必须对传统的管理理念和管理方法进行改革，通过改革创新，建立起一套崭新的管理运行机制，以适应其发展的趋势和需要。

（三）领导者是图书馆管理创新的主体

管理创新总是不断以新的观念、新的措施和新的方法，使管理系统总体功能不断优化，保持一种最佳效果的状态，同时也创造条件引导系统环境向着有利于管理创新的方向发展。从我国图书馆的现状来看，管理创新的关键在于观念的转变，即将管理的重点放在对人的积极性的调动、创造性的激发上。在管理机制上，关键在于要使人们总能得到一个正确的、奋发向上的信号。

1．创新意识是领导者创新的基本素质与先决条件

创新意识是指人脑在不断运动变化着的客观事物刺激下，自觉产生的改变客观事物现状的愿望。领导者即领先、引导、组织、协调者，其创新意识之所以成为其重要的根本素质，是由于在知识经济和信息社会里，在科学技术快速突破的背景下，经济和社会发展的要求与领导者的根本职能和职责决定了图书馆领导者必须具有高度的适应性。这种适应性不仅是指要适应变化的对象和内容，而且是指要适应变化的力度和节奏，要善于敏锐地发现变化的动向，善于果断地捕捉变化的契机，善于促进本馆工作的变革与更新，这也正是图书馆领导者与一般员工的根本区别。

2．讲学习是领导者创新的内在动力与关键环节

图书馆领导者必须要有深厚的文化基础与渊博的知识，这不仅是当前形势发展的需要，也是领导工作的客观要求。作为创新主体的领导者，其综合素质的高低，不仅直接影响到个人的形象、个人创造力的发挥，也直接关系到图书馆事业的兴衰成败。因此，领导者不仅要大力提高自己的思想政治素质，还应该注重培养创新思维和理论思维能力，同时还要大力提升自己的科学文化素质，要安下心来致力于构建符合创新要求的、科学合理的知识结构，并对此进行大胆的实践和探索，使理论与实践、知与行相统一。

3．良好的环境是领导者创新的外在动力与根本保证

良好健康的环境可以使身处其间的人们形成集体一起工作，以便完成预定的使命和目标。因此，健全的创新环境成了管理创新能够有效、健康开展的根本保证。正如阳光、空气和水分存在于植物生长中一样，管理创新也需要有健康、适宜的环境和营养，需要有激发人们突破陈规陋习、大胆创新的原动力。对领导者在管理创新中出现的失误或问题切忌横加指责，适当的政策扶持、激励、引导和保护是管理创新的催化剂，具有不可替代的效果。同时，为了能让领导者顺利有序地进行管理创新，还必须在馆内外营造一种健康有序、宽松和谐、鼓励创新、支持探索的文化氛围。

4．创新机制是培养领导者创新能力的催化剂

邓小平曾鼓励"闯"的精神、"冒"的精神。图书馆在创新人才的问题上，要鼓励和支持冒险，鼓励和支持当领头雁，鼓励和支持一马当先。目前，我国图书馆界的论资排辈现象仍相当普遍，压制了大批年轻的创新骨干人才的脱颖而出，这就需要图书馆本着珍惜人才、人才为本的原则，选好、培养好、用好、关心好杰出青年人才的成长，在物质待遇和精神待遇上向创新人才倾斜，使他们真正感受到自身价值的实现、地位的崇高和责任的

重大。

二、创新的方式

管理是对组织资源进行有效整合以达成组织既定目标与责任的动态创造性活动。而管理创新则是指一种新的、更加有效的资源整合方式，这种方式既可以是新的有效整合资源达到组织目标和责任的全过程式管理，也可以是新的具体资源整合目标制定等方面的细节管理。综合上述两个方面的内容来定义管理创新，即管理创新是在创造和掌握新的科学管理知识的基础上，主动适应外部环境，提出组织各要素在质量上发生新的变化和新的组合的过程。管理创新包括以下几个方面。

（一）创设一种新的组织机构

创设一种新的适合高校图书馆事业发展的新思路及与其相配套的组织机构。这种新的发展思路应该是对整个行业都具有普遍的指导意义，而组织机构是高校图书馆管理活动及其他活动有序化的支撑体系。因此，这种新的组织机构要能够有效运转。

（二）提出一种或一套新的管理方式方法

新的方式方法对于高校图书馆来讲，不仅能提高服务效率，而且能使人际关系更加协调，更好地激励工作人员，这些都将有助于高校图书馆各种资源的有效整合，以达到既定的目标

（三）设计一种新的管理机制

新的管理机制是指在高校图书馆各类资源最佳配置的基础上，使高校图书馆的各种活动能规范、优质、高效地完成。这样一种管理机制对高校图书馆的管理而言是新的，以前从未有过的，因此自然也就是一种创新

（四）进行管理制度创新

管理制度是高校图书馆资源整合行为的规范，既是高校图书馆业务工作的行为规范，也是工作人员的行为规范。制度变革会给高校图书馆及其工作人员的行为带来变化，从而有助于资源的有效整合，使高校图书馆事业的发展更上一层楼。因此，制度创新也是管理创新的内容之一。

三、管理创新的原则

管理思想的创新就是要更新陈旧过时的管理理念，用新的管理观念替代传统管理理念。在管理中要实现管理观念的创新，需要注意以下几个原则。

（一）系统性原则

要把整个图书馆的工作看成是相互关联、相互补充的有机整体。管理实际上是一个实现目标的过程，系统原则就是要围绕这个既定目标，合理地配置图书馆系统的人、财、物，

使图书馆系统健康、协调地运行，发挥其最大效能，以达到预期目标。

（二）发展性原则

管理思想应随时代的发展而发生变化，与时俱进地适应外部环境的要求。随着社会的进步，图书馆要转变传统的封闭观念，树立在时间、空间、服务内容以及服务方式上的全方位的开放观念。传统经验管理的思想与传统管理时代相适应，曾经起到了一定的积极作用，然而在知识经济时代的实践中，我们看到，仅靠经验管理已经不能充分发挥管理的效用了，可以说，那种传统的管理思想是现代图书馆发展的桎梏。因此，管理思想要随外界环境的变化而变化，要不断深入研究新形势，总结新经验，从而获得与外界环境相适应的新的管理思想

（三）信息性原则

要不断吸收新情况、新内容，丰富思想内涵。图书馆要重视新信息，不断掌握新信息并为己所用，要摒弃传统的闭关自守的思想，积极与外界沟通，逐步将图书馆的建设融入现代社会生活当中去。

（四）效益性原则

要注重社会效益和经济效益的有机结合。在计划经济体制下，图书馆"等靠、要"思想严重，而在市场经济体制下，实现社会效益和经济效益的统一是图书馆急需解决的问题。管理思想创新的最终目的就是要提出管理效率，使两个效益获得统。

（五）竞争性原则

竞争是市场经济的产物，在社会主义市场经济体制下，竞争体现在社会的方方面面，"优胜劣汰"对于图书馆而言同样适用，在管理中如果没有竞争意识，就难以在市场经济体制的环境下生存和发展

四、管理创新的内容

（一）图书馆管理思想观念上的创新

图书馆能否适应现代社会信息技术发展的需要，关键在于管理思想观念的创新。虽然图书馆的管理目标是从效率和效用两方面来管理好资源，但由于环境的变化，实现目标的具体途径和手段不能再沿袭旧法，从观念到结构都必须要做出调整，树立资源共享、共建的重要理念

1.管理思想必须实现两个转变

一是从一般化建设向特色化建设转变。网络时代的图书馆必须摆脱传统自给自足的小农经济思想，从宏观的角度来考虑资源建设问题，把资源建设建立在合作和共建的基础上。各个图书馆在整体分工的基础上，还应加强自身资源的特色化建设，这样做一方面可以解

决长期以来困扰着图书馆的经费短缺问题，另一方面可以实现真正意义上的资源共享。就像美国哈佛大学图书馆公共服务部副主任 L.Dolor 所言，自给自足的观念和建立百科全书的信息资源体系的做法已离我们太远，那是一个完全不同的时代，只有合作才能提供单个图书馆无力支付的资源。二是从"重拥有"向"重存取"转变。拥有是存取的前提和基础，没有拥有，也就无所谓存取。但在网络时代，在注重资源特色化建设的同时，更应突出图书馆的存取功能，因为图书馆事业的本质就是存取，也就是让信息和知识为用户所利用。对于用户来说，他不在乎信息是怎样获得的，是从哪里获得的，而在乎自己能否获得有用的信息。21 世纪，大多数图书馆资料根据需要以电子形式或印刷形式进行传输，一个图书馆的馆藏将由存取能力而不是拥有量来界定。

2. 以人为中心的管理是当代管理的新概念

美国罗森帕斯旅行管理公司总裁罗森帕斯创造了"顾客第一"新企业管理法，把"人本管理"理论应用到图书馆，提出图书馆要确立"员工第二，读者第一"的新观念。从我国大学图书馆的服务主动性较差、服务态度还有待进一步改进等方面的情况看，强调读者第一仍具有现实意义；从职工管理的角度看，要提高服务质量和服务水平，强化职工的主观能动性和重视职工的意识，能够起到较好的效果，但要从根本上解决职工管理问题，则要从人事分配制度改革入手。"能本管理"是一种以能力为本的管理，是人本管理发展的新阶段。它是指通过有效的方法，最大限度地发挥人的能力，从而实现能力价值的最大化，把能力这种最重要的人力资源作为组织发展的推动力量，以实现组织发展的目标以及组织创新。图书馆人力资源管理的新思路正需要这一理论的运用

（二）图书馆发展途径上的创新

目前，图书馆面临两个方面的挑战。一方面，网络的迅速普及和发展，已经使电子图书馆、虚拟图书馆应运而生，并向传统图书馆提出了挑战；另一方面，在信息环境下，计算机技术将以更快的速度向前发展，信息服务业也将成为最炙手可热的职业之一，越来越多的机构人员将进入这一领域。因此，图书馆作为信息服务业的一个组成部分，在新时代将处于一个更加充满竞争和压力的环境之中。尽管传统图书馆将与其他信息服务机构并存的前景已毋庸置疑，但是我们也应看到，当图书馆的大部分职能与功能被其他信息服务业所取代，而现有的图书馆的职能与功能又没什么创新的时候，就是它被读者遗忘的时候，这种情况与藏书楼被公共图书馆所替代是一样的。因此，面对网络环境给我们带来的机遇与挑战，图书馆必须转变观念，树立竞争与协作的思路，克服传统图书馆各自独立各自封闭的办馆模式，把图书馆事业作为一个整体对待，进行全面规划、统筹安排，打破馆际原有的界限，在办馆模式上由独自办馆向馆际合作、网络一体化方向转化，把现已分化的各种图书馆类型在新的层次上加以综合和整体化，实现跨部门、跨地区的协作。与此同时，图书馆界还应与其他竞争对手不断加强联系和合作，走内部合作、外部联盟的可持续发展之路。

（三）市场营销理念的引入

市场营销是与市场经济相对应的概念。随着理论的发展，在20世纪80年代中期以后，市场营销领域对营销的定义进行了拓展，市场营销不仅仅局限于企业的活动，而且扩展到非营利性事业组织与公共机构等。营销理论引入图书馆界将近20年，各大学图书馆陆续进行了营销实践，但都是相当有限的，如有的图书馆设立了公共关系部门或者岗位，有的图书馆设立了对外项目部门，将自己馆内的信息产品向社会宣传和推进等。图书馆虽然是非营利性事业组织，不以营利为目的，但其设立的宗旨是提高的整体素质，为科研和教学服务，其首要任务是要人们解其提供的内容和产品，只有这样才能提升其存在的价值。成功的营销能使人们对图书馆有认知感，使人与图书馆之间的互动活动增强。如果图书馆缺乏这种营销理念，即使凭借某种良好的机遇和自身某种优越的资源条件，侥幸获得一时的迅速发展，也会由于当今信息时代环境的不断变化以及自身优势的逐步丧失而使图书馆面临危机与挑战。所以，在图书馆管理中导入市场营销理论是非常必要的。在实施的过程中应注意以下几点：

1.意识到营销管理的前提是战略管理

就"营销谈营销"已经无法解决问题，而且可能还会带来新的问题。整个组织必须加强战略管理，这个在前面图书馆应用战略管理理论中已有阐述。没有战略管理的组织根本无法实施良好的营销管理，因此营销要重视战略。

2.重塑形象是图书馆营销的首要任务

我们要改变传统的观念，即认为营销仅仅适用于图书馆一些"创收性"的业务领域。对于图书馆来说，最重要的是通过对全校师生和校外读者提供服务（产品），获得学校财政的投入与支持、社会的投入和支持（企业和个人的捐赠）。图书馆营销战略的首要任务是帮助图书馆提高服务水平和质量，从而提升图书馆产品的社会效益；塑造良好的形象，确保学校和社会对于图书馆的投入不断稳定增长。图书馆必须把营销管理的重点放在那些为完成图书馆使命而创造效益的领域——营销必须有利于塑造图书馆在社会中的形象。

3.图书馆在进行营销活动

管理过程中要运用营销理念和方法，按照社会营销管理过程来进行，即首先分析社会营销环境，其次调查目标接受群，然后设计社会营销战略，计划社会营销组合方案，最后组织、实施、控制及评估社会营销活动。

第二节　高校图书馆的发展战略

近年来，越来越多的图书馆开始重视战略的制定。所谓战略，就是指对一个机构的未来方向制定的决策，并实施这些决策。它规定机构的使命，制定指导机构设定的目标和实施战略的方针，建立实现机构使命的长期目标和短期目标，然后根据确定的目标决定行动的方向。而图书馆重视战略管理主要为了适应外部环境的变化，使之能够长期、稳定地健康发展，为实现既定的战略目标而展开一系列事关图书馆全局的战略性谋划与活动。战略思想是由美国学者安索夫 1972 年引入到图书馆界的，我国图书馆的战略经过多次变化演变成了简单的目标制定，但往往忽视了战略的执行和控制。因此，在高校图书馆，我们提出要进行战略的创新，不能仅仅重视目标的制定，同时还要重视战略的执行。高校图书馆战略创新主要包括重视科技发展战略、发展战略逻辑创新和发展战略创新的原则等内容。

一、重视高科技发展战略

工业化阶段，图书馆主要靠传统的服务来满足读者的要求，图书馆的馆藏成为衡量图书馆水平的一个很重要的指标，从而形成了图书馆重藏轻用、重书轻人的观念。在知识经济时代，图书馆面临各种信息服务企业和机构越来越激烈的竞争。一方面，由于信息技术革命和以计算机、通信网络技术为核心的一系列高新技术的应用，人们获取信息知识的渠道和手段都有了极大的发展，出现了更多的可以满足读者信息需求的机构、组织、信息咨询公司，这些信息机构减少了读者对传统图书馆的依赖，对图书馆产生了强烈的冲击和威胁。另外，互联网等已成为人们获取信息的直接途径，这对图书馆员工所扮演的传统角色提出了挑战。另方面，上述环境的变化又给图书馆带来了诸多的发展机会。因此，图书馆在运用管理战略时应该强调审时度势、统揽全局、长远谋划，在积极主动地迎接未来挑战的同时，还应该将高科技发展作为战略制定的重要因素。

二、发展战略逻辑创新

所谓发展战略逻辑，是指在设计战略时要用逻辑思维来进行思考。图书馆的管理者要具有一种创新的战略逻辑思维，并能够根据图书馆的外部环境和图书馆自身发展的特点用不同的逻辑来设计战略，便于图书馆能时刻随着外界及内部环境的变化而变化，以满足不同读者的要求。管理者还要善于辨识企业目前的战略逻辑，敢于向其挑战，静下心来仔细考虑战略制定前对行业做出的假设，以及企业的战略焦点。管理者在制定战略时要考虑几个方面的问题：行业中哪些要素应予消除？哪些要素在低于行业标准时反而更有价值？哪些要素在高于行业标准时会更有效？哪些要素是行业从未提供过而目前需要增加的？通过思考这些问题，管理者可以发现现行战略逻辑存在的不足或错误之处，继而进行改善并达到创新。战略创新所追求的是时刻保持新的思维方式，在新的思维方式下设计崭新的战略，使图书馆能迅速适应环境的变化，时刻以最好的服务向读者提供高效的产品，从而满足他们的需求。

三、发展战略创新的原则

（一）先进性原则

面对行业内的竞争，图书馆在满足用户信息需求方面，只有达到了社会平均水平才能生存，只有超过平均水平才能发展。也就是说，门槛是平均水平，而不是自身原有的水平。图书馆实施战略管理后，即使它在满足用户服务要求的水平方面比过去有了长足的进步，但只要没有达到平均水平，同样会面临被淘汰的命运。同时由于竞争，平均水平也是不断发展的，所以图书馆战略管理所追求的目标，必须包含比平均水平更加先进的内容。

（二）环境适应原则

成功的图书馆战略管理，重视的是图书馆与其所处外部环境的互动关系，目的是使图书馆能够适应、利用甚至影响环境的变化。图书馆应随时监视和扫描内外部环境的震荡变化，找出内部环境中的优势和劣势以及外部环境中的机会和威胁，厘清它们之间的关系，并据此提出战略计划。

（三）全过程管理原则

图书馆战略管理要取得成功，必须将管理学通常所说的 PDCA（即战略的计划、执行、检查、处理）看成一个完整的过程来加以管理，忽视其中任何一个阶段都不可能获得有效的战略管理。具体来讲，再好的战略计划，如果无法实施或不实施，那就是没有意义的；同时，战略管理需要实践来检验，如果没有实事求是地检查和评价，就不可能发现战略管理中存在的问题。错误的战略管理不仅不能解决生存和发展的问题，而且还是非常有害的，而单单是发现问题或只有批评意见也是解决不了问题的，还必须提出新的、有效的对策。总之，只有实施全过程管理才能取得螺旋式上升的预期效果。

（四）整体优化原则

一个成功的图书馆战略管理是将图书馆视为一个不可分割的整体来加以管理，目的是提高图书馆的整体优化程度。它通过制定图书馆的宗旨、目标、工作重点和策略来协调各部门、各单位的活动，使之形成合力。在这里要特别注意的是，这种优化应该是积极的和能动的。面对图书馆某一关键部门的落后，不应只是简单地要求其他部门按照它的低水平进行调整，而是应积极寻求资源的结构重组，以期实现更高水平上的整体优化。

（五）全员参与原则

图书馆战略管理不仅需要图书馆高层管理者的决策，同样也需要全体员工的参与和支持。确切地说，图书馆战略制定过程的分析、决策主要是高层管理者的工作和责任，而这种分析和决策又离不开中下层管理者的信息输入和基层员工的合理建议。一旦图书馆战略目标确定，就需要全体员工来具体实施，在实施过程中相当大程度上取决于全体员工的理解、支持和全心全意地投入。

（六）反馈修正原则

图书馆实施战略管理的目的是寻求稳定和健康的发展，战略规划的时间跨度一般在五年以上。总体战略规划的实施通常又包括一系列中短期行动计划，它们使图书馆战略在行动上具体化和可操作化，然而战略管理的实施过程又不可能是帆风顺的，各种环境因素的变化都会影响图书馆的战略部署，所以只有不断地跟踪反馈，才能确保图书馆战略的适应性。从某种意义上说，对现行图书馆战略管理的评价控制又是新一轮图书馆战略管理的开始。

第三节　高校图书馆管理机制创新

管理机制创新是在自动化目标的控制下，对图书馆管理工作与业务流程进行再设计和重建的过程。机制创新的核心内容，就是以自动化作业为中心，打破传统的分工理论和方法，正确地运用信息技术，建立图书馆在自动化环境下新的管理机制，以迅速适应不断变化的信息环境。管理机制创新的中心思想是"流程观"和"重新设计观"。图书馆在自动化环境下的管理机制和在传统手工作业环境下的管理机制是不同的，手工作业最大的特征是以物化的文献作为处理对象，手工作业形成的业务模式并不能完全满足自动化发展的需要，因而图书馆必须构建新的运行方式，才能使自动化在信息开发与信息服务中充分发挥作用，这就需要在自动化环境下进行图书馆管理机制的创新。

一、图书馆管理机制的创新

图书馆管理机制包括内部和外部两种形式，网络环境下图书馆管理机制的创新就是实行外部机制重组和内部机制重组。

（一）图书馆外部机制重组

建立外向型信息管理机制，确立图书馆在竞争信息环境中的领导地位。在自动化网络环境下，图书馆必须从物质流的管理向信息流的管理发展，变面向内部资源管理为面向外部信息管理，扩大职能范围，从而占据信息环境的领导地位可以采取以下四种措施来实现图书馆外部机制的重组：

1. 以自动化为主导

研究并参与制定信息政策，组织、支持和协调各类社会信息活动，使图书馆成为社会各类信息活动的支撑点。积极参与改造，建设信息技术和设施，不断完善信息保证体系。利用信息技术主动开拓信息市场，不断增大图书馆在信息市场的占有份额，扩大图书馆在网上的信息容量。

2．研究和培养信息用户

发挥自动化信息服务优势，不断扩大信息用户的类型和数量，使图书馆始终处在信息用户的核心位置

3．面向网络建立信息流集中管理、物质流分散负责的机制

利用网上信息的开发和获取的共用性和无限性这一特点，对信息流采取集中管理、共建共享的方式。图书馆之间建立协议，共同遵守。例如，一个地区或系统内的文献编目、文献数字化等信息处理工作应集中领导，统一规划，分工进行。而物质流的文献是"馆有"的，不具备社会共用性。因此，对物化的文献宜采取分散管理、各馆负责的方式。

4．与信息技术革新部门合作建立自动化技术不断进步的互动机制

在现代化技术应用中，图书馆必须打破"馆"的传统思维定式，与社会相关领域建立良好的合作关系以求得发展，这是图书馆自动化发展的规律之一。例如，笔者所在的西昌学院图书馆与凉山彝族自治州农业局信息化中心联合建设，坚持从当地实际情况出发，发挥自身优势，突出区域特色，整合农业、农村市场的信息资源，建立起凉山州农业信息智能服务中心，对全州农业信息源进行整合规划，促进信息资源共享，建立起信息采集、处理、发布系统，为当地提供丰富实用的信息。

（二）图书馆内部机制重组

在自动化网络环境下，图书馆应把面向用户解决实际问题放在图书馆工作的前沿和中心位置，突破图书馆传统的线型业务流程和以资源结构划分的封闭组织体系。其具体措施是建立以自动化为中心，融合固定部门、跨部门的灵活的组织机构，以对用户需求做出快速反应并能为用户解决实际问题的管理机制。

在网络环境下，图书馆应从利用自有文献为用户提供服务转变为利用各种自动化技术、现代化手段，将广泛的信息资源提供给用户使用。图书馆应从让读者走进图书馆转变为让员工走出图书馆、走进用户，利用各种信息设施和各种信息系统，在现场为用户服务。充分利用自动化技术和通过馆际合作的形式来提高文献采访、组织与加工效率，使员工投入更多的智能和精力到更具挑战性、吸引力的信息服务工作中。

重组以自动化为中心的新的业务模式。根据用户需求制定包含信息服务内容和范围的管理机制，打破图书馆传统的线型业务流程，取而代之的是能够完成多种业务的、独立的、自成体系的计算机网络系统和控制机构。许多图书馆文献馆藏丰富但利用不足，因此，我们要通过业务重组，以开发利用资源为突破口，提高信息组织与利用的能力，根据用户需求对多元化的信息资源进行合理组配和深层次加工，开展各具特色的业务工作，组成有序的和有针对性的情报信息服务体系。

建立以市场经济为导向的新的业务模式。市场经济为导向的信息服务模式以主动性、多样性、开放性和动态性为特征，为用户提供全方位、高质量的信息服务，树立全新的市场观念，遵循市场规律，把信息市场与经济效益相结合，建立新的业务模式，做好科研与市场之间的中介与桥梁，加速科技成果的转化，促使产、学、研接轨，实现效益。

二、图书馆组织机制的创新

(一) 创建扁平化的组织结构

组织创新是图书馆创新体系的重要组成部分。传统图书馆的金字塔形层次结构是机械的、刚性的、永久性的，这种结构在网络时代不能适应多变的技术和管理的要求，网络信息环境下的图书馆组织表现为动态的联盟。因而，图书馆组织行为要能够体现图书馆活力，有效地解决分权与集权的矛盾，就需要组织结构逐渐向扁平化、虚拟化、网络化方向演变。

图书馆的结构重组，要按照一定的步骤进行；首先，需要根据现阶段图书馆的功能确定分工的程度，进行分工；其次，要重新划分部门，合并一些功能相近的、业务范围相同的部门，再根据新增业务增设一些部门；再次，要确定权限关系及其授权范围大小，还要设计人员之间合适的沟通渠道和协商渠道；最后，根据图书馆的信息沟通、技术特点、经营战略、管理体制、组织规模和环境变化来选择合适的组织结构。信息技术和计算机网络的发展使得知识在管理者及劳动者之间共享，组织等级结构已不再受到管理幅度的限制，纵横交错的渠道造就了种崭新的组织结构——扁平化的组织结构（即矩阵式组织结构）。在这种组织结构下，图书馆可根据不同文献的载体的采访、编目、典藏、流通和阅览工作，设立不同的部门来完成。在横向上可以整合业务和职能部门，在纵向上则根据部门之间合作的必要性以及工作任务设置不同的项目组，以项目的形式展开信息服务，这样纵横两个系列结合而成矩阵式组织结构。

(二) 实施图书馆组织联盟

由于经费的限制，任何一所图书馆都不可能收全所有的有形和无形的文献资源。为了更好且合理地使用现有资源，同时又能帮助高校这一类型图书馆解决经费上的问题，目前各高校间已经逐步形成了组织联盟。例如，笔者所在的西昌学院图书馆就已经加入到四川省高等学校图书馆文献保障体系当中。联盟中的高校图书馆可以进行电子文献的相互传递，调用其他院校图书馆中的文献资源。这样既满足了读者的需求，又为学校节约了经费。实施组织联盟的目的在于将各组织的优势综合起来，以便能及时把握时机，降低成本、减小风险，优化图书馆组织的整个价值链，从而对外部环境的变化做出敏捷的反应、果断的决策和及时的行动。例如，在采购工作中，组织联盟可以统一规划，根据各个学科重点，安排合理的选购计划。对于传统型文献的购买，可以通过统一的规划，形成规模效应或者避免重复购买；而对于数字资源的采购，则可运用网络技术，形成组织联盟的局域网，从而达到数字资源、数据库资源的共享，极大地节省成本。但组织联盟在实施过程中会受到我国图书馆现行体制和组织结构的影响，所以要形成高效的真正意义的组织联盟，首先要对我国图书馆的体制和组织结构进行创新。

第四节　高校图书馆文化创新

图书馆文化来源于文化理论在图书馆管理中的应用，它反映和代表了对该组织起影响和主导作用的团队精神、行为准则和共同的价值观。20世纪以来，由于受到环境变化的冲击，传统图书馆一直处于变革之中。新的技术环境对图书馆的影响更是全面性的，图书馆的工作方式、联络方式、组织形态、馆藏发展、人员角色以及运作方式等都受到了强烈的冲击，因此图书馆的文化也处于调整和变革之中。当今人类社会正处于知识经济时代，这个时代所需要的图书馆文化是一种全方位的知识创新和知识创新体系。图书馆的创新文化作为图书馆文化的重要组成部分，是图书馆为适应新的竞争形势而形成的关于创新的一系列知识内容、意识形态和文化氛围。高校图书馆不仅要用创新观念去适应变化，而且要用创新观念去创造变化，成为新变化的发动者和参与者。只有这样，才能在激烈的竞争中不断赢得主动，取得胜利。

一、倡导学习型组织

1990年，美国麻省理工学院教授、著名管理学家彼得·圣吉出版了《第五项修炼学习型组织的艺术与实务》一书，掀起了组织学习和创建学习型组织的热潮。美国的福特汽车、通用电气等一些大型企业都在积极创建学习型组织。我国加入世界贸易组织以来，已处于全球经济一体化格局当中。为了在竞争中求生存，我国各大企业也正积极地创建学习型组织，学习型组织已成为企业做好知识管理工作和提高竞争力的必备条件。如何有效地激发组织的创新和创建成功的学习型组织已成为现代管理的两大主题，在这股学习型组织热潮的带动下，创建学习型社会的思想被提出。

我国的一些城市，如上海、大连、昆明，相继提出了要建成学习型城市。作为社会信息机构的图书馆，在这种形势下，也必然要抓住这一机遇，改变传统的管理理念，创建学习型组织以提高图书馆的竞争力。

（一）学习型组织

关于何谓学习型组织，主要有以下几种观点：①圣吉（1990）认为，学习型组织是你在这种组织里不能不学习，因为学习已经成了生活中不可分割的一部分。学习型组织是由一群能不断增强自身创造力的人组成的集合或团体。②学习型组织是个有自己哲学的组织。它在预期对变化的应对和反应、复杂性和不确定性等方面都有自己的一套方法。③学习型组织是能通过改变信息处理和评估的规划方式，适应新的信息要求的一个团队。④学习型组织是指以信息和知识为基础的组织，这种组织实行目标管理，成员能够自我学习、自我发展和自我控制。概括起来，学习型组织就是指通过培养弥漫于整个组织的学习气氛，充分发挥员工的创造性思维能力而建立起来的一种有机的、高度柔性的、扁平的、符合人性的、能持续发展的组织。这种组织具有持续学习的能力，具有高于个人绩效总和。

（二）学习型组织的特点

1. 组织成员有一个共同的愿望

组织的共同愿望来源于员工个人的愿望而又高于个人的愿望。它是组织中所有员工的共同愿望，是他们的共同理想；它能增强员工的凝聚力，使员工朝着组织共同的目标前进。

2. 善于不断学习

这是学习型组织的本质特征。所谓"善于不断学习"，主要包含四点含义；一是强调"终身学习"，即组织中的成员均能养成终身学习的习惯，才能形成组织良好的学习气氛，促使其成员在工作中不断学习。二是强调"全员学习"，即企业组织的决策层、管理层和操作层都要全心投入学习。尤其是经营管理决策层，他们是决定企业发展方向和命运的重要阶层，因而更需要学习。三是强调"全过程学习"，即学习必须贯彻于组织系统运行的整个过程。四是强调"团队学习"，即不但要重视个人学习和个人智力的开发，更强调组织成员团队的合作学习和群体智力的开发。学习型组织通过保持学习的能力，及时清除发展道路上的障碍，不断突破组织成长的极限，从而保持持续发展的态势，有利于员工之间的相互影响、沟通和知识共享。学习型组织着力于形成一个宽松的、适于员工学习和交流的气氛，以利于员工之间的合作。

二、培育"以人为本"的文化

图书馆的存在是为了满足"各种类型的人"，即读者对知识、信息的客观需求，这是高校图书馆存在和发展的根本原因。而高校图书馆之所以能够存在，依靠的就是图书馆人对图书事业的不断追求和奋斗，因此，"人"始终是图书馆存在和发展的动力和支点。

图书馆树立"以人为本"的价值观，实行"以人为本"的管理模式，是依赖于图书馆文化的支撑。一个有着共同价值取向的图书馆能够对其管理人员和读者倾注最深切的关怀，其管理人员在充分取得自身发展、实现价值的同时，必然更加忠实于图书馆的集体事业和未来发展。图书馆读者在获得图书馆良好服务的同时，也必将进一步强化对图书馆的认同感和忠诚度，图书馆由此将获得更好的公众形象。我们经常所说的"读者满意"就是"以人为本"的具体体现，是图书馆发展的原动力。所以，在图书馆的各种服务活动中，要真正树立以"读者为本"的理念，使读者能够公平、公正、自由、方便地利用和获取各种文献信息，平等享受各种服务，真正体现出"图书馆是所有人都可以利用的场所"这一宗旨。我们知道，图书馆的工作对象是文献信息，服务对象是读者，其中读者是主体。也就是说，读者是图书馆的重要组成要素，读者服务是图书馆赖以存在和发展的根本依据。印度图书馆学家阮冈纳赞曾提出"图书馆学五法规"，其中前四条都是围绕着图书馆的"读者服务"来展开的，充分体现了"以读者为中心"的服务理念和人文关怀。因此，图书馆在提供服务的过程中，要充分强调这种服务理念，在阅读环境、开放时间、借阅方式、书架设置和信息产品等方面为读者提供方便。

"以人为本"还应体现在对图书馆员工的关怀和管理上，尤其是要致力于建设符合组织与个人共同发展的良好的工作和学习氛围，使员工感受到尊重，体现自己的价值，从而能自觉地工作，在完成图书馆目标的过程中实现自己的愿望。

三、建立团队文化

网络技术环境下的图书馆组织文化必须善于吸收其他文化素养，以建构合理、优秀的文化。团队文化是现代组织精神中必须强调的重要内容。在前面图书馆组织建设中提到，过去图书馆组织的价值观受传统金字塔形结构的制约，形成领导权威至上，各职能部门只关心自己分内事情，相互之间不合作、不团结的风气，这种组织文化对图书馆有着极大的影响。被这种等级文化所困扰，必然会导致不精简、不灵活、不公平、缺乏创造力、职工士气低落的后果，同时也会导致读者的不支持。团队文化的内容具体包括以下几点：

（一）具有共同的战略和目标

团队成员清楚地了解并认同组织共同的战略和目标，认同组织的价值观，并乐意为之奉献。

（二）相互信任、相互尊重

团队成员的业务技能相互补充，只有经过共同努力才能达成组织目标。成员之间形成互相信任、互相学习的气氛，人人承担责任，同时享受个人发展的权利。

（三）良好的知识共享氛围

团队提倡开放、坦诚的沟通氛围，成员间信息渠道畅通，知识共享。

（四）自我管理

团队工作得到领导的充分信任和尊重，团队以自我管理为导向，在决策上更为民主，提倡参与，注重个人能力的发挥。

图书馆建设团队文化不可能一蹴而就。由于以往的组织文化有足够的稳定性，在进行任何变革时都会受到传统文化的阻碍，这就要求图书馆人要进行长时间的努力，团队文化才能逐渐形成。

1.具有共同的战略和目标

团队成员清楚地了解并认同组织共同的战略和目标，认同组织的价值观，并乐意为之奉献。

2.相互信任、相互尊重

团队成员的业务技能相互补充，只有经过共同努力才能达成组织目标。成员之间形成互相信任、互相学习的气氛，人人承担责任，同时享受个人发展的权利.

3.良好的知识共享氛围

团队提倡开放、坦诚的沟通氛围，成员间信息渠道畅通，知识共享。

4.自我管理

团队工作得到领导的充分信任和尊重，团队以自我管理为导向，在决策上更为民主，提倡参与，注重个人能力的发挥。图书馆建设团队文化不可能一蹴而就。由于以往的组织文化有足够的稳定性，在进行任何变革时都会受到传统文化的阻碍，这就要求图书馆人要进行长时间的努力，团队文化才能逐渐形成.

第五节　高校图书馆服务创新

一、服务创新的概念

服务创新，广义上是指一切与服务相关或针对服务的创新行为与活动，狭义上是指发生在服务业中的创新行为与活动。服务创新是技术创新概念在实践中的应用，是服务主体根据需求，利用外部的技术条件对资源进行重新组织，重新安排服务的形成和提供过程，从而推出新功能的服务或新的服务实现方式，提高原有服务的效率，提高服务主体的整体运行效率和经济效益。具体表现为服务种类增加、服务功能增强、服务质量提高、服务成本和价格降低、服务效率提高、开辟新的市场、原有市场份额的扩大等，其最终目标是通过满足社会需求获取更多的效益。因此，从本质上讲，服务是一个过程，具有无形性、多样性、关联性、新颖性、适用性等特征，服务创新也具有不同于技术创新的特质。对服务创新概念的理解，我们应该重视以下几个要素。

（一）服务创新的无形性

服务在很大程度上是抽象的、不具备实物形态的产品。但服务的过程可以以为客户提供有形产品作为对象，也需要一些有形的设施及设备。服务创新是一种概念性、过程性的活动，创新结果是一种无形的概念、过程和标准。服务创新可以在不包含技术范畴的情况下发生，如新的金融产品的出现、新的商业业态等。同时，服务创新在很大程度上也是无法用数量和市场价值来衡量的，而只能用社会价值增加的方式来描述。

（二）服务创新的多样性

服务具有不一致性的特点，即服务通常是不标准的且可变性很强。用户常常要求独特的、专门定制的服务。用户在某些特殊情况下提出的一些特殊要求，就有可能导致新的服务的产生。在服务业中，涉及更多的是与用户之间的相互作用，包括面对面的和通过其他媒体的各种交流。服务创新的类型不仅包括产品创新、过程创新、市场创新和组织创新，还包括定制创新、传递创新等形式。

（三）服务创新的关联性

典型服务的生产过程与消费过程不可分割，即用户往往参与到生产过程中来，为服务提供者提供一定的输入，这种输入可包括用户自身、用户的所有物以及信息。服务创新，更多是以用户需求为导向，用户不仅推动了创新的出现，还亲自参与了创新过程。而对于技术创新来讲，用户的参与可能会使产品更加符合市场需求，但用户的参与并不是必要的条件，技术推动型创新仍占据主导地位。

（四）服务创新的新颖性

一般意义上，创新用来表征明显变化的发生，但是服务创新既包括明显的变化，又包括程度较小的、渐进的变化，其创新范围较为宽广。同时，服务创新具有不可复制性，它经常是针对用户特定问题提供一种新的解决办法或方案，并可能只出现一次而不重复出现。而在技术创新中，产品的大量生产，组织形式和生产过程被持久引入，具有一定程度的可复制性，这是对较为狭窄和严格的创新概念在很大程度上的扩展。

（五）服务创新的适用性

技术创新主要是针对整个产业而言的，如新技术的引入对整个产业带来的发展变化，对企业层面的创新关注较少。而服务创新则更多的是企业层面的变化这种变化可以通过传播和扩散而在整个产业内得到应用。综上几个要素，服务创新包含以下几个方面的内容：

（1）服务创新是一种概念性、过程性的创新活动而不是有形的产品，具有明显的无形性。

（2）服务创新的形式具有多样性，技术创新只是其中一个方面。其特有的专门创新、传递创新、形式化创新、社会创新等创新形式在服务创新中占有重要地位。

（3）服务创新的"用户导向型"很明显。用户作为"合作生产者"积极参与到整个创新过程中，致使服务创新更多地呈现出一种需求推动现象。

（4）服务创新的新颖度范围较广，包含从渐进的小变化到根本性的重大变化，并且是可复制性创新和解决特定用户问题的不可复制创新的组合。我们必须将传统的可复制性创新理论和以积累为基础的持续变化理论集合起来理解服务创新。

（5）服务创新更多地关注企业层面，并在企业内部产生和发展，产业层面的创新较少。在上述几个要素中，无形性是核心要素，其他四个要素都是以它为基础进行的衍生。同时，不同要素之间还存在相互关联和相互作用。

二、服务创新的动力

（一）用户需求的多样化发展是服务创新的内在驱动力

如今，知识在不断更新，文献的增长和老化速度也在加快，建立在印刷型文献上的传统服务已不能满足新形势下用户的需求，尤其是在网络环境下，用户的需求有了新的特点，服务创新就显得更为突出。具体表现在以下几个方面。

1. 服务需求的开放化和社会化

随着知识经济的发展，用户需求的满足不再单纯地依赖于某一个图书馆，而是可向多个信息服务机构提出信息需求，并由多个信息服务机构协同完成，实现文献信息资源的共享。

2. 服务需求的全方位化和综合化

用户对文献信息的需求不再局限于书目信息，而是需要内容齐全、类型完整、形式多样和来源广泛的知识信息，这就要求图书馆能够提供全方位的知识保障，开展综合性的服务。

3. 服务手段的电子化和网络化

随着信息技术的发展，用户的信息获取和利用能力得到了提高，不再满足于传统的手工操作服务，而是希望能够利用计算机和网络来完成。

4. 服务需求的个性化和精品化

由于用户的时间、精力和经费有限，用户的个性化和精品意识增强了，所以希望图书馆提供的信息服务能够直接解决其面临的问题．

5. 服务需求的层次化和微观化

面对众多的信息资源，用户需要的只是自己感兴趣的那一小部分信息，逐步趋向微观化。同时，因为需要的不同，又有不同层次的需求。

6. 服务需求的深层化和高效化

用户不再满足于一般性的基础服务，而是要求对文献信息的深层次开发，将各个信息单元集中起来加以利用，同时，对信息的时效性也提出了更高的要求。总之，在知识经济环境下，用户的需求无论是在广度上还是在深度上都发生了量和质的变化。这种变化无疑给"以用户为中心"的现代图书馆以内在的驱动，要求传统的文献信息服务模式必须实现革命性的创新与转型，改变以往的服务观念和模式，从"以馆藏为中心""以员工为中心"向真正"以用户为中心"的服务模式转变，创新服务内容，变革服务手段，提高信息获取、处理能力，及时将信息传递给用户，以适应用户不断变化的信息需求。

（二）激烈的信息服务市场竞争是服务创新的外在驱动力

在以印刷型文献为主要载体的时代，图书馆以其丰富的馆藏和比较熟练的文献服务技能两大优势，在社会信息服务体系中占据主导地位。但是，随着知识经济时代服务日益社会化、网络化、个性化，在社会信息服务的大系统中，图书馆的地位日益削弱，甚至其生存也面临着严峻挑战，因此，信息服务环境的变化迫使图书馆必须进行改革和创新。虽然改革开放后图书馆也逐步走向社会，面向市场，参与信息服务市场的竞争，但随着社会信息化程度的加深，信息存取和利用更加自由，商业界大量介入以往只能由图书馆和信息中心提供的信息服务，越来越多的个人和企业涉足信息服务业，它们以更具特色的服务吸引着广大用户，与图书情报机构激烈地争夺着用户，使得图书馆成为信息服务市场中众多竞争中的一员。在激烈竞争的信息服务市场中，面对用户不断变化的需求，图书馆现有的服务逐渐失去了其争夺用户、开发市场和持续发展的能力，这就要求图书馆对服务系统重新进行定位，深入研究用户的需求，以用户为中心开展服务，形成新的服务体系。

信息服务市场中，市场的竞争也就是服务的竞争，谁发现了需求，谁有了服务创意和产品创新，谁就会获得用户，谁就会拥有市场。因此，作为拥有多方优势的图书馆就要以用户的需求为导向，以服务创新来维系市场，从以管理资源为主转为以经营服务为主，创新服务观念、服务模式和管理体系，通过不断地开发和创新服务来适应市场竞争的需要。在激烈竞争的信息服务市场中，除了同其他信息服务机构进行竞争外，图书馆之间也存在竞争。高校图书馆只有不断地推陈出新，提供更具特色的个性化服务，才能在竞争中立于不败之地。所以，图书馆服务创新是缓解外在压力的途径，也是激烈竞争市场的需要，唯有不断地创新服务产品，才能守住原有用户，发展潜在用户，在信息服务市场中树立服务品牌形象。

（三）图书馆的可持续发展是服务创新的根本动力

以信息产业为主导的知识经济时代，知识将取代权力和资本，成为最重要的社会经济资源。而对于拥有丰富知识信息资源的图书馆，知识经济的发展无疑给其带来了新的发展动力、新的机遇和新的发展前景，但同时也带来了新的挑战，"知识经济"浪潮的掀起要求图书馆利用知识资源为经济建设服务，把知识形态的科学技术和经营管理技术推广到经济建设中去，使其转化为经济建设的动力新时期的图书馆事业要想在新的经济环境中保持可持续发展，就必须适应环境的变化，不断地改革和创新服务，以取得更大的社会效益，同时也要从中获得较好的经济效益，以保证图书馆事业的不断发展社会的信息化和服务的社会化，对图书馆的生存和发展提出了严峻挑战，主要表现为信息服务行业和机构逐渐增多，图书馆原有的读者逐步流失，僵化的、浅层的文献服务与社会需求严重脱节，削弱了图书馆的地位。在信息化、网络化的知识经济时代，人们不再仅仅满足于简单的、低级的文献需求，而是向着高层次的知识需求转变，表现出对新知识的更加渴望。因此，现实要求图书馆不应当是一个单纯的收藏、整理文献和利用文献的相对封闭的系统，而应当是一个以传递信息为主的全面开放的系统。这种新的服务系统对服务手段、服务内容、信息获取的时效性以及服务人员的素质等都提出了更新的要求，就是要对图书馆服务进行不断的变革和创新，由相对被动服务向主动服务转化，从单一服务向多样化服务转化，从馆内服务向远程服务转化，从低层次服务向高层次服务转化。

三、服务创新的原则

（一）客观性原则

用户接受服务，利用资源是用来指导客观实践活动的，它要求图书馆提供的服务内容要保持"原创性"，所以，服务的创新要立足于内容的本来含义，保持提供的内容与原内容在本质上一致，坚持客观性原则。客观性原则能充分体现服务的"客观性"，它要求图书馆提供服务的产品所包含的内容与加工、整合前的原本的内容在本质上相吻合，前后一致，也就是提供给用户的产品必须反映客观事物的本质属性，尽可能客观、全面地揭示信息资源的各个知识点和有价值的知识单元，客观地反映信息资源的原貌。只有这样，才能形成高质量的产品，才能真正满足用户的需求。

（二）持续性原则

服务创新是一个系统工程，是整个社会创新系统中的子系统，需要很漫长的过程，因此，要坚持持续性原则。知识经济的不断发展，社会信息资源环境的不断变化，信息技术的不断完善，用户信息需求的不断变化，图书馆事业发展的需要等多方面原因，促使图书馆服务也要跟上时代步伐，不断推陈出新，进行可持续性发展。持续性原则还表现为服务创新要将过去、现在和未来相结合，将局部和全局相结合，将当前和长远相结合，只有持续性地创新各项服务内容和模式，才能赢得用户的信任，才能赢得良好的社会效益，才能在激烈竞争的服务市场中站稳脚跟。

（三）协调性原则

创新是系统内各个相关因素相互作用的结果，各个要素是相辅相成、共同发展的，因此，要坚持协调性原则。现代图书馆的服务与传统图书馆的服务在资源形式、服务形式和服务对象等方面都发生了根本性变化，服务环境更加复杂，系统内的任何一个创新要素都是不可缺少的。所以，要全面地考虑各个方面，不能顾此失彼，要充分协调好各个环节和要素的关系，发挥系统功能的优势。协调性原则还体现为积极发展网络服务时，要使网络服务和传统服务二者协调发展。

（四）适用性原则

创新的目的是为用户提供更贴切、更满意的服务，是以用户的需求为出发点的，因此，新型的服务必须讲究适用性，能符合用户的要求，适合为用户解决问题。倘若新型服务与用户解决问题的关系不大，即使其类型再多，内容再新颖，也是毫无意义和价值的。所以，应根据用户的知识结构、认识规律、思维能力使用习惯等来创新服务，一切围绕解决用户的实际问题来开展，只有这样，新的服务内容才能赢得市场。

（五）特色性原则

特色化的个性服务是图书馆服务的发展重点和趋向。在庞大的信息资源中，用户的需求更加趋向微观化和个性化，因此，服务的创新要有针对性和特色性，针对个性化的用户，创新出有特色的服务。没有特色就难以生存和发展，特色也就意味着在创新过程中要有所选择。它要求在内容的加工和处理上，要尽可能地贴近和适应个性化用户的知识结构、智力储备和利用环境，针对用户要解决的问题提供准确答案。特色性原则还体现在提供与其他服务和机构有区别的服务，独树一帜，利用特色服务来吸引更多的潜在用户，树立品牌服务形象。例如，笔者所在的西昌学院图书馆作为凉山彝族地区的高校图书馆，根据凉山州的特色及地域特点，建立了"凉山彝族特色文献书库"和"攀西农业特色文献书库"这两个特色书库中专门收集了当地的彝族文化、经济、农业等方面的图书、手稿、光盘等，为当地学者、农民等搞研究提供了特色服务。这种服务既可以发挥高校图书馆的文化信息传承与收藏功能，收集整理和研究非物质文化遗产，同时又可以给当地读者提供他们自己熟悉但难见全貌的文化资源，使其产生文化自觉，使其喜欢本文化。

（六）效益性原则

图书馆服务的效益体现为广泛的社会效益和一定的经济效益。图书馆服务是项公益性事业，因此，应以社会效益为主，并通过自身服务来体现。创新就是要提高其服务能力，提高社会效益，但由于技术的改善、数字化资源的购进、参考咨询服务系统的建立、网络资源的维护和更新等都需要一定的经费来支持，而目前大多数图书馆还是靠上级部门拨款，资金有限，所以，在服务创新过程中要考虑成本问题，力争低成本、高收益，在成本与效益之间寻找新的平衡点，使新的服务更实用。服务创新是一个综合化概念，它贯穿于图书馆服务的整个过程，包括服务观念的创新、资源的建设和开发、产品的研制和加工、服务方法的运用、用户需求的挖掘和满足等各个方面。服务创新就是要用全新的服务理念来指导创新服务工作，为用户提供创新型的服务产品。由此可见，创新既是社会发展、人类知识创造的本质体现，也是维系图书馆服务"生命之树常青"的机制保障

四、服务创新的形式

（一）人性化服务

图书馆的服务要以人为本，处处把人放在最重要的位置。长久以来，图书馆在服务中存在许多非人性化的表现；一是不相信读者或用户。很多图书馆安装监视器，几乎每个高校图书馆都有防盗监测仪，每本书都有防盗磁条，图书馆时时处处都在提防读者或用户，这被认为是图书馆的"科学管理"，但从人性化的角度来看是值得质疑的。二是对读者缺少尊重。从一些图书馆员工的语言、图书馆的制度、图书馆的警示语（如"严禁带书进入""不准喧哗"）中可见。三是重物轻人。例如，某些图书馆安装空调是为了保证计算机房机器的正常运转，而不是为了改善阅览室的阅读环境。又如，图书馆藏书空间不足时，首先想到的是加高书架、增大书架的密度，甚至撤掉一些阅览桌椅，这些做法损害的是读者学习的空间和读书的方便。四是对读者不平等。这体现在对读者的区分、借阅制度、服务质量等问题上。五是对保护读者的隐私考虑不够。人性化服务是以尊重人、理解人为前提的，充分考虑人的需求，最大限度地给人以"自由空间"的服务。过去强调制度，现在强调人性化。制度是基础，人性化是方向，两者必须结合起来。随着读者信息需求的个性化发展，为了在信息环境下生存和发展，目前高校图书馆也正逐步向"人性化服务"转变。例如，笔者所在的西昌学院图书馆内到处都体现了人性化的举措；进入大厅有醒目的指示牌、消

防通道示意图、馆藏布局图，并设有触摸屏；每层格局一律大开间，并且都实行"藏—借—阅—咨"的大开架服务，在这种环境中读者不仅感受不到压抑，反而觉得宽敞开朗；每层楼设有馆藏查询，方便读者查询文献资料的所在楼层；把读者最喜爱借阅的书籍全部放在一楼，读者一进馆便可阅读和使用。

（二）个性化服务

个性化服务是一种有针对性的服务方式，是根据用户的设定来实现的，依据各种渠道对资源进行收集、整理和分类，向用户提供和推荐相关信息，以满足用户的需求。它打破了传统的被动服务模式，充分利用各种资源优势，主动开展以满足用户个性化需求为目的的全方位服务。在信息时代，个性化服务已经成为图书馆信息服务水平的重要标志之一。图书馆的传统服务是将图书馆的信息存放在馆内各书库、各阅览室内，由用户根据自己的需求去找；而个性化服务是用户将需求直接告诉图书馆员工，由图书馆员工根据用户的需求将文献找出来，经过整理加工组织后传给用户。服务模式由过去的"人找信息"变成现在的"信息找人"。由此可见，以用户为中心，根据用户的个性化信息需求，实现个性化信息服务，是图书馆服务发展的必然趋势。

例如，西昌学院图书馆开展个性化网络信息服务的方式有三种；一是通过开发"我的图书馆"系统来实现；二是提供课题检索和信息推荐服务；三是提供一对一的跟踪服务。为了深入践行个性化服务模式，更有针对性地为读者提供高效便捷的服务，西昌学院图书馆从 2010 年开始实行参考咨询总台"面对面"服务模式。该模式由参考咨询员对来馆的不同读者的不同信息需求进行面对面的解答，帮助读者解决在实际工作和学习中遇到的棘手问题，疏通障碍，提高他们的资源利用和学习效率。

（三）主动服务

主动服务是图书馆工作的永恒主题，也是图书馆的立身之本。服务工作的好坏与服务质量的高低直接决定着图书馆的办馆水平。近年来，电子图书馆、网络图书馆、数字图书馆等新概念、新理论层出不穷，信息服务领域正经受着一场全新的变革，传统图书馆正逐步向数字图书馆、网络图书馆转变。但是就目前发展的趋势来看，在一个相当长的时期内，传统图书馆将与数字图书馆和网络图书馆相互依存、共同发展，从而形成一个多种形式混合存在的新的信息环境。在这种新的环境下，图书馆工作人员首先应该考虑的是如何更好地完成信息服务。因此，在这种信息服务中最为重要的就是实现由被动服务向主动服务转变，由单的、静态的服务向多元的、动态的服务转变。从被动服务转变为主动服务是传统图书馆向现代图书馆转变的重要标志，也是当前图书馆改革的关键所在。

（四）开放服务

图书馆自诞生之日起，从封闭到局部开放再到全面开放，经历了漫长的渐变过程。当代图书馆的开放服务理念不再局限于图书馆从闭架借阅到半开架借阅再到全开架借阅，而是具有更多的含义。现代意义上的图书馆开放，是一种全面开放，包括资源开放、时间开放、人员开放和馆务公开；同时，也不是只对本校读者开放，还要对社会进行开放服务。开放服务已成为现代图书馆的重要特征。的高校图书馆也不例外。主要表现在高校图书馆服务于农村社区文化建设，对于拓展自身服务领域，开发丰富的信息资源，挖掘社区自身蕴藏的乡土文化，进行有效的创造、开发和利用，建立起一个开放式的服务和管理系统，最大限度地满足的农村社区农民对文化知识的需求，促进区域文化资源共建共享以及更好地服务区域内的各类读者都具有非常重要的意义。

五、服务创新的途径

如今，图书馆早已突破了"重藏轻用"的旧理念，但是对于"藏用并重"还是"重用轻藏"以及如何"藏""用"，需要新理念。藏书建设中的"存取（access）""拥有（ownership）"之争导致了虚拟馆藏的产生与"资源共享＝存取＋拥有（sourcesharing=access+ownership）"公式的定论。而在"用"的问题上，一切为了利用，既是服务的根本，也是服务的新理念。与其说"书是为了用的"，还不如说"图书馆是为了用的"。图书馆的文献信息资源必须发挥作用，图书馆建筑、图书馆的设备和设施也不能闲置。

（一）利用图书馆的可检索性（accessibility）

首先，要让读者知道图书馆在哪里，里面有什么，能否帮助读者快捷地查到所需要的信息。即使有些书刊资料不在本馆，但也要帮助读者找到这些资料，这就需要通过三种途径来实现；一是注意本馆资料的可检索性。图书馆公共检索系统（OPAC）是否能检索到所有的馆藏信息，是否存在着有文献无 MARC 或有 MARC 无文献的现象（过去叫有书无卡或有卡无书现象，如今因为一些图书馆回溯编目未能完成或编目系统与馆藏不对应，也存在与过去类似的问题），图书馆是否实现了跨库检索、一站式检索，这些都会影响检索效率。二是注意其他馆资料的可检索性。图书馆联合目录系统是重要的工具，我们要引导读者充分利用这一工具，查寻到各图书馆的可用资料。三是注意网上资料的可检索性。图书馆是否有良好的网络导航系统，是否引导读者检索到网上好的资料，包括免费的网上资料。任何一个图书馆的馆藏都是有限的，都无法做到也没有必要做到"大而全、小而全"，只能购买必要的最有价值的资料。这些资料要发挥作用，必须具备可检索性。当一个图书馆的馆藏不能满足读者需要时，就要靠可检索性去解决。

（二）利用图书馆的可获得性（availability）

对图书馆的服务对象来说，不仅仅需要检索文献信息，更重要的是要通过检索获得自己需要的文献与知识。因此，一个文献获取过程包含两个环节，即为获得而检索，由检索而获得。图书馆的可获得性，除了可以通过文献借阅的方式外，电子文献传递也是一个重要的方式。这种方式已被许多图书馆所采用，它不仅可以让读者受益，同时也为各高校图书馆节约了采购经费，减轻了图书馆的藏书压力。

（三）利用图书馆的可用性（usable）

图书馆的可用性是指给读者提供的资料可以使用并具有使用价值。一个图书馆的馆藏，对读者开放，读者可以借或阅，就有了可用性；不对读者开放，就没有可用性。图书馆的检索终端机设备完好，可以上机，就有了可用性；设备坏了不维护，就没有可用性。图书馆的阅览座位，每周开放时间长，可用性就强；每周开放时间短，可用性就差。图书馆给读者提供的所有资料都应该是可用的。对于电子资源来说，可用性是图书馆服务一个新的重要指标。能否有效地使用各种资源，既反映了图书馆的馆藏质量，也反映出图书馆的服务水平。例如，图书馆提供的数据库打不开，信息导航的地址经常变化或没有及时更正错误，点击图书馆网页出现空白或"正在建设中"字样等，这就不具备可用性了，是图书馆管理和服务工作的失职。如果读者利用图书馆时经常出现书刊、数据库、网页、阅览设施不能用或利用价值低的现象，他们就会对图书馆失去信心，甚至有可能不再来馆。

（四）加强主动宣传

高校图书馆几乎每天都有大量的新书上架，电子阅览室内也常增加新的学术资源。这时候就需要图书馆做好新书陈列、导读工作，不然就会导致读者很难找到新的资料，因为读者没有时间也没有精力一架一架地去搜寻新书，即使去搜寻了，也很难在堆积如山的书海里找到新书。另外，读者如果没有了解新书的主题和意义，不知道对自己有何用处，就不会刻意去寻找新书了。因此，只有加强宣传的力度，让读者充分了解馆藏动态，才能提高文献利用率。再就是，图书馆还应在读者需要大量参考工具书的时候，主动推荐参考工具书目。例如，在开学时，积极向教师、学生推荐参考工具书；在学生英语过级考试或参加公务员考试前，主动向学生推荐英语过级辅导书或对公务员考试有参考价值的辅导资料．

（五）主动开发信息资源

图书馆的信息资源包括文献资源和网络资源两类。文献是图书馆赖以存在的物质基础，没有文献就没有图书馆。21世纪的文献资源，除印刷型外，还有电子出版物，如磁盘、光盘、多媒体等非印刷型文献资源。文献信息资源是图书馆开展各项活动的前提条件，它的收藏就是为了开发利用，即将文献中的知识、信息发掘出来，使图书馆由"知识宝库"变为"知识喷泉"，由被动服务走向主动服务，使文献中的知识得到充分的应用和推广，起到文献增值的作用，从而提高文献信息资源的利用率，达到充分利用馆藏的目的。

网络资源的开发是图书馆当前要特别重视的一项工作。因特网上拥有无数的信息资源，几乎涵盖所有的学科领域。在因特网上我们能够了解某个科研领域的最新动态，能够查到最近甚至当天的文献，能够及时得到相关信息，这些对于教学、科研人员早出成果、出好成绩，对学生学知识、写论文无疑都大有帮助。丰富的网络信息资源虽然为信息服务提供了广泛的资源基础，但由于当前网络信息的组织管理还没有规范化，用户只能获得网上的表层信息，还需要图书馆专门的网络管理人员进行深层次的网络资源开发，以帮助读者利用因特网获取相关资料。加强文献信息资源和网络资源的开发，可以充分发挥高校图书馆的情报传递职能，以达到"广、快、精、准"的信息服务要求．

（六）主动为教师的科研活动提供信息

高校图书馆是学校的文献信息中心，是为教学科研服务的。科研工作是在前人或别人成就的基础上进行新的探索性工作，它离不开前人的经验结晶。因此科研人员进行科研时既需要阅读大量与研究课题有关的专业文献资料，也需要阅读大量其他学科的文献资料，还需要尽快掌握这一课题的研究动态。高校图书馆应主动了解科研人员的信息需求，积极提供科研人员所需要的文献，并从大量文献信息中有目的、有重点地进行检索、筛选，进行文献信息深加工，做好科研课题的定向服务，并且及时向科研人员提供这一课题的研究动态，以满足科研人员对信息的需求，收到事半功倍的效果。

（七）赋予传统的主动服务以新的活力

传统的主动服务，如定题服务、新书通报服务、剪报服务、中英文期刊目次通告服务和馆际互借服务等，曾经取得过很好的效果，但这些服务都是在人工查阅或计算机检索完成后，由图书馆工作人员将信息资料亲自送至或函送到用户手中，或由用户来取，因而造成信息的滞留时间过长，同时也给用户带来了很多不便。在新的信息环境下，借助网络与通信的优势，可缩短信息提供的时间，提高服务的质量，更好地满足用户需求，如可将新到馆的文献资料信息以电子信息通过图书馆主页或校园网及时提供给相关学科的读者。另外，传统的馆际互借范围十分有限，多局限于同一城市的几所高校图书馆之间，尚未形成馆际互借的文献传递方式，异地索求原始文献困难重重。在新的信息环境下，高校图书馆之间已经实现了馆际借阅及各种方式的文献传递服务，如网上文件传递、直接下载、电子邮件传递和传真等，这种服务大大提高了馆际互借的效率。图书馆可利用自身的优势，主动为读者解决查找和索取一次文献难的问题。例如，西昌学院图书馆在读者查询本馆没有的资料时，可以通过点击图书馆主页上的读者学术搜索平台来实现文献传递服务，从而索取到自己所需要的文献信息资料。

图书馆开展主动服务，既是时代发展的需要，也是图书馆工作者的历史使命，它必将促进图书馆事业的发展。高校图书馆必须树立全心全意为读者服务的思想，想读者之所想，急读者之所急，主动为读者提供情报信息，尽快把知识情报传递给读者，为读者所利用。

第四章　高校图书馆服务创新

第一节　高校图书馆服务领域及其拓展

长期以来，高校图书馆与其他高校图书馆一样，始终把为学校的教学、科研服务作为全部工作的中心任务来抓，业务服务范围在很大程度上限于校内，与外界的联络与联合甚少。在新的历史条件下，我国社会主义不断发展，各个领域的改革不断深入。在这样的局势下，高校图书馆与其他普通高校图书馆一样面临着进一步深化改革拓宽服务领域的挑战。

一、明确目的是高校图书馆进一步深化改革，拓宽服务领域的根本保证

近几年来，如何充分发挥图书馆的情报职能和教育职能进一步搞好文献资源的开发和利用，更好地为社会主义现代化服务，成为图书馆界的一项重要任务。也就是说图书馆服务范围的扩大、整体功能的增加，使图书馆事业走出"低谷"的必要途径。而强化图书馆的情报职能和教育职能，又是 21 世纪图书馆工作所面临的挑战。高校图书馆进一步深化改革、拓宽服务范围、开展主动服务作用，都要始终必须体现"特色"，否则就失去了它本身所具有的特殊性。增强活力，扩大服务范围，继承和进一步繁荣文化，努力发展教育事业，就必然成了高校图书馆实行内部体制改革的根本宗旨和目的。

高校图书馆应当在实行改革的具体实施环节中，主动适应新时期的需要，首先必须要把为学校的教学和科研服务作为中心任务来完成，更好地发挥其情报职能和教育职能。在此基础之上，扩大服务领域走向社会，向社会提供服务，特别是要为经济与科技的繁荣发

展提供服务。在这大前提下，获得一定的经济效益是符合实际的。如果偏离了这一方向，其他任何改革也就失去了存在的价值。

更新观念是高校图书馆进一步深化改革，拓宽服务领域的关键随着世界高新技术的蓬勃发展和全国其他高校图书馆事业的迅速发展，高校图书馆也将面临新的挑战，要在改革大潮中各方面与其他高校图书馆同步并行，关键要冲破旧的思想框框的束缚，解放思想，更新观念，牢固树立改革意识，参与市场竞争，才能够在改革大潮中立于不败之地。

（一）不断增强竞争意识

从社会发展的历史角度来看竞争是事物发展的内驱力，有了竞争，就会产生压力，就会产生动力动力由此而就会转化为活力，最终将推动人类社会的不断前进。时代发展到了今天，高校图书馆在建设发展的过程中，也同样存在着竞争性。只有同其他高校图书馆一样，上动积极参与内部与外部竞争，充分发挥自身所特有的便利条件，为文化的挖掘、整理、研究、传承；为物质文明建设和精神文明建设发挥其纽带和桥梁作用。全体工作人员要在思想上自觉树立高度的观念和竞争意识，相互之间比业务、比进取、比贡献，把各项业务工作引向竞争机制，并相应建立健全一整套行之有效地激励措施，将业务考核标准与评定职称挂钩、实行弹性制工作等，使高校图书馆工作既突出特色，又充满活力，使内部改革在竞争中不断完善。

（二）进一步增强现代化意识

今天的世界信息意识中渗透到社会的各个领域，以电子计算机为核心的现代化技术的应用已在图书馆工作中普遍推广，这必将为图书馆文献资源的充分开发，全而提高减书的利用率将起到十分重大的促进作用，对于最大限度地满足读者需求，提高服务质量减轻劳动强度产生极大的实际意义。高校图书馆也是如此，工作人员要从主观上增强现代化意识，正确认识现代化图书馆所具有的新特征和新功能，并且认识到现代化图书馆为图书情报人员提出的更高要求，绝不能甘愿落后于其他普通高校图书馆，充分认识到文献的复制、视听、缩微、网络化等新技术在高校图书馆中的推广应用的必要性及紧迫感，要提高主动学习现代化技术技能的自觉性，牢固树立发展文化事业的思想，更好地做好本职工作。

当然，高校图书馆的现代化建设，与其他普通高校图书馆样，首先要有良好的经济条件来保障。

（三）增强经济效益意识

开展主动服务工作过去，高校图书馆与其他普通高校图书馆一样，一般都持有"文不经商、仕不理财"的传统观念。随着我国社会主义市场经济的不断发展，高校图书馆要彻底改变传统的服务观念，在现有的基础上进一步树立"现代经营观"和"现代商品观"，在向社会提供服务的过程中，视其服务对象的实际情况，在追求社会效益的同时也要考虑追求经济效益，力争以最小的投入取得最大的社会效益和经济效益。在为本校的教学、科研提供优质服务的前提下，应力争从以下几方面提倡实行有偿服务。

第一，积极开展少数情报咨询服务工作。咨询服务是高校图书馆工作规程中所提出的基本要求，是评价图书馆开展业务工作的标准之一。高校图书馆在藏书建设、办馆方向等方面具有鲜明的特色，从传统的服务对象看大都是学校的广大师生，这也是它所具有的本质特点。所以，在机构的健全、人员的配备等方面都要考虑体现和突出特色。现阶段，许多高校的图书馆设立了情报咨询机构，但是情报咨询服务工作状况显得比较薄弱，有时不能满足当今"知识爆炸"的时代需求。因此，高校图书馆要进一步加强情报咨询机构的业务工作，充分利用丰富的馆藏文化的资源优势，努力加强此项工作的开展。首先根据学校的办学方向、办学规模与专业设置等实际通过眼踪调查的方法，定期编制为本校师生员工提供图书情报信息和查找文献线索的各种专题文摘、索引等服务项目。其次可进行目录咨询、馆藏咨询，特别是少数图书的馆藏咨询这种方式也可产生一定的社会效益和经济效益。

第二，变被动服务为主动服务，拓宽服务范围，努力提高馆藏文献的利用率。我们看到，现阶段许多图书馆的服务范围已经远远超出了传统意义上图书馆的服务范围，这类图书馆在实行自身发展和存在价值的同时，创造了很好的社会效益和经济效益，从中实行了自身良好的社会价值。从这一点看，高校图书馆与这类图书馆相比还是具有一定的差距。有的高校图书馆中服务方式基本上延续了传统的坐等读者上门、读者借什么书就寻找什么书的工作模式，服务状况仍然处于比较被动的工作状态。我们必须进一步改变这种传统意义上的服务模式，应当积极向发达地区的图书馆学习，借鉴他们的有益经验，采取更加积极主动的措施进行宣传和新书介绍，更及时地编制二次文献等。通过"上门服务"，及时将文献信息提供给广大的读者，在保证服务质量的前提下，在符合工作原则的前提下从中适当获取一定的报酬也是可以允许的这样既方便了读者拓宽了服务领域，也创造了一定的经济效益。

第三，开展新到文献目次页的复制服务工作也是一项拓宽服务范围的服务方式。将每月到馆的文献目次页复制后及时发放到各有关科研单位或个人，读者可根据目次页上的文献名称和自己所研究课题的需求来选择文献，提出建议之后由采购人员根据需求，选择采购使用价值更大的图书资料，再通过各种方式将图书资料送到读者手中。高校图书馆开展此项工作，比其他普通高校图书馆有便利的一而，因为订购的图书中既有大量的汉文图书资料，又有相当数量的少数文献，文献资料基本能够满足读者的需求。除此之外，还可利用复印设备对外开展业务服务工作；利用音响设备复制磁带、录音带；利用空间可设租书台、服务部等。近几年来有的图书馆在这方面开展了一些工作，也收到了良好的效益。但是，这些工作的开展仍然没有达到最佳效能。这里需要说明的是，开展这类工作要处理好无偿服务和有偿服务的关系；处理好内部服务和外部服务的关系；处理好社会效益和经济效益的关系。一定要通过社会效益的实现来求得经济效益的实现，始终要把社会效益放在第一位。

第四，面向社会服务，增强市场意识。"市场"是现代化经济、科技、工程、金融等领域活动的大舞台。高校图书馆的经济活动也需围绕这一舞台而运转，使其面向社会，参与市场竞争，紧紧围绕经济，特别是少数的经济、科技、教育事业的发展这一主战场开展服务活动。尤其在信息万变的今天，工业、企业、各项建设事业十分需要来自各个方面的信息。因此高校图书馆要虚心向兄弟院校图书馆学习，参考他们在这一方面取得的成功经验，并积极搜集、整理各种有利于发展经济文化事业的文献信息，将其及时准确地提供给读者，尤其是少数的企业单位，为经济的发展振兴作出应有的贡献。

高校图书馆除收藏了丰富而又珍贵的少数文献资料外，还收藏了其他学科的文献这是其他普通高校图书馆所不能及的方面应该充分利用这一优势，拓宽服务领域，逐步由向国内提供服务转向为国外提供服务，这也应该成为高校图书馆拓宽服务领域，扩大服务范围的总趋势。此外，开设信息市场的做法也应大力提倡，为信息需求者提供场所，解决他们在文献信息方面所遇到的困难。高校图书馆在面向市场经济服务方面其服务范围和服务种类远不及其他普通高校图书馆，这并不意味着无法改变这种现状。要自身积极创造条件、增强透明度、开阔思路，逐步实现最大限度地为市场经济服务的目标。

二、建立一支观念强、整体素质高的专业队伍是高校

图书馆进一步深化改革、拓宽服务领域的基本条件。革命导师马克思曾指出："构成生产力三要素的劳动力、劳动手段和劳动对象中最活跃、最能起主导作用的是人。"人是进行一切社会生产活动的决定因素。一直以来图书馆工作人员的文化层次和专业水平都比较低。虽然这种状况近几年有所改善，但是，目前高校图书馆工作人员仍然不同程度地存在着不合理性，具体表现在以下几个方面。其一，由于缺乏懂得少数语言文字的专业人员，书库的文献资料得不到细致地整理，同样不能将其较全面地介绍给读者（使用者），以致影响了现有文献资料的充分利用。其二，学习图书馆专业人员的比例较低些深层次的业务性工作难以开展，在一定程度上也影响了图书馆职能的充分发挥。其三，学习其他专业如英语、计算机、图书馆情报研究、心理学、运筹学等专业的人员也很少。这个现状的存在，在一定程度上阻碍了图书馆内部体制改革的步伐和服务领域的拓宽。因此，高校图书馆要十分客观地面对现实，加强职工队伍建设，努力提高全体工作人员的政治素质和业务素质。首先，在专业人员的配备方面要注意各类人员的合理搭配，逐步建立起一支适宜于高校图书馆工作的职工队伍，这也是高校图书馆进一步深化改革，更好地开展社会服务活动的基础性条件。加强职工队伍政治素质和业务素质建设，最主要的是要着重进行党的理论与政策教育，增强观念，牢固树立为文化教育事业的发展而服务之意识。努力学习专业知识，逐步提高专业工作能力。其次，在各个岗位上注意合理调配能够全面胜任工作的人员，特别是书库，在专业工作人员中，应当合理调配高、中、初级专业人才，使专业技术职称方面基本形成一种立体式结构，而不是一种平面结构，使不同层次的专业技术人员在不同岗位上充分发挥其特长，努力做到人尽其才，才尽其用。此外，年龄结构的合理搭配也十分重要。在同一时期内同一岗位上的工作人员，应考虑他们年龄结构的合理搭配，以便让他们在工作能力、精力等方面能够相互补充，发挥整体才能的最佳效果 s

三、进一步加快现代化建设步伐是高校图书馆深化改革，拓宽服务领域的必然趋势

图书馆实现现代化是一个综合的概念，它包含了人的因素，也包含了物的因素。具体地讲，就是用现代化的技术设备、服务手段以及先进的管理方法来加强和完善图书馆的内部管理，其目的就是提高图书馆的管理水平、服务质量，高质量地发挥馆藏文献的作用。高校图书馆在现代化建设方面与其他普通高校图书馆相比起步较为晚，从干部队伍建设到基础设施建设等方面都比较薄弱。近年来，高校图书馆在现代化建设迈出了新的步伐，在建立电子化馆藏目录、联合采购、文献检索、电子图书阅览等方面实现了计算机管理与处理。但是，高校图书馆在必要的工作流程环节实现真正意义上的现代化，赶上一些业务实力雄厚、现代化程度高的图书馆的话，要全面系统地进行基础建设，特别在具有特色的少数文献的管理与使用环节的软件开发；进一步完善馆外信息资源数据库的镜像点建立，为远程读者提供网上文献服务，等等。在这些方面仍要做艰辛的工作，向着特色鲜明、充分体现时代气息、现代网络服务完备的新型图书馆迈进。

第二节 高校图书馆创新服务职能

随着我国高等教育体制改革的不断深化，发展创新教育、培养创新型人才已成为一种重要的大学教育理念。高校必须紧随时代发展步伐，根据国家高等教育发展规划和培养少数高层次人才的实际，来确立发展目标，制订发展规划。高校图书馆是学校的文献情报与资料中心，肩负着为学校教学和科研提供信息服务的重任，在培养新型的少数专业人才中发挥着重要作用。因此，高校图书馆要积极开展创新服务，为学校培养创新型人才营造一个良好的文化氛围，积极适应高校教育发展与改革的需要，不断加强自身职能拓展。现阶段，促进创新服务是高校图书馆可持续发展的强大动力，也是高校图书馆发展的方向。

一、创新服务是高校图书馆培养创新型人才的必然选择

在高等教育观念、教育体系、教育体制、教育运行机制、课程与教育、校园文化、教学服务及保障方面进行了全面创新，构建了灵活、开放、系统的高等教育创新体系。到 20 世纪 80 年代，英国、日本、德国等一些发达国家相继对创新型人才的培养进行了积极的探索并付诸实践，且取得了良好成绩，使得他们的科学实力显著增强，科学活动的中心地位也更加巩固。

借鉴世界上的一些发达国家在创新人才培养方面的经验以及我国普通高等教育的发展成效，我国的高等教育创新体系应以创新教育理念为引导，以创新机制为前提，以创新课程和教学为关键，以创新人才培养模式为重点，以为国家培育具有创新能力的少数专业人才为目标，增加社会的知识存量，提高全体国民综合素质为宗旨的动态开放系统。从这个

意义上讲，随着教育创新机制的不断建立，进一步加快高等教育创新机制建立的进程，高校图书馆富有义不容辞的责任。因为图书馆已经不仅仅是一个学习知识的场所和大学生的第二课堂，而将成为信息资源的中心。为此，高校图书馆要充分发挥自身的服务职能和教育职能，紧紧围绕学校的中心工作，力争为培养现代化的少数人才提供良好的文化环境。

二、深化服务职能，为高校培养创新型人才提供坚实的保障

高校图书馆如何应对信息革命的挑战，以资源优势创新服务，在更高更广阔的领域里积极主动地参与高等教育乃至大学教育，构建创新型人才成长的优良环境，是我们不断探索并研究的课题。

高校图书馆的教学支持服务创新研究。随着高等教育信息化的进程，近些年来，高等学校与普通高等学校一样，原来固定的课堂教学模式得到改革，在学校资源共享化、教学手段现代化、教学管理规范化、办公过程网络化、各项管理目标化的格局正在不断形成，在这样的环境下，学校的图书馆必将全方位地满足和适应学校的中心工作，在为学校的教学、科研、人才培养、传承文化、弘扬精神等方面充分发挥应有的作用。

（一）发挥电子教学参考服务

电子教学参考服务是图书馆传统教学参考服务的发展与延伸，要将传统的教学参考资料进行全文数字化处理后，建立教学参考信息库，通过网络平台提供服务。读者可以不受时间、空间、地点的限制可以随时阅读和下载与课程有关的参考资料，满足学生个性化学习的需要。

（二）多媒体课件开发支持

在现代网络环境下，随着大学教学手段和教学方法的现代化与创新，教师被越来越多的需要利用网络多媒体课件进行教学，这就要求教师能够熟练地运用计算机设备和教学软件。然而，在现实中的教师大部分时间投入到备课和教学工作之中，没有更多的时间和精力开展其他的工作。据有关资料介绍，在美国的大学图书馆很早就开始为教师提供课件开发的支持服务。作为学校信息资源中心和运用信息技术先锋的图书馆，积极参与教学方法创新的推动与新技术的应用是非常必要的。

（三）体现学科信息门户

学科信息门户是比学科导航更高的导航方式，是学科导航的进一步发展。要将特定学科领域的信息、资源、工具和服务集成到一个网络平台，为用户提供方便、统一的信息检索及服务入口。学科信息门户从收录因特网发展到收录包含馆藏实体资源（包括二次文献数据库、全文数据库、馆藏目录、联合目录）的集成系统，两种资源在同一界面实现无缝存取，整合为易检易用的有机整体。学科信息门户是按照学科用户的需求对网络中相关的信息资源（包括电子期刊、数字化图书、报道、论文、书目、教育软件、电子新闻和重要科研机构的主页等）进行更有针对性、更深入的揭示，有助于专业用户在本领域的信息"超

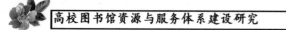

市"中选择高质量的资源和获得"一站式"检索的服务，极大地方便了用户对专业信息的获取，也增加了检索结果的有效性及信息资源的可靠性、权威性和全面性s高校图书馆在学科信息门户建设方面更要加快速度。

（四）实施学科馆员制

学科馆员是高校图书馆中专门负责与各教学单位、科研人员联系与合作，担任图书馆和教学单位之间的信息导航与联络员。学科馆员的纽带作用基本上体现在指导并参与对口专业的文献资源建设；建立学科导航、协助相关单位读者进行相关文献的检索，提供跟踪服务与决策参考服务两个方面。近年来，高校图书馆也开始实施了学科馆员制。如西北大学图书馆于 2008 年聘请了 60 名学校读书协会的优秀会员为首批学生馆员，至此西北大学图书馆学生馆员制正式建立。

总之，高校图书馆支持教学服务的创新，实现图书馆突破自我，真正成为教育事业蓬勃发展重要支柱，将起到积极的作用。

三、拓展教育职能，营造培养人才的新型环境

进入新时期，高校图书馆已经成为创新人才成长环境的一个重要组成部分，是培养和造就创新人才的必要保障。高校图书馆同样要为学校培养高质量的少数人才提供着信息服务保障。

（一）利用馆舍优势，营造时尚的读书氛围

高校图书馆一般建在校园的中心地带，有着优越的地理优势。当代大学生具有较高精神享受的要求，他们不仅需要丰富的信息资源，还对学习场所、阅读环境等基础设施具有比较高的需求。所以图书馆要以清净的读书环境、高雅的服务状态来吸引大学生，并努力营造读书是一种时尚的氛围，以此激发大学生利用图书馆的兴趣和读书欲望。

（二）利用馆藏优势，提高大学生的文化品位

要积极引导学生充分利用图书馆信息资源优势，提高自身的文化素质。不断完善编制新书通报、推荐书目、推荐信息光盘、情报编译等工作规程，充分发挥校刊、学报、广播、专题简报及图书馆馆报专栏的作用，使图书馆文献资源起到塑造人的灵魂、陶冶人的情操的作用。进一步使图书馆创造出特色浓郁、学习气氛浓厚的文化氛围，促使学生能够自觉学习、自觉扩大自己的知识面、自觉追求自我完善。

（三）加强文献检索课的教学工作，进一步提高大学生的信息检索能力

文献检索课程的教学目的就是培养大学生的情报意识和检索技能。通过向学生系统地讲授文献的价值、文献的检索及其检索语言、检索原理、检索方法，教育学生学会根据自己的需要选择情报源，掌握获取知识与信息的方法，能够从"学会"发展到"会学"，为不断提高自己的创新能力奠定必要的知识与技能基础。

（四）开展学科导航，为学生提供个性化服务，提高学生的创新能力

学科导航是以学科为单元对网络上的相关文献资源进行搜集、评介、分类、组织和程序化整理，并进行简要的内容提示，建立分类目录式资源组织体系，进行动态链接，建立学科文献资源数据库与检索平台，并将学科文献资源数据库与检索平台公布于网上，为学生等用户提供网络学科信息资源导航系统。根据高校图书馆的馆藏特色，首先按照本馆馆藏的少数文献文种建立学科文献资源数据库与检索平台。其次，若本馆馆藏的同一文种的少数文献数量较大，并且学科门类较多者，再在同一少数文种文献基础上建立子学科文献资源数据库与检索平台。这样，读者使用起来十分方便，也有助于学生等读者快速了解学科前沿研究动向、发展趋势和目标动态，并有助于学生创新能力的提高。

（五）举办学术讲座，强化大学生的创新意识

就高等院校的学生基本情况看，学生绝大部分来自，他们在基础教育阶段接受的现代信息比较有限，对一些现代知识了解不多，思维方式和思维模式具有相对的局限性。因此，高校图书馆应当定期或不定期地开展科技月、科技周的活动，邀请专家学者举办内容广泛的学术报告会，以优秀传统文化的角度教育和培养学生，使学生在专业的课堂之外开阔视野，学习历史和学习传统文化，树立新的思维方式。

（六）寓审美与休闲，提升大学生的生命价值

进入新时期，随着市场经济的不断发展，大学生的学习竞争、就业竞争、生存竞争等一系列现实问题十分棘手地摆在了每一位大学生的面前，这些现实问题对大学生的生理健康和心理健康都带来了一定程度的威胁。近年来，各类高等院校的大学生中心理出现问题的学生并不少见。少数大学生同样在学习竞争、就业竞争、生存竞争等一系列现实问题面临着巨大压力，有心理问题的学生屡屡出现。这一切都足以说明了社会竞争对大学生所产生的负面影响。根据这一现状，高校图书馆应当以自身雄厚的文化遗产为基本资源，为大学生营造一个高品位休闲的空间，提供一些高品质的休闲活动，使大学生得到精神修整与身体颐养，从博大精深的

文化中赋予生命真、善、美的价值。高校图书馆可以开展国内外优秀影视展、经典音乐展示会、假日讲座、名著导读、养生与康体讲座等，通过有效的文化（文献）为塑造大学生健康心理与健全人格做出积极的努力。

（七）拓展创新成果，为大学生提供展示自我的舞台

少数大学生具有情绪高昂、热情豪爽的典型特点，同时既有丰富的想象力，也具有创新的表现欲望。高校图书馆应当以此为契机，开展丰富多彩的活动。如：歌舞晚会、时装表演、摄影及美术作品展、广告设计作品展、文学作品演示会、科技作品展览会、知识竞赛等，帮助少数大学生及时发现自己、及时肯定自己，积极发展和完善自己，让更多的学生在大学校园的文化生活感悟自身的价值和生命成长的喜悦。

（八）开展考研信息导航，为大学生提供多样化服务

随着我国经济体制改革的不断发展，社会对高层次专业人才的需求量不断增加，国家从政策上为鼓励少数大学生继续学习深造提供了很好的条件。因此，高校的大学毕业生报考研究生的人数不断增加。与此同时，大学生对考研的信息需求也成为高校图书馆为学生提供个性化、多层次、全方位服务的新的课题。图书馆要利用网络这个平台，获取考研信息、购置考研相关资料、设置考研信息专栏、举办多种形式的考研讲座等是高校图书馆人性化服务的最佳体现。

总之，高校图书馆为学校培养少数专业人才提供强大的文献信息服务和文献信息支持，也是大学生自主学习的重要场所。图书馆要充分发挥文献的情报职能和教育职能，有效促进学校教学工作和科研工作的稳步发展，为创新型人才的培养提供坚实的文献资料支持与保障服务。

第三节　新时期高校图书馆文献信息服务

一、高校图书馆文献信息服务的现状

近几年来，我国高校图书馆与其他普通高校图书馆一样，积极参与市场竞争，在藏书建设、读者服务、队伍建设、管理体制等方面进行了不同程度的改革，逐步形成比较完整、系统的管理体系。在拓宽服务领域、改变服务方式、提高服务效率等方面也都取得了显著成绩，为培养更多的少数专业人才作出了重要贡献，得到了学校乃至社会的广泛认可和高度评价。对此,在前面的相关章节中已经做了表述。但是就高校图书馆的整体发展水平而言，在面向社会为现代化建设主战场提供文献信息服务方面与其他普通高校图书馆相比仍有一定差距，重要表现在以下几个方面。

（一）观念滞后

社会主义市场经济体制是我国社会主义建设发展的必然产物。但是，长期以来，由于高校图书馆在各个方面起点较低，其服务对象比较局限，对于图书馆参与社会市场经济活动存有疑虑，甚至可以追溯到对于新形势下高校图书馆参与市场竞争缺乏理论性认识，有的认为市场经济主要适于企业，而对于文化服务行业来说不应该涉足，便缺乏了积极性和主动性。

（二）服务范围有限

多年来，高校图书馆始终把为学校的教学、科研服务工作作为工作的中心任务来抓，业务服务范围基本限于校内师生，几乎与外界社会（包括与）联系甚少，特别是在文献信息服务方面缺乏深度和广度，远远落后于其他普通高校图书馆。在这方面，大连理工大学图书馆在面向社会提供联机检索服务、信息咨询服务方面就是典范，收到了良好的社会效益，同时也取得了较好的经济效益，扩大了经费来源。高校图书馆在这方面表现出一定差距，需要借鉴他们的做法，积极赶上。

（三）服务手段相对落后

当今，随着电子计算机在国民经济各个行业的广泛应用，人们的信息意识和自动化意识不断增强，各文献收藏单位的工作环境和服务模式都不断进行革新，高校图书馆也是同样。但是，高校图书馆在这方面的发展速度仍然比较缓慢，有的图书馆的部分服务流程至今仍然采用手工操作，在很大程度上制约了文献信息服务向现代化迈进的步伐。

（四）经费紧张，文献收藏量跟不上学校发展的需求

高校图书馆由于自身的造血功能和活力相对薄弱，加上书刊价格上涨因素，一些最新、最急需的文献往往不能及时采购，尤其是本身出版数量不多的少数文献更是不能及时采购，现有的馆藏文献又属于历史性文献居多。而读者对新型文献的需求量却是与日俱增，这就形成了新型文献的采购量有限与读者需求量大的矛盾。购书经费紧缺导致文献资源减少是各图书馆所面临的普遍性问题。此外，由于经费所限，高校图书馆的现代化建设赶不上社会发展的需求，这些因素在一定程度上制约了文献信息服务的进一步开展。

二、高校图书馆加强文献信息服务工作的思路

我们根据高校图书馆开展业务工作的现状，从自身所具有的特点和服务特长出发，应当考虑从以下几方面进一步开展业务工作。

（一）更新服务理念

随着计算机在图书馆领域的广泛运用，图书馆的业务工作在不断地向现代化和网络化迈进，图书馆的服务产品、服务手段、服务方式、服务功能、服务效率等也在发生巨大变化。在这样的形势下，民族高校图书馆为了适应社会发展的需求，充分履行自己的职责，必须做到思维和理念先行。要彻底改变以下四个方面的传统观念，一是改变以往存在的"自我为主"的观念，树立"以读者为中心"的服务理念是改变"自我局限"的管理观念，树立"开放式"管理与服务的理念；二是改变"重藏轻用"的服务观念，树立"服务第一"的服务理念；四是改变"坐等读者"的被动服务观念，树立"服务到家"的主动服务理念。以上观念的转变需要有正确的思想理念来指导，真正体现在具体工作之中仍需要付出艰辛的努力。因此，高校图书馆在保证为学校中心工作提供全力服务的基础上，要积极改进服务方式，努力为经济社会全面发展提供服务。一方面要从面向学校的教学、科研领域延伸到社会发展的生产第一线，通过信息咨询与转化直接为经济发展服务。另一方面，要改变过去只重视提供教育、科技情报的状况，要主动探索服务模式，扩大文献信息服务的范围，在更广阔的社会领域中充分发挥自身的职能，为社会读者获取文献信息发挥纽带作用。

（二）增强创新意识

现代信息技术的快速发展带来了新型信息的生产、存储、传递、获取的巨大变化，这也使高校图书馆传统的服务内容、服务方式和服务理念面临新的挑战。在这样一个全新的信息环境下，图书馆进行创新意识是自身生存和发展的关键。图书馆创新意识包含了以下几点：一是人文意识。图书馆的服务宗旨就是全心全意为读者服务，读者永远是图书馆的"上帝"。正如列宁所说，图书馆是"为了一切读者，一切为了读者"。在图书馆事业发展过程中，人文意识是贯彻始终的。在当代，人文意识也被赋予了新的内容，要满足人的不同需求，实现人的最高价值，追求人的和谐发展。因此，体现全方位的人文关怀是图书馆服务的永恒主题。二是竞争意识。随着计算机技术的快速发展以及社会网络化进程的加快，高新技术不仅对图书馆事业的发展提出了严峻的挑战，也为图书馆事业的发展提供了技术支撑。如果说传统的图书馆是以建筑规模的大小以及馆藏量的多少来论高低的话，那么在新的历史条件下，图书馆将以服务现代化的程度高低和拥有读者的数量来评判它的发展状态。所以强化竞争意识、优化服务手段、美化服务环境是当代图书馆搞好读者服务工作的基本基础。三是品牌意识。实践证明，没有特色的图书馆是没有发展前途的，没有特色服务的图书馆是没有竞争力的。我们如果要求所有的图书馆都建立起自己的特色馆藏是难于实现的，但是建立自己的品牌化服务却是应该努力的。对于高校图书馆来说，树立文献品牌意识、体现文献特色服务，这是其他普通图书馆是无法相比的。四是知识服务意识。知识服务是指从各种信息资源中，针对读者的个性化需求及专业化要求，将知识转化为信息的服务，是以资源建设为基础的高质量的信息服务，如知识导航服务，包括专题索引、定题、跟踪、项目指南、科技查新等等。

（三）深化服务层次

党的十一届三中全会以来，改革开放全面实施，党的政策得到全面落实，这为高等教育的蓬勃发展提供了前所未有的政策机遇。高校要充分利用这·机会，深化内部体制改革，根据新时期高等教育发展的一般规律和高等教育的特殊性，整合原有的有必要整合的专业，积极增设新型的，特别是经济建设需要的新型专业，最大限度地适应社会发展需求。同样的，高校图书馆要紧紧围绕学校的学科建设、专业设置、科学研究等中心工作，一方面应结合本校实际，明确工作目标，针对学校的办学宗旨，广泛搜集、整理、加工以文献信息为主的文献信息，通过各种途径提供给广大读者，为提高教学质量、充实教学内容；为培养跨世纪的优秀的少数人才作出应有的贡献。另一方面要主动深入教学、科研的第一线，掌握新动态，尤其是根据教师的科研课题研究方向，为科研工作者进行深层次的信息检索、课题查新、专业导航等服务，帮助他们解决文献资料方面的困难，全力协助学校的中心工作。

（四）为经济建设提供服务

的全面发展是国家整体发展的重要方面。自改革开放以来，党和政府十分重视各项建设的发展，并在政策上给予了很大扶持，使的经济建设、文化教育、科技事业得到了全面发展。但是，我国广大由于自然条件差，基础性条件薄弱，与东南沿海地区相比，在各方面仍有较大差距。为了缩小这个差距，党中央国务院作出了一系列促进社会全面发展的决策，并一一付诸实施，这给的经济建设、科教事业发展带来了难得的发展机遇。高校图书馆要以此为契机，拓展服务方式，变被动服务为主动服务，根据的特色产业，有针对性地搜集和编印有关信息，积极主动地提供给的各类发展型实体，从中拓展服务领域，增强发展势力。

（五）不断加强信息反馈工作

在面向社会、面向开展文献信息服务过程中，要特别注意信息反馈工作。要通过信息服务网络及其他渠道，及时了解和掌握用户对于文献信息服务质量的评价和意见。根据这些意见，进行有针对性的不断改进和探索新的服务方法，从而进…步提高服务质量和服务效果。

（六）重视信息资源的共享

文献信息共享是图书情报界研究的重大课题。随着中国教育科研网的开通与互联网的联网，这为图书馆实现文献资源共享提供了有利条件。高校图书馆要利用自身的技术条件和馆藏优势，建立富有鲜明的文献特色的局域网络系统。整个网络应配备高性能的网络服务器、文件服务器和大容量读者客户机，并配置大容量的磁盘阵列设备，实现光盘信息共享。这样的设备要力争能够支持文字的运用与交流，逐步形成馆际间的有机整体，共同满足读者对文献的需求。

（七）培养信息技术人才

社会的进步，科技的发展，经济的振兴都取决于劳动者素质的提高和人才培养。信息服务的方式已经由单一型向多元化转变，在这样的条件下，需要培养和涌现出一批信息专家、信息管理者和信息导航员。因此，高校图书馆工作人员不仅要具有文献信息资源的组织、加工、管理和评价的能力，而且要具备追踪科研发展以及捕捉信息需求和变化的能力。要做好这项工作，必须要加强自我学习，更新知识、更新思维、提高技术。图书馆要有计划、分层次地安排工作人员通过在岗学习、脱岗培训、进修学习等形式，加强计算机知识和网络知识的学习，提高自身的业务技能，努力成为文献信息生产和文献信息服务的行家里手。

第四节　高校图书馆建立社会化服务保障体系

高校图书馆开展社会化服务是适应时代发展需求的一项重要举措，为学校中心工作提供服务的前提下，要走出校门，面向社会，拓展服务领域，为社会公众开展多层次，多样化的文献信息服务，最大限度地满足公众对文献信息需求。近几年来，关于高校图书馆开

展社会化服务，也引起了业界的高度关注，也是高校图书馆面临的一项新课题。

一、高校图书馆开展社会化服务的意义

（一）通过社会化服务可以提升高校图书馆的社会影响力

长期以来，高校图书馆作为学校的文献信息中心，为本校的教学科研发挥了重要作用。但是，在过去由于服务观念等因素的影响，高校图书馆的社会价值不能充分体现出来，在很多人看来，图书馆就是学校的辅助单位，安排一些在学校教学和管理岗位上不好安排的人员。图书馆对学校的发展只是发挥一些辅助性作用，人们把图书馆看成是修行养身的地方，谈不上为社会创造什么价值。这就造成图书馆工作人员的社会地位低，一度不能引起足够的重视。这样的状况近几年有了很大改观。图书馆通过开展社会化服务，使社会大众进一步了解图书馆高校存在的重要性，吸引社会读者学习利用图书馆的馆藏资源，全力弘扬文化的同时，教育广大社会读者在真正意义上学习和了解中华的整体历史，了解中华谁也离不开谁的深刻含义，达到增进团结，促进和谐社会建设的目的。从中提高图书馆的社会地位，树立图书馆的社会形象，为图书馆事业的可持续发展奠定基础。

（二）通过开展社会化服务，有利于提高文献利用率

高校图书馆不仅收藏了大量的纸质文献，而且也收藏了数量可观的电子文献。但是，电子文献的使用率不到 30%，造成电子文献资源的较大浪费和闲置。通过开展社会化服务，丰富的文献可以被更多的读者所利用，充分发挥文献的潜在价值，满足社会读者的不同需求，这样就会大大提高文献资源的利用率。

（三）通过开展社会化服务，能够为高校图书馆创造一定的经济效益，从一定程度上解决发展资金不足的问题

随着市场经济的不断发展，高校图书馆的硬件条件和软件条件都要不断地进行更新，这就需要必要的资金来支撑。高校图书馆通过开展社会化服务，能够利用自身优势，针对市场发展动态，开发一些实用性信息，向社会提供服务。如对馆藏文献进行深层次开发利用，然后加工成为具有现实指导意义的报告性材料，提供给的企业、政府部门，为他们的决策提供专业化服务，从中获取相应的劳动报酬，以此来弥补经费短缺问题，从而改善服务环境，扩大服务范围，更新服务设施。

（四）通过开展社会化服务，有利于传播科学文化知识，提高社会公民的文化素质

近几年来，全社会在大力提倡构建社会主义和谐社会。在某种程度上讲，提高公民的科学化素质，促进人的全面发展，是构建和谐社会的思想保证和重要前提。高校图书馆是传播文化的阵地，知识的宝库，对提高人民的文化素质具有应尽的义务。图书馆通过树立"以人为本"的服务理念，努力开展社会化教育，使社会公民在享受精神文化成果中增长知识

和技能，提高他们的文化修养和思想道德素质，为社会进步发挥他们的聪明才智。

二、高校图书馆开展社会化服务的可行性

（一）党和政府实施的政策为高校图书馆开展社会化服务提供了理论依据

高校图书馆是我国图书馆事业中的重要组成部分，国家也非常重视高校图书馆的建设与发展，针对高校图书馆实施社会化服务制定了一系列可依据的指导方针。《"十一五"时期文化发展规划纲要》中提出："机关、企业、学校的文化设施要尽可能向社会开放，积极开展文化服务。"教育部 2002 年 2 月颁发的《普通高等学校图书馆规程》第二十一条中明确规定："有条件的高等学校图书馆应尽可能向社会读者和社区读者开放，面向社会的文献信息和技术咨询服务。"这一系列的规定和要求，进一步明确了高校图书馆为社会服务是应尽的义务，也为高校图书馆开展社会化服务指明了方向，提供了政策保证。

（二）丰富的文献资源为高校图书馆开展社会化服务提供了坚实的物质基础

随着学校办学规模的扩大，高校图书馆加大了文献资源建设的力度，逐步形成了馆藏结构日趋合理、更加科学实用的局面。一是馆藏纸质文献丰富多彩。为了更好地满足本校教学科研的需求，高校领导非常重视图书馆的发展，增加了对图书馆的经费投入，高校图书馆的购书经费有了一定的保障。是特色文献别具一格。高校图书馆根据所处的地理环境，对某一地方文献或某一学科的文献收集的比较齐全，在自己的特色文献建设方面下了很大功夫，形成了独具特色的馆藏。如西南大学图书馆收藏的线装书有 32000 余册，其中不少是善本。特别是所收藏的西南的地方志和文献，为研究西南少数文化、历史提供了第一手资料。西北大学图书馆自创办以来，高度重视西北地区各少数文献的收集，收藏了大量的、十分珍贵的西北少数文献资料，有很多属于珍本，这些特色文献是高校图书馆面向社会开放的法宝。西北大学图书馆于 1990 年被甘肃省确定为省级学、宗教学、少数文学和西北地方史志文献资料重点收藏单位。三是数字资源丰富。从高校图书馆的馆藏资源建设中可以看出，高校图书馆文献资源的类型和结构发生了前所未有的变化，数字资源已经成为高校图书馆藏中不可或缺的部分，许多高校图书馆不仅引进了具有权威性、实用性、高效率的中外文数据库，而且也自建了独具特色的数据库，还建立了数字图书馆等等。如西北大学图书馆从 2004 年开始陆续购置了二十多个中外文商用数据库，建起了"超星"数字图书馆，电子文献数量达 100 万册。另外，还自建了具有自身馆藏特色的"甘肃特有研究数据库""研究文献题录数据库""随书光盘数据库"等数据库。这些内容丰富、种类齐全的电子文献数据库，以方便而快捷的方式为社会化服务开辟了一条新途径。

（三）先进的技术服务手段为高校图书馆开展社会化服务提供了技术支撑

随着计算机技术和通信网络的快速发展，各高等院校图书馆为了适应社会发展的需要，不断引进或更新服务配套设备，于是一些性能高、容量大的现代化技术设施在图书馆广泛应用。与此同时，高校图书馆的管理方式发生了巨大变化，由最初的手工操作管理方式逐步向现代化的管理方式转变，逐步实现了收藏、阅览、借出一体化的服务模式。另外，图书馆陆续使用了国内外最先进的自动化管理软件。如西北大学图书馆引进的深圳图书馆研制开发的 ILASII 图书馆自动化集成系统，先后购置电脑、触摸屏检索机等 200 多台，覆盖了图书馆所有业务部门。这些先进的服务管理技术，使图书馆的工作由手工借阅到电子扫描，由人工目录到网上智能检索，校外读者可通过互联网进行网上借阅、咨询等，使用起来非常方便，为社会化服务搭建了比较先进的网络平台。

（四）雄厚的人力资源为高校图书馆开展社会化服务提供了坚强后盾

根据马克思主义辩证唯物论的观点，人才是生产力三要素中的第一要素。因此，人才是开展一切工作的核心，是事业成功的决定性因素。近几年，各高校图书馆高度重视队伍建设，通过各种途径，提升工作人员的整体水平，职工队伍的业务素质得到了大幅度提高。据统计显示，高校图书馆具有大专以上学历者占 85%，图书馆学专业人员占 50% 以上，并呈现出年轻化、专业化、高学历的态势，这是一个非常喜人的局势。这一批训练有素的技术人才，他们业务精湛，知识面广，在图书馆既是业务骨干，又是管理能手，他们中的许多人承担着单位的重要工作。因此，在社会化服务中，他们能够发挥强有力的作用。

（五）广阔的社会市场为高校图书馆开展社会化服务提供了先决条件

现阶段，我国广大与发达的内地和东南沿海地区相比，在经济建设、科学技术、文化教育等方面仍然处于落后状态，对获取和运用新的现代技术、促进社会经济的发展方面需求量大。而高校图书馆在文献和现代普通文献的收集和收藏方面占有独到的优势，这个特殊优势为高校图书馆开展社会化服务提供了得天独厚的条件，前景十分广阔。

三、高校图书馆开展社会化服务的现状及存在的问题

（一）高校图书馆开展社会代服务的现状

从高校图书馆开展社会化服务的现状看，现阶段，我国有条件的高校图书馆在这方面做了一些尝试，一般采取的是小范围、小规模、个别项目的社会化服务。比如西北大学图书馆只允许为社会读者提供文献查阅、复印、咨询、传递等基础性服务；哈尔滨师范大学图书馆只为周边的青少年和考研人员办理了借阅证、自习证、学习研究证等，并要求在规定的时间范围内才能利用图书馆。据介绍，在国外 20 世纪 80 年代开始，美国、意大利、日本等发达国家所有的大学图书馆大部分阅览室都向公众开放，英国剑桥大学图书馆采用全部开架的服务方式，无论是大学总馆、大学专业图书馆还是学科系（研究中心、研究

所）和学院图书馆，对校、系、院外读者都是完全开放的，校外读者不必提供任何证件就可以与校内读者一样享有除外借图书以外的同等权利，包括免费上网等。美国耶鲁大学图书馆也采取对外开放的做法，任何人都可以自由进出图书馆，而任何进出图书馆的人无须出示任何证件。德国的法兰克福大学图书馆在向社会开放后，其社会服务量占总服务量的40%。

（二）高校图书馆开展社会化服务方面存在的问题

主要有主动服务的意识淡薄、服务对象少、服务经验不足和缺乏统一科学的管理制度等四个方面。

第一，主动服务的意识淡薄。高校图书馆开展社会化服务，必须要打破封闭式的管理体制，主动加强与社会读者的联系，特别是与广大的读者联系，有针对性地提供服务。有的图书馆在开展社会化服务的过程中，主动服务不够，对社会读者缺乏应有的热情。

第二，服务对象较少。从当前高校图书馆开展社会化服务情况看，存在服务单一、服务对象少、效果不明显的现象，很多高校的图书馆虽然开展了社会化服务业务，但由于自身主动服务不够，社会对图书馆了解不多，造成社会读者人数很少的局面。这样的现状也从另一个侧面说明高校图书馆向社会开放还没有得到社会读者的广泛认可。

第三，服务经验不足。自古以来，高校图书馆只为本校师生服务的观念早已在人们心中根深蒂固，在为社会提供服务方面没有做好思想准备，显得措手不及、无所适从，缺乏实践经验，为社会读者解决不了实际问题，得不到社会读者的信赖。

第四，缺乏统一科学的管理制度。高校图书馆要面向社会开放，这个政策已经存在许久，也是高校图书馆研究的主要问题。教育部颁布的《普通高等学校图书馆规程》中也对此做了明确规定。但是，真正实施起来却又显的举棋不定、困难重重，存在极大的盲目性。这说明，在实施社会化服务的过程中，没有形成一套行之有效的共同遵循的统一、科学的管理制度，各高校图书馆遵照本馆的办法进行操作，在管理方面存在不科学、不规范、不标准的弊端，影响社会化服务的进度。

四、高校图书馆开展社会化服务的具体措施

（一）强化服务意识，更新服务理念

长期以来，高校图书馆的服务对象以校内师生为主。在网络环境下，高校图书馆的服务对象呈现出多样化、多层次的趋势。高校图书馆应强化为社会读者服务的意识，树立符合时代要求的全民服务理念，想方设法开拓服务领域，把服务的目标瞄准社会这个大市场。通过开展课题查新、代查代译、文献传递、情报调研等服务，为社会企业所需求的市场信息、技术信息、竞争信息和产品营销信息服务，为政府决策部门的重大决策服务，为科研部门的科研课题提供服务，以全面开放的服务理念，融入社会，贴近公民，让社会读者也加入到高校图书馆的服务对象中，与广大师生享受同等待遇。

（二）开发利用特色文献，提供特色信息服务

所谓特色服务就是高校图书馆在传统服务的基础上开创新的服务项目。其特点是改变被动服务模式，发挥自身的特色优势，为社会读者提供更具人性化的专业服务。首先，高校图书馆应充分开发利用具有学科建设和地域特色的文献，将特色文献中有价值的信息按不同方法、类别搜集、整合、筛选、分析后编辑成文献汇编、选编、文集等一次文献；专题目录、索引、文摘等二次文献；综述、述评、动态分析、数据手册等三次文献，定期提供给社会读者，特别是的企业、机关的科研人员，帮助他们进行科学研究，完成科研任务。其次，可根据本馆的文献藏量，有选择地在本地区的社区、村（镇）等地建立图书流动站、阅览室等，为的社会读者送去生产、社会、科研方面最需要的书籍，积极为的精神文明建设作出贡献。这种有效举措不仅能够提高特色文献的利用率，而且也为图书馆创造一定的经济效益，也体现了文化下乡活动，解决群众"读书难"的问题。

（三）积极参与市场，为大中型企业提供实用信息

进入新世纪，随着市场经济的快速发展，全球经济一体化已成为现实。在这种大环境中，的企业不仅面临国内市场竞争的挑战，而且还要面临自身发展的市场竞争的挑战。因此，的企业发展与生存将经历一场严峻考验。为了使自己的企业发展在竞争中脱颖而出，企业家们不断地需要有关市场需求、产品生产和营销、政策环境等方面的信息。高校图书馆应根据的市场需求，抓住机遇，与企业合作，走合作化的道路。通过深入调查

研究市场经济发展动态，根据市场生产情况、产业结构、产品特点等，搜集、加工、整理对企业发展有实用价值的信息，为企业生产提供准确、可靠、适用、对口的专业化的信息服务，使高校图书馆真正成为企业谋求发展的智囊团。

（四）深化参考咨询，开展网上咨询服务

开拓服务领域，创新服务项目是高校图书馆开展社会化服务的有效措施。首先，深化参考咨询服务。参考咨询服务是指为读者进行信息导航的服务，这就要求咨询员既有学科背景又掌握现代信息技术，既熟悉文献资源的开发与建设又擅长科研咨询服务，要针对读者的文献需求开展工作。一是帮助读者选择最适合研究课题的有关文献；二是帮助读者选定和查找研究课题的基础性资料；三是帮助读者查找和利用政府文件和统计资料；四是帮助读者从网上查找可靠的相关资料；五是帮助读者检索相关专业的数据库；六是帮助读者获得收藏在其他图书馆的文献资料。其次，高校图书馆应充分利用现代化技术，借助网络这个大平台，开通网上虚拟咨询台，为社会读者随时随地提供咨询服务。这种服务方式简单、方便、快捷。当读者利用图书馆时，如果遇到疑难问题，可以通过 e-mail 方式直接与咨询员进行交流，咨询员在规定的时间内再以 e-mail 的方式为读者提供答案。再次在网上公布咨询电话，为那些无法上网的读者提供更加方便、直接的服务。另外，可以安排专人，采用在线聊天的方式为读者解惑答疑。

（五）跟踪重点课题，深化定题服务

定题服务是一项目标性和技术性很强的信息服务工作，具有实效性和先进性的特点，而且目的明确、效果显著，是开展社会化服务的有效途径。在当代，科研人员无论在课题立项阶段、实施阶段，还是在课题鉴定阶段，都非常急需与本课题有关的文献信息，特别需要图书馆能为他们提供全面、具体、可行的信息服务。高校图书馆应加强与社会科研机构的联系，深入科研过程中，了解科技人员的状况，设立重点科技人员档案，跟踪科研进展，在掌握了一定的课题目标、内容和进度的基础上，按科研性质、科研主题，通过查阅资料、网上下载的方式，搜集与本课题有关的大量信息，经过加工，形成实用可行的综合分析报告、资料汇编等，采用软盘保存、刻录光盘、文献传递的方式，主动地、有选择地把最新信息、准确数据提供给研究人员，帮助他们完成科研课题的申报、研究、鉴定等工作，为他们充当助手、信息专家、信息导航员，在这方面有些高校图书馆取得了一定成效。这种做法，可以帮助科研人员在有限的时间内高质量地完成科研课题。

（六）开展科技文献检索与查新服务，为科技人员提供文献依据

科技文献检索与查新是进一步搞好科学研究和科研管理的一项重要工作。国家对这项工作寄予了很大支持。1997年兰州大学图书馆成立了"科技咨询与成果查新中心"，2003年又成为教育部首批认定的科技查新工作站之一。这样的典范，高校图书馆值得借鉴，要利用高层次的人力资源，依托丰富的馆藏文献资源，为校内外科研人员提供高质量、高标准的科技查新及项目咨询服务，力争取得相应的成效。高校图书馆要努力创造条件，发挥自身优势，为社会科研管理部门和有关专家的科研立项、评审、科技成果的鉴定、新产品的评介、专利申请等，提供切实可行的文献依据，使他们的研究取得突破性的进展，为社会进步和科技创新贡献力量。

（七）利用网络资源，开展传递服务

当今信息时代，所有图书馆的文献资料保存职能已经不再是评价其质量高低的首要条件，而是如何通过有效的服务方式充分利用本馆及网上信息资源，为读者提供最实用、最可靠的文献传递服务已占居主导地位。高校图书馆在为社会提供服务的过程中，面对信息需求量的剧增，其馆藏已经无法满足社会读者多样化的需求。因此，开展文献传递服务显得很重要。高校图书馆应互相开通网络，并将文献传递系统联网，通过网络载体，采用联机下载、电子邮件等方式将文献信息传递给社会读者。这样既可以提高文献传递的效率，使文献信息资源得到充分利用，又可及时满足读者的知识信息需求，还可以解决供需矛盾，实现资源共享。

（八）加强自我宣传，提高图书馆的知名度

为了更好地提高社会服务的效率，高校图书馆要加强自我宣传，组织人员深入到社区、村镇，为广大少数群众宣传现代科学文化知识和学习现代文化知识的重要性。通过采取举办讲座、读者座谈会、图书展览、读书活动、印刷宣传材料等多元化的宣传方式，向少数

群众读者全面、系统地介绍高校图书馆馆藏布局和结构以及服务宗旨、服务职能、服务项目等，并吸收少数群众代表到图书馆现场参观，加深对图书馆的了解，形成地校互动的关系，拉近高校与社会公众的距离，激发少数群众的阅读热情，提高图书馆的知名度。其目的就是要吸引更多的社会读者到图书馆来，享受图书馆，利用图书馆，受益于图书馆，从而扩大影响，借此展示高校图书馆的综合实力和服务水平。

（九）提高社会读者利用数字信息资源的技能

用户需求是开展社会化服务的动力。当前，社会读者具有不同的层次，差异性比较大，广大读者对高校图书馆的各种文献、资源和服务不甚了解，尤其是对数字信息资源的使用、网络应用、检索技巧等不掌握，造成了信息意识淡薄、信息获取能力低的状况。这样一来，他们不能及时获取所需的信息。现阶段，随着数据库、电子出版物、数字图书馆的不断普及，数字信息资源在整个信息资源中所占的比例越来越大，已经成为高校图书馆重要的信息载体。一方面数字信息资源其容量大、内容丰富、传递速度快、不受时间、空间的限定、易于检索等优点，受到广大用户的认同和青睐；另一方面数字信息资源存在无序、杂乱、易更改、不安全、缺乏规范和质量控制等缺点，给用户的信息资源的检索和利用带来了许多困难。因此，针对实际，高校图书馆要走出校门，面向社会，进行调查研究，了解社会读者的文化层次，制订出符合实际的培训计划，加强用户的网络信息素质教育，提高他们的数字信息资源利用能力，是当务之急。另一方面，高校图书馆应采取免费上机、实际操作、个别辅导、咨询答疑、发放使用手册和培训教材，加大数字资源利用宣传力度，并开设专题讲座、文献检索课程、开展网上教育等多元化教育途径，为他们详细传授网络基础知识、计算机检索、数据库使用、电子文献的查找、下载和利用等基本技能，为他们获取网络信息开启一把锁。这样，既加强了社会读者对高校图书馆的认识，又全面提高了他们获取数字资源信息的能力。

五、应当妥善处理的几个关系

（一）妥善处理为本校服务与为经济发展服务的关系

各级各类图书馆都有明确的服务对象和服务的侧重点，就高校图书馆而言，它的主要服务对象是本校的教师和学生，首要任务必须满足学校的教学科研的需求。如果不分主次，就会捡了芝麻丢了西瓜。如果把高校图书馆的信息服务的重点放在为经济发展提供有关的经济信息、市场信息上去，在文献收藏上也只注重实用型文献，而减少必要的教学科研类文献，这样必定会影响为教学科研服务的质量，这也是不可取的。因此，高校图书馆一定在资源、环境、服务等各条件许可的情况下，在完成自己的主体任务之后，适当地向及社会开放，只有这样，才能得到协调发展。

（二）加强特色馆藏与开展区域协作的关系

每个高校书馆都具有自己的特色文献，如西安公路学院图书馆拥有西北地区最齐全的

公路交通建设的有关文献；北京服装学院图

书馆拥有世界各国的服装设计、服装加工等方面的文献。高校图书馆真正要为当地经济发展服务，就必须开发利用并不断充实本馆的特色文献，只有这样，才能提供特色化服务。但是，为了体现特色化服务，仅靠一个馆的力量是有限的，而一个馆所面对的师生和科研人员的文献需求又是多方面的。因此，在开展地方经济发展服务的文献资源建设中，既要不断加强本馆特色文献的收藏，同时也要注意兼顾本校教学科研所需的文献，不能顾此失彼。能够解决这一矛盾的唯一途径就是要加强横向联系，开展区域性的协作。通过馆际互借、文献传递等方式，互通有无，实现文献信息资源共享，为社会读者提供高质量、高水平的服务。

（三）妥善处理无偿服务与有偿服务的关系

高校图书馆在为本校师生提供无偿服务的前提下，也可以向社会提供一些在本地区能尽快转化为生产力和提高经济价值的科学技术信息，或把高校内的最好科研成果及时介绍给企业等等。通过校企合作，将会给社会带来…定的经济效益和社会效益。因此，高校图书馆在为社会提供有偿服务的过程中，必须严格按照教育部《普通高等学校图书馆规程》第十条中所规定的："可根据材料和劳动的消耗或服务成果的实际效益收取适当费用。"要明确规定，哪些服务项目需要收费、哪些不收费，应该收取多少等等，让读者心中有数，不能因一味追求经济效益而忽略了自身的发展。

总而言之，高校图书馆是收集和传播文化信息的重要场所，在为本校教学科研提供优质服务的同时，应树立开放意识，拓展服务领域，面向社会服务，既可以提高文献信息的利用率，增强馆员的社会服务意识，又可满足社会文化发展与经济建设的信息需求，同时，在社会化服务过程中能够捕捉许多反馈信息，积累经验，为改进图书馆服务模式将起到推动作用。

第五章 高校图书馆数字化建设与管理创新

第一节 数字图书馆及其功能

一、数字图书馆的概念

这里所谓的数字图书馆就是图书馆馆藏文献的数字化。关于对数字图书馆的具体界定，有许多不同的看法。有的学者认为数字图书馆是电子图书馆的进一步延伸和发展；有的把数字图书馆与虚拟图书馆等同起来；有的把数字图书馆的含义理解为传统图书馆的数字化转换，然后通过网络提供服务；也有的认为数字图书馆中只存在数字化电子格式的信息，而不包括任何传统文献。而在这里所谓的图书馆资料都已被转化为数字化并储存起来，而且能够在多媒体、网络化的条件下被本地和远程用户存取使用，还能通过高科技技术的自动控制系统为世界各国的用户提供最先进的、自动化的服务，真正意义上实现了文献资源共享的目的。

简而言之，数字图书馆也就是指运用计算机技术、网络技术、通信技术、数据技术和多媒体技术等多种信息技术及其设备，对不同类型、不同载体、不同形式的各种文献信息资源进行搜集、选择和规范化处理，使之以数字化的方式和多媒体的形式存储，建立分布式的馆藏信息资源库和虚拟馆藏信息资源库，并通过各种局域网、广域网和因特网，向全世界各地所有连接因特网的用户提供信息服务的数字化和网络化的信息系统。由此可见，与传统图书馆相比，数字图书馆才是真正意义上的"知识宝库""大公共图书馆"。它的兴起，使读者不受时间和空间的限制，能够实现读者与信息、读者与读者之间的"互动"，并且提供多媒体服务，使人们可以在任何地方，全方位、多渠道来获取信息。

二、数字图书馆的发展历程

在当代，图书馆向数字图书馆转轨已经经历了两个发展阶段；第一阶段是图书馆以本馆文献资源数字化为主要内容，即图书馆首先根据馆藏特色，围绕学校培养目标、学科建设、专业设置等自建特色数据库。加大资金投入，购置中外文数据库。第二阶段则是数字资源的集成与共享，使用户在最短的时间内用最小的成本获取所需的资源，主要以外部资源建设为主要内容。目前又步入第三阶段，这个时期是关键时期，是以分布式合作、纵横联系、资源整合、个性化和互动式为主要内容。我国各类图书馆的数字化建设是随着时代的发展而发展，在 20 世纪 90 年代开始，国家就非常重视数字图书馆建设。在 1997 年，原国家计委就批准研制开发"中国试验型数字图书馆"，经过近几年的不懈努力，在数字图书馆建设方面取得了相当大的成就。1998 年 10 月，李岚清在考察国家图书馆时指出："未来图书馆的模式，就是数字图书馆。所谓数字图书馆，简单地说，就是一种能够随时随地为读者方便、快捷地提供信息的服务机制。随着信息技术和网络技术的不断发展，我国图书馆事业必然会向数字化图书馆方向发展。"

在当代，随着现代信息技术和网络技术的迅速发展，信息数字化依据不断渗透到社会发展的各个领域，图书馆也是同样。目前，世界各国尤其是发达国家都十分重视数字图书馆的建设，相继投入巨资开展数字化图书馆的研究和建设。美、英、日、新加坡等国家已经建成完善的图书馆及其资料信息体系。美国国家自然科学基金投资 1 亿美元建设的 NSF/A8PA/NASA 数字图书馆，涵盖大规模的文献库、空间影院库、地理图源、声像资源库。他们目前正投资数千万美元建设美国数字图书馆联盟，重点是美国历史与文化成就信息。美国在教育信息化方面一直走在世界前列，目前超过 95% 的中小学使用互联网络，平均每 4 名学生拥有 1 台计算机，大部分大学的学生宿舍可使用互联网，网络大学已达近 400 所。日本也是同样，在 21 世纪初建成了日本最大的数字图书馆，也成为亚洲地区的文献中心。这些充分表明，数字图书馆作为未来图书馆的一个发展模式，许多国家给予了高度重视。近年来，在我国一些高校及国家级图书馆信息部门开展了数字图书馆的研究和建设，由国家图书馆牵头的"中国数字图书馆工程"于 2000 年启动。清华大学、北京大学、上海交通大学等高校图书馆已经完成了一些项目的数字化指标内容。

三、数字图书馆的优点与缺点

（一）优点

与传统图书馆相比，数字图书馆具备了许多优点。一是信息含量大。数字图书馆涵盖了多学科、多专业方面的信息，用户可以从中获取任何方面的所需信息。二是利用文献资源不受空间和时间的限制，用户可以在任何地点和任何时候都可以随时查询和获取文献；三是利用文献的范围扩大，数字图书馆可以提供本地区、本国乃至全世界的文献资源，极大地满足了不同读者的文献需求。四是提供文献的下载、传递、复制等服务，方便、快捷。五是不会出现拒借、限借问题。因此，可以说，数字图书馆的诞生，使人们获取文献的环境和条件达到了前所未有的境界，为读者广泛利用文献提供了方便、快捷、全面的现代化服务，这是传统图书馆事业发展的趋势，也是传统图书馆向现代化图书馆转变的必然结果。

（二）缺点

社会实践证明，任何一个事物的发展与存在都是相对的。与传统图书馆相比，数字图书馆在给人们提供便利的同时，也存在一定的局限性。一是要必须具备高性能和高质量的设备，才能获取文献信息和数字图书馆是在计算机网络上运行并以网络为访问媒介的，还要通过宽带高速网络来实现对图书馆数据的大量存取，因此，没有一定先进的设备来做支撑是无法实现的，二是从今天的技术手段看，数字图书馆的电子文献的保存时间难以超过传统纸质文献的保存时间。

四、数字图书馆的功能

数字图书馆的功能将优于虚拟图书馆保存数字化信息的职能，优于电子图书馆的资金运作和管理模式，成为新时代图书馆的主体，它所发挥的功能有以下几点。

数字图书馆是凭借网络这个物体把全世界的信息连接起来的"互联空间"或"信息空间"，而不是传统图书馆所具有的一个物理"场所"，而是能够把互相联网上的文献信息库十分科学地链接起来，读者能够利用相应的设备同时使用。

数字图书馆的文献信息资源是以多媒体、多语言、高科技共同构成的一体化的资源实体。数字图书馆在构建过程中，为了适应不同国家、不同地区、不同文化背景和不同语言读者的不同需求，采用多种语言转换和编译的功能，以解决读者从任何国家、任何地区获取任何语言形式的文献资源。

数字图书馆具有强大的信息和知识的收集、传播和发布的功能，这必将推动图书馆从过去传统图书馆的以图书借阅为主的被动服务转向主动服务模式。

五、数字图书馆的体系结构

一是具有用户界面。数字图书馆是为广大用户利用现代计算机设备获取网络信息而创建的服务机构，因此，与用户层面链接是非常重要的。二是具有网络和先进的通信系统。构建数字图书馆，必须具备先进的网络和通信设备，这是构建数字图书馆的首要条件。三是具有一定的信息资源和检索、发布系统。当数字图书馆对外开展检索服务、推送服务和信息发布时，必须配备相关的系统。四是具有数字化图书馆的咨询系统。数字图书馆为读者提供了多样化服务，尤其是开展的网上虚拟咨询服务为读者解惑答疑，读者足不出户便可获取任何方面的信息。因此，咨询系统是不可或缺的部分。

第二节　高校图书馆特色数据库建设管理

一、我国图书馆特色数据库建设的现状

我国图书馆数据库建设有 30 多年的历史，其发展过程大约可分为三个阶段：第一，起步阶段（1975—1979 年），主要是引进、学习和借鉴国外数据库的理论成果。第二，发展阶段（1980—1993 年），主要是研究和自建中文数据库。1991 年，我国自建各种规模的数据库 806 个。第三，成熟、实用及快速发展阶段（1993 年至今），它以 1993 年 2 月我国第一家专业数据库公司"万方数据公司"的正式成立为标志。到 1995 年，我国自建的数据库已有 1038 个，容量在 10MB 以上的增加至 67%，其中 100MB 以上的占 25%；1999 年 9 月，我国网上信息资源和应用数据库达到 4400 多个；2005 年 2 月，据中国互＜联网信息中心的调查我国在线数据库已达 3016 万个。特色数据库的大规模建设及研究只有将近 10 年的历史.随着计算机网络的快速发展，20 世纪 90 年代中后期，我国各系统图书馆都相继展开了特色数据库建设的工作。

（一）高校图书馆特色数据库建设情况

中国高等教育文献保障体系（CALIS）于 1999 年 7 月设立了 CALIS 特色数据库和导航库建设项目组。CALIS 特色数据库建设一期由 24 个成员单位共建成 25 个"特色库"，数据量达 280 万条以上。CALIS 二期"十五"全国高校专题特色库于 2003 年 9 月启动，到 2005 年 12 月验收评审，完成了 50 多个具有中国特色、地方特色、高等教育特色和资源特色，服务于高校教学科研和经济建设，方便实用、技术先进的专题文献数据库。其中，约 10% 的专题库形成标志性的成果，在资源内容和技术设计方面具有示范效应。建成的专题特色数据库除了可以为全国普通高校服务外，还可以面向社会，为国民经济建设、公民素质提高、文化事业和地方发展提供服务，并取得了一定的社会效益和经济效益。

我国"211 工程"学校的图书馆从 20 世纪 90 年代后期开始建设特色数据库。据统计，64 所"211 工程"学校图书馆建有 263 个不同类型的特色数据库，占所有 95 所"211 工程"学校图书馆的 68.4%。我国高校图书馆特色数据库建设遵循的宗旨是紧紧围绕本校学科特色，以学科特色及除学科和地方特色外的其他专题为主，而地方特色及各类信息数据库（信息数据库能够为用户提供国际、国内商务活动，这些信息数据库为有关公司、产品、市场行情、商业动态、金融活动、专利、技术标准及国家政策等）建设相对较少，其中商情数据库最少。从数据库建设的数据容量来看，4 万条以上的数据库有 100 多个，占所有数据库的 38%。在这些数据库中，大多数是在 CALIS 特色数据库建设项目中立项，在 CALIS 统

一规划下建设。我国高校图书馆在特色数据库的建设标准方面基本上都按照 CALIS 特色数据库的相关建设标准。

（二）公共图书馆特色数据库建设情况

随着计算机网络和图书馆自动化、数字化的发展，我国公共图书馆也加强了数字化建设的进程。在特色数据库建设方面，公共图书馆特色数据库的建设首先是以地方特色为主，其次是为某一专题建设特色数据库，学科特色的数据库很少。信息数据库的建设虽然比高校图书馆多，但这些数据库的数据量却不是很多。从目前情况来看，东西部的公共图书馆的特色数据库建设差距较大。

（三）科学院所图书馆特色数据库建设情况

通过查阅科学院所图书馆的特色数据库的建设情况，发现只有少数的科学院所图书馆建有特色数据库，如中国科学院图书馆、中科院武汉图书馆、中科院上海图书馆及中科院资源环境科学信息中心（中科院兰州图书馆）等。特色数据库的内容主要以科学研究方面的专题为主，且所建数据库数量较少、规模较小，这些数据库大多数仅限于本单位人员使用。

二、高校图书馆特色数据库建设的原则

（一）从实际出发，制定正确的发展方向及服务对象定位

教育部《普通高等学校图书馆规程（修订）》中第三章第十条规定："高等学校图书馆应根据学校的发展目标和教学、科学研究的需要，根据馆藏基础及地区或系统文献资源布局的统筹安排，制定文献信息资源建设方案，形成具有本校特色的馆藏体系。在文献采集中应兼顾纸质文献、电子文献和其他载体文献，兼顾文献载体和使用权的购买。保持重要文献和特色资源的完整性和连续性，注意收藏本校的以及与本校有关的出版物和学术文献。"现代信息资源发展日新月异，无论哪个图书馆也不可能将其尽收囊中。图书馆的竞争要点主要体现在它的特色性上。可以说谁有特色，谁就拥有自己的读者，谁就拥有生存的空间。高校图书馆自建数据库工作必须研究自己的读者群，明确自己的建设方向，制定出相应的有地方特色的建设方针。各高校由于各种因素，如资金、地域环境和人才资源等条件的限制，大多数图书馆在馆藏资源的种类、学科上与发达地区高校图书馆相比都存在很大差距，建立大型的、全面的学科专业数据库显然力不从心。高校图书馆建立特色数据库要从实际出发、扬长避短，建立中小型、实用性的具有地方特色的数据库，这才是正确的发展道路。另外，信息产业发展处于初步阶段，相关产业的发展也很滞后，因此，高校图书馆要服务社会，就必须建立与之相适应的信息资源库。不顾实际需要，求高、求全的做法，既达不到应有的社会效益与经济效益，还会造成图书馆人力、物力和资源的浪费。因此，立足于发展地方特色，服务于本地区开发建设，才是地区高校图书馆自建数据库必须遵循的原则。

（二）利用现有条件，突出地方文献及学科优势

发展特色，并不是要搞地方封闭，而是以本地信息资源为主体，在数据库建设中外引内联。可以借鉴其他地区高校图书馆数据库建设的先进经验，引进与开发密切相关的文献信息以充实自身数据库；也可以联合本地区的高校图书馆、信息机构、科研院所和政府部门，进行信息交流，数据共享，以充分利用和挖掘本地区优势资源与特色文化，建立特色数据库。这种联合可以通过多种形式来实现，如相互间直接的文献信息交流，举办相关学术交流会或专家学者报告会，以及进行信息发布等。高校图书馆在地方特色的数据库建设中，还应突出学校具有的特殊性的学科优势的文献数据。

（三）以需求带动建设，重点突出地方特色

资源建设要适应社会需求，着力反映本地极具特色的资源，满足地方政治、经济和文化建设的需要。这样做既能收到良好的社会效益，又能获得较高的经济效益。例如，笔者所在凉山彝族自治州的西昌学院图书馆建设的"凉山地区地方特色文献数据库"，就是利用自己的地域优势、地方文献收藏优势，以及对本地区科技发展与经济动态等信息的采集优势，采集大量彝族资源而建成的一个包括凉山特色、人文历史、文化和旅游资源等方面的特色数据库。这个特色数据库有凉山地方志书图书馆、文史资料数据库、凉山地方连续出版物数据库、凉山地方特色音像出版多媒体数据库、民俗风情数据库 5 个子库，成为深层次、多角度地揭示当地多文化资料，促进地方特色资源的对外开放的一项基础性工程在这个库中最具特色的是"凉山彝族毕摩文献"。西昌学院图书馆组织专门的人力，依托 2007年四川省重点课题"凉山珍贵彝族文献的抢救与开发"平台，挖掘收集凉山彝族毕摩文献，将收集到的凉山彝族文献制作成电子文档、电子图书，建设成供使用者在网上查阅的"凉山彝族毕摩文献特色数据库"。而对于处在藏区的高校，则可以建立藏文化方面的数据库，如藏医药、藏传佛教等。各地区各具特色的自然资源（如矿产、畜牧、水力、旅游等）更是自建特色数据库的亮点。

特色数据库的资源建设不可能一蹴而就，是一项长期而艰巨的任务。高校图书馆应根据实际情况，以长期服务地方经济、教育和政治作为特色数据库建设的首要任务，同时从本地区经济、教育和政治发展中不断汲取新的、有价值的文献信息，以充实数据库内容，将二者有机结合，保障具有地方特色的资源建设的可持续发展。

三、高校图书馆特色数据库建设的途径

（一）加强国家宏观调控和行业协调

针对图书馆特色数据库建设整体上条块分割、各自为政的局面，国家要制定统一的方针政策、发展目标、发展规划、总体构想和实施方案等，打破各系统、各部门条块分割、彼此封闭的格局，对整个图书馆系统及其他有关各部门进行宏观调控，逐步建立起协调建库的管理机制。而在行业内部，应建立一个发展协调委员会，其任务是对特色数据库的数

量和质量、分布和选题、类型和规模等进行摸底、登记．把握好数据库建设的审批关、验收关和监督关，层层负责制定有关数据库建设的标准，规范数据的记录格式和数据库的存储、获取、传输的一致性协议等，以确保数据库在网络运行中的兼容性、可靠性及安全性。高校图书馆系统建立的 CALIS 系统无疑在这方面起到了带头作用。此外，国家应建立统一的"中国数字资源发展协调委员会"来组织协调各系统图书馆特色数据库的建设，统一标准规范，促进知识产权问题的合理解决，以促进国内外图书馆之间特色数据库建设的合作与共享。

（二）加强各图书馆特色数据库建设的合作

1．合作建库的优势

通过对各系统图书馆之间，同一系统图书馆之间，不同地区及国内外的联合与合作，统筹规划，共同开发，联合共建，可以在信息、技术上互通有无，资源共享，在人力、物力和财力上各尽所长，优势互补，联合攻关。通过合作，不仅增强了社会各领域的联系，而且扩展了机构与机构、人与人之间的交流，易于形成我国图书馆特色数据库建设的整体优势。建设一批有特色的专题数据库或特色数据库，对信息资源进行有效的配置和可持续开发，不仅可以改变以往特色数据库建设自建自用、"大而全、小而全"的格局，而且可以避免重复建库和留下空白学科，使每个学科的建设都达到相当完备的程度．为资源共享创造良好的条件。

2．合作建库的原则

如同所有的其他合作一样，图书馆的合作尤其是国际合作必须遵循平等互惠、优势互补的基本原则，还要遵循统筹规划的原则，这样才不会损害合作者的利益，才能使合作变得顺利。

3．合作建库的途径与方式

合作建库的途径与方式多种多样，机构之间、系统之间、地区之间、国家之间都可以根据资源建设的实际情况来确定具体的合作途径，国内外所有信息部门之间也可以进行合作。合作建库的方式一般有文献信息的交流、人员合作、联合办刊、项目合作和特色资源共享合作。

（1）文献信息的交流。例如，中国科技信息研究所与加拿大科技信息研究所于 1999 年 10 月签署了合作协议。

（2）人员合作。例如，福建图书馆与美国俄勒冈大学图书馆签订了《关于馆际交流计划的合作备忘录》后，每年互派员工进行为期 6 周的业务和学术交流。

（3）联合办刊。在学术成果的交流、信息的传递、服务方式的互通有无等方面将提供极大的方便。

（4）项目合作。积极寻求项目合作，参与研究，了解最新动向等。

（5）特色资源共享合作。可通过技术实现特色资源共享方面的合作。

4．合作建库的运作模式

当前特色数据库建设的运作模式主要有以下三种：

（1）由国家投入全部资金，用户基本免费获取数字化资源。这种方式起步快、见效快。

（2）完全商业化运作，即由公司投入资金，用户付费查阅、获取信息资源。

（3）政府投入与部分商业化运作相结合的模式，即依靠政府投入部分资金，再向用户收取成本费来补充政府投入的不足。

特色数据库的建设是图书馆数字资源建设的主要内容，其运作主要采用以上第一种和第二种模式。

从国内外图书馆特色数据库建设的经验来看，图书馆特色数据库建设的合作建设在组织管理上呈现出以下四个共同特点：

（1）由相关政府部门总体规划。

（2）以工程立项形式具体实施。

（3）操作过程中重视多个单位、部门的分工协作。

（4）相关法规的制定。

实践证明，采取政府宏观调控，主管部门统一组织、申请立项，多单位分工协作的组织管理方式有利于提高特色数据库的建设质量和速度，有利于避免数据库建设过程中出现分散、低质、规模小和资源浪费的现象，还可消除资源建设的学科空白，使每个学科的建设达到相对完备的程度，更好地推动特色数据库建设的发展。各部门、各单位要根据馆藏特色、学科重点，或地方经济发展的需要，选择合适的建库目标。在国家统一协调下有计划、有步骤地建立具有专业特色、地方特色、类型特色和文献特色等多种类型的数据库，并加强经营管理，既注重社会效益，同时也注重经济效益。

（三）加强图书馆特色数据库建设的质量控制

质量控制包括前期质量控制、中期质量控制和后期质量控制。前期质量控制主要是对选择项目、相关软件的开发与选择过程的控制。除如何选择项目、如何进行相关软件的开发与选择外，还要决策科学化、民主化，并建立审查制度。决策是在调查研究、收集大量信息形成的多个开发项目中进行选择的过程。决策科学化就是要事先进行可行性论证，采用需求分析法、读者调查法、系统分析法和专家评审法等方法对数据库的选题等事宜进行科学化决策。前期质量控制制度的建立，就是在开发项目和开发方案具体实施以前必须向主管领导和主管单位申请并进行事前监督，以保证特色数据库建设的顺利开展。

由上级组织人员对项目可行性和开发价值进行评议，从而控制特色文献数据库的开发规模和整体质量。中期质量控制主要是数据库建设的标准化、人力资源使用的合理化以及管理科学化。图书馆特色数据库的建设必须建立和遵循关于数字化加工、资源描述、资源组织、资源互操作和资源服务等方面的标准和规范，才能保证其可使用性、互操作性和可持续性。因此，标准与规范建设是图书馆特色数据库建设高效、经济和可持续的根本保证。

目前我国的标准化建设仍处于探索阶段．应在实践中进一步完善，以保证我国数字化工作高质量、顺利地完成。岗位责任制是促使数据库建设工作顺利开展，保证工作效率和质量的一项有效措施。通过岗位责任制规定各项人员工作质量要求与衡量标准，运用定量与定性双重标准进行管理，明确其有把开发工作做好的义务，规定其对开发失误应承担的责任，通过完善工作制度来控制开发人员的行为，进而控制开发成果的质量。后期质量控制为了保证数据库的高价值和高质量，建立监督检查制度是十分必要的。检查制度是数据库质量控制的重要手段，在数据库质量控制中有着十分重要的地位，通过检查可以发现存在的问题，也可以督促工作人员积极认真地工作。

数据库建设的最终目的在于利用，因此建设高质量的数据库，就要注重数据库的使用情况以及用户对数据库的反馈意见，为此要加强对数据库的使用跟踪调查，调查该数据库是否能满足用户的需求，检索是否简单易用，还存在哪些问题与不足，是否需要改进，宣传力度是否足够，是否涉及知识产权问题等。跟踪调查是保证数据库良性、稳健发展的必要条件。另外，还要加强数据库的安全管理，以保证数据库的安全运行。

（四）重视知识产权问题

我国数据库建设方兴未艾，但在建设过程中涉及许多关于知识产权问题，特别是著作权问题。我国虽然在 1998 年 9 月成立了中国版权中心，但著作权集体管理组织只能是基于会员的委托，代作品著作权人行使有关权利，其进行授权许可的范围只能是著作权人已经委托的作品。为了更好地解决我国在数据库开发过程中的版权保护问题，促进数据库建设，我们有必要借鉴国外经验来加强著作权集体管理制度在我国的进一步实施。特色数据库版权的保护是一个较为复杂的问题。国内几个大型的中文电子图书系统——中国数图公司网上图书馆、书生之家、方正 Apabi 数字图书馆都有各自的版权解决方案、解决技术，但在运行过程

中不仅在获得版权授权方面比较困难，而且对于加密下载、打印技术和后台管理等技术的保护更是无暇顾及。从发达国家的经验来看，如果不妥善地关注和解决版权问题，迟早会使我国的著作权保护陷入尴尬的境地。另外，真实、完整的版权信息对于高效、准确的授权也是必要的。我国《电子出版物管理暂行规定》《出版管理条例》都规定出版物要载明权利管理信息，但是删除、篡改和伪造版权信息，破坏技术保护措施，提供破解技术保护的服务日益增多，国际上许多新的版权立法已明确规定此为非法行为。我国新修订的著作权法对版权保护技术和版权信息的法律保护、实施了什么样的解码和破译行为才构成侵权、对数据库中相应的信息数据的合理使用和盗用的界限，以及数据库的产权有效时限等都没有给予明文规定。这些都不利于我国数据库事业的发展，也与《世界知识产权组织版权条约》的规定存在差距。在今后的数据库建设中，既要加强对数据库保护技术的研究，更要加强立法，对数据库的侵权行为严厉打击。

（五）加强数据库产品的营销

经过几年的发展，我国图书馆的特色数据库建设在数量、规模和类型上均取得了长足

的进展，但总体来说，利用率还比较低。有的在建库时只追求数量，而忽视了质量；有的只注重数据库的生产和成果鉴定，为建库而建库，忽略了如何推广和应用，至于经济效益就更不必提了。

当前数据库生产的发展趋势是投资的国际化、数据库内容的国际化，以及数据库生产与联机服务跨国经营的普遍化。为此，在数据库产品的市场开发中，有必要引人深层次营销思想，向产业化方向发展，尽可能使数据化产品的价值得到最大限度的发挥。"深层次营销"是以电子商务和网络营销为手段，以企业与顾客的深层次沟通、认同为目标，从过去长期单一关心人的显性需求转向同时关心人的显性需求和隐性需求，并注重关心人的隐性需求的一种新型的、互动的、更人性化的营销新模式和观念。深层次营销要求顾客参与到企业的营销管理中，给顾客提供无限的关怀，与顾客建立长期的、稳定的合作关系，并通过大量的人性化的沟通工作，使自己的产品、品牌在顾客的心目中产生"润物细无声"的效果，使顾客对自己的品牌产生依赖感和忠诚感。

四、高校图书馆特色数据库建设的特点

特色数据库建设是记载和反映一个地方历史的沉淀和缩影，也是促进地方特色资源对外开放的一项重要工程。高校图书馆建设特色数据库既是本地高校图书馆自身生存发展的需要，也是本地区社会发展的需要。高校图书馆在建设特色数据库中一般具有以下特点。

（一）浓烈的地方特色

特色数据库的建设主要依托于富有地方特色的少数文化、旅游资源和人文历史等独特的资源，其资源的优势与地方特色是全国乃至全世界独一无二的。

（二）独特性

笔者所在的西昌学院图书馆建设的"凉山地区地方特色文献数据库"就填补了国内彝族文化研究领域没有综合数据库及相应的信息资源共享平台的空白。

（三）专业性和学术性

特色数据库的建设要具有一定的专业性和学术性，建成后能为相关研究人员提供了大量该领域的研究信息和学术成果。例如，西昌学院图书馆在建设"凉山地区地方特色文献数据库"时，为保证其专业性和学术性，就专门邀请了地方研究学者和地方图书馆彝族文化研究学者，以及少数语言文化专业的研究生来参与此库的建设，这为提高"凉山地区地方特色文献数据库"的学术性和专业性打下了基础，提高了数据库的应用价值。

（四）可持续性

建设特色数据库时除要考虑采用应用功能强大的特色库建设系统和发布系统外，还要考虑读者在查询时的方便性。因此，在建设时采用方便、快捷的查询系统也是特色数据库建设的重要之处。例如，西昌学院图书馆的"凉山地区地方特色文献数据库"就是应用功

能强大且最常用的 TRS 系统和 HTML 网页制作技术，将文字、图片和声像资料融为一体，不仅提供了画面简洁、分类清晰和查阅方便的多媒体数据资料查询系统，而且为今后在此基础上不断补充和完善数据库资料提供了可持续建设的余地。

第三节　高校图书馆馆建立少数民族文字文献数据库的策略

随着现代化技术的迅速发展，数字图书馆与图书馆自动化建设得到迅速发展，图书馆的自动化程度越来越高。作为图书馆工作基础与核心的图书馆情报数据库技术和各种类型多用途的图书馆情报数据库相继诞生。诸如馆藏数据库、光盘数据库、全文数据库等数据库的建立，使图书馆事业在现代化道路上迈进了一大步，在很大程度上方便了用户，提高了馆藏文献的使用效率。同样的，高校图书馆建立少数民族文字文献数据库已成为时代发展的必然趋势。

一、数据库的定义及类型

数据库是指计算机应用系统中的一种专门管理数据库资源的系统。随着计算机技术的飞速发展，数据库的应用范围十分广泛，已经深入政府、金融、通信运营商、公安、能源、税务、工商、交通、教育、卫生、电子商务和其他企业等系统，各行各业根据工作特点纷纷建立起各自的数据库应用系统，以便随时对数据库中海量的数据进行管理和使用，为人类社会走向信息化道路提供服务。数据库自产生以来，出现了各种各样的数据库，数据库涉及的领域非常广，有新兴学科领域的，有学术人物方面的，还有高校的一些重点学科数据库和地方特色数据库。按照内容形式主要可以分为书目数据库、全文数据库、试用数据库、文摘数据库、题录数据库等。这些数据库一般包括文本数字资源、图像数字资源、音频数字资源、视频数字资源和复合数字资源，并且各种资源都有对应的规格与参数，从而使得资源数字化加工能够标准化和规范化，实现资源共享。

二、高校图书馆建立少数民族文字文献数据库的必要性

我国 55 个少数民族中有 53 个少数民族使用本的语言，24 个少数民族有本的文字。各在征服自然、改造自然的历史过程中创造了灿烂的文化，极大地丰富了祖国的文化宝库，为增进文化交流、促进祖国和平统一发挥了十分重要的作用。党的十一届二中全会以来，党的政策得到全面落实，党和政府十分重视少数民族的文化事业的发展，这一时期，出版发行了大量的少数民族文字图书、期刊。据统计资料显示，特别是 20 世纪 90 年代起得到迅速发展 b1952 年我国出版少数民族文字图书 621 种，661 万册；少数民族文字期刊 15 种，169 万册；少数民族文字报纸 20 种，2933 万份，到 2008 年全国出版少数民族文字图

书 5563 种，比 1952 年增长了 11.16%，3797 万册；少数民族文字期刊 192 种，比 1952 年增长了 7.8%，650 万册；少数民族文字文献 82 种，比 1952 年增长了 25%，14694 万份。这些少数民族文字文献的出版，在极大地丰富了我国的文化（文献）宝库。国务院于 2009 年 7 月颁布的《国务院关于进一步繁荣发展少数民族文化的若干意见》中指出："必须从贯彻落实科学发展观、巩固团结、兴起社会主义文化建设新高潮、推动社会主义文化大发展大繁荣的高度，深刻认识繁荣发展少数民族文化事业的特殊重要性和紧迫性，把繁荣发展少数民族文化事业作为一项重大的战略任务，采取更加切实、更加有效的政策措施，着力加以推进。"⑧ 这里应当强调，文献的收藏只是一种形式，而通过对文献的进一步开发利用，是推动文献事业不断发展，体现文献价值的必要途径。因此，高校图书馆根据馆藏文献的情况，充分开发利用少数民族文字文献，适时地建立少数民族文字数据库就显得越来越重要，其必要性基本体现在以下几个方面：一是当前全国大部分高校图书馆将计算机应用于图书馆工作的各个环节（如采购、流通、编目、期刊、阅览、查询等），也自建和外购了大批数据库（如软盘、光盘等电子出版物），基本上实现了检索、查询、查新等在线服务。二是高校图书馆由于各种条件所限，在自动化管理方面还落后于其他普通高校图书馆，特别是在少数民族文字文献的编目、借阅、检索等方面仍然采用手工操作。这种传统的工作方法已不能适应形势发展之需求，因此，必须尽快建立少数民族文字文献数据库。三是近些年来，随着新型学科、相关学科、交叉学科的发展，国内外学者对学的研究也逐步兴起。这里我们以藏学为例，全世界有许多国家建立了藏学研究机构，研究的内容丰富而广泛。这充分表明，少数民族文字文献资源共享已成为世界关注的热点。因此，高校图书馆建立少数民族文字文献数据库，为将来实现联机检索创造条件，是具有实际意义的。

三、高校图书馆建立少数民族文字文献数据库所要具备的条件

数据库建设的先进程度如何直接影响着文献的检索效率和计算机网络化的实现效果，那么对各个方面的要求就更严格。高校图书馆建立少数民族文字文献数据库必然会遇到很多困难。应当从以下几方面积极努力。

（一）领导要高度重视，要具有现代化意识

高校图书馆建立少数民族语言文字文献数据库需要一定的人力、物力、财力做保障，更需要各方面的协调配合。领导者必须高度重视并具有一定的现代化意识，把建立少数民族文字文献数据库当作一项图书馆现代化建设的重要任务来抓，在各方面给予大力支持。

（二）加强业务人员的技能培训工作

人是万物之灵，是一切事业成功与否的决定因素。正如克鲁普斯卡娅讲的："图书馆员是图书馆事业的灵魂，很多事要靠他来做。"当今时代，图书情报工作逐步向现代化、自动化、网络化方向发展。在这样的局势下，图书馆各项工作对人的专业技能的要求越来越高。而

高校图书馆建立少数民族文字文献数据库对专业人员的要求更高。因为高校图书馆所藏文献种类多、服务对象有其特殊性。从当前高校图书馆业务工作者的实际情况看，需要努力加大对工作人员的专业培养力度，通过脱产学习、在岗培训、参观学习等形式，全面提高现有人员的业务知识水平和计算机操作技能。此外，还可以积极引进一批这一方面的人才，让他们为建立少数民族文字文献数据库发挥聪明才智作贡献。

（三）经费与设备的保证

由于高校图书馆自身特点决定了图书馆自动化系统除了要配备一般通用的汉文系统和常见的外文系统外，还必须配备符合高校实际的少数民族文字操作系统。由此，高校图书馆特别要增加经费投入，并在经费有限的情况下，购置具有可靠性、实用性、稳定性，才能保证数据库的顺利完成。

四、高校图书馆建立少数民族文字文献数据库需要解决的几个技术问题

根据图书馆自身特点和情况确定建库的总体规划与布局。作为网络资源的数据库，质量是实现图书馆自动化的根本保证，是数据库走向市场的生命。因此，高校图书馆建立少数民族文字文献数据库是一次新的考验。首先进行周密分析和研究，以本馆藏书为基础，有计划、有步骤、有重点地考虑如何开展这项工作，并确定建库的总目标和具体实施步骤。从数据的采集、著录、标引、加工等每一环节着手，制定出一系列行之有效的规章制度和相配套的业务工作细则。诸如制定有关的《建立少数民族文字文献数据库著录标准条例》《建立少数民族文字文献数据库的格式要求》等，并配以科学的工作流程来层层把好质量关，千万不可脱离实际，盲目行事，避免追求"大而全、小而全"的做法。其次，由于少数民族文字文献收藏分散、种类多、内容丰富，在建库之初应尽可能与其他主要收藏单位取得联系，协调一致，共同确定建库的总体规划与合理布局。目前，各种类型、不同规模、多层次、实用性强的数据库层出不穷，不妨借鉴他们建库的成功经验，避免少走弯路或不走弯路。高校图书馆应根据本馆实际，本着先易后难，以点带面的原则，从基础着手，循序渐进。

（一）保证数据库的标准化和规范化

建立少数民族文字文献数据库与建立其他文献数据库一样，必须遵循数据的标准化和规范化。数据库是否标准，直接影响图书馆自动化系统存取数据库的效益和速度。从某种程度上讲，数据的标准化与规范化比建立数据库本身更为重要，绝不能带有任何的随意性，否则，所建的数据库就会失去存在的价值。因此，高校图书馆在建立少数民族文字文献数据库时，在这方面要更加谨慎，一定要严格按照国家规定的标准统一著录、统一标引等进行。对于少数民族文字文献的著录，国家也有统一标准，如《藏文图书著录标准》《维吾尔文普通图书著录标准》《满文普通图书著录标准》《蒙古文普通图书著录标准》等等，这些标

准的制定为建立少数民族文字文献数据库打下了原则性基础，只有遵循标准化格式而建立的少数民族文字文献数据库，才能在众多数据库中立于不败之地。

（二）逐步研制开发适合少数民族文字文献的应用软件

在建立少数民族文字文献数据库的过程中，各高校图书馆可根据收藏种类、文献特点、数据内容、用户需求等研制开发应用型软件，使设计软件真正成为计算机编目的得力助手。近几年，我国少数民族文字操作系统陆续问世。如西北大学研制的藏文信息处理系统，解决了藏文字在计算机中的处理和互联网上的交流；激光彝文一汉字编辑排版通过鉴定，实现了彝文汉文西文的混排；新疆大学等单位研制的维吾尔文、哈萨克文、柯尔克孜文、汉文、英文5种文字计算机处理系统通过鉴定；"现代蒙古文语言数据库"通过鉴定，等等。这些少数民族文字操作系统为各高校图书馆研制开发少数民族文字文献应用软件提供了有利条件。高校图书馆要充分利用这些少数民族文字操作系统，编辑相关程序，研制开发适合少数民族文字文献的应用软件。

（三）合理构建少数民族文字文献数据库的布局

高校图书馆要在国内建成一流的具有特色的数字化馆藏，首要任务就是要建立一定数量的数据库，这些数据库的建设有两部分组成，即引进和自建。对于高校图书馆来说，在建设数字图书馆时，对于非文献不一定耗费大量人力、物力、财力去将大量文献资料转化为全文数据库，将其全部馆藏数字化，完全可以有选择性地直接购买已经研制成功的电子数据资源，比如《万方 CNKI 系列数据库》《读秀知识库》《超星数字图书馆》等大型数据库，在选购的过程中，应在保证有一定数量的综合性的电子文献的基础上，可以根据本校的重点学科、特色学科、特色专业等进行购置，特别要注意基础性和专业性、特色性的兼顾。近几年来，随着信息技术的发展，高校图书馆在购买数据库方面有了一定规模，大部分购买了符合本校特色的中外文数据库，基本上满足了广大读者对电子文献的需求。但是，从实践过程看，有的数据库实用性较差，利用率偏低，有待进一步改进和完善。

高校图书馆在自建馆藏特色专题数据库时，要对于自身价值和使用价值高的馆藏特色文献资料进行整合及深层次加工分析，逐步将纸质型文献转化为数字化形式，最终建立专_或特色文献信息数据库。包括书目数据库、索引数据库、文摘数据库、专题数据库以及全文数据库等，并提供目录体系检索、主题检索和全文检索，将自建的特色数据库通过互联网供读者享用，实现以购买为主，图书馆自建数据库为辅的馆藏格局。在自建数据库方面，有的高校图书馆已经做了大量工作，自建了本馆特色的数据库。诸如西南大学图书馆自建的数据库有《羌族文献资源数据库》《彝文文献数据库》等。从目前各高校图书馆自建数据库状况来看，起步比较晚，发展较缓慢，大部分是书目数据库，全文数据库少，质量有待进一步提高，利用效率也不高，仍然需要一步完善、规范和健全。

五、开发与建立少数民族文字文献数据库的前景

（一）对少数民族文字文献的各业务工作环节实行自动化管理

由于计算机运算与处理数据的速度快、准确率高，少数民族文字图书只需输入一次，即可产生多种数据。因此，利用少数民族文字文献数据库，可对各业务环节的特殊需要随时进行增删修改，生成不同用途的数据库，在此基础上还可以扩大建库范围，将来对少数民族文字古籍文献也进行类似的处理，从而形成一整套完整的少数民族文字文献数据库保障体系，为少数民族研究者提供网上信息。

（二）改进少数民族文字文献的检索方式，增加检索途径传统

少数民族文字文献检索方法烦琐，既浪费时间又浪费精力，而且查准率、查全率不高，有很多不便。少数民族文字文献数据库建成后，将从根本上改变长期以来仅有纸制"印刷型"文献目录单一形式，检索手段和工作流程向自动化迈进，还可提供多个检索途径，诸如少数民族文字图书的文种篇名、册数、著者、分类等，与手工检索相比，速度要高得多，而且准确率高。

（三）自动生成二次、三次文献，提高少数民族文字文献利用率

长期以来，由于少数民族文字文献自身的特殊性，大多数高校图书馆对其借阅有许多限制，拒借率较高，许多具有很高价值的文字文献成为"死书"。少数民族文字文献数据库建成后，采用软盘、光盘等现代化技术设施，可把静态的馆藏文字文献资源变成情报、信息源，增加利用语言文字文献的深度与广度，自动生成二次、三次文献，可供读者随时查阅，无须再为文献丢失、损坏而担忧，也不会因没有复本而拒借。

（四）实行目录机读化，为读者提供安静宽敞的学习环境建立少数民族文字文献数据库后，将改变过去传统的只靠纸制

目录卡片的检索形式，读者可使用机读光盘，从根本上改变手制卡片目录所表现出的种种不理想的特征。目前，随着计算机的广泛应用，各种多媒体信息载体应运而生，这里面既有以缩放胶卷、缩微平片等感光材料为载体的"缩微型"目录，也有以磁带、磁盘等为载体的"机读型"目录和唱片、录音笔记录声音和图像的"声像型"资料及其目录。这些目录和资料借助缩微阅读器和电子计算机以及其他设备能阅读所需的文献信息。建立少数民族文字数据库后，实行馆藏文献目录机读化，能够在较短时间内查遍数据库中的全部数据，并根据不同需求随机换成卡片目录、书本目录、磁带等。在很大程度上节约了空间和时间，为读者提供便利。

（五）实行联机检索，实现少数民族文字文献资源共享的最终目标

实行联机检索共享图书情报资源是图书情报工作的最终目标。从现今状况来看，很多高校图书馆在基础建设、办馆条件、数字化建设等方面做了很多工作，收到明显效果^*但是，由于受资源投入、技术力量等因素的限制，在网络化建设方面落后于其他普通高校图书馆。随着校园网络、地区网络、全国网络及国际互联网和美国 OCLC（图书馆文献检索

系统）的普及与发展，极大地缩短了各国图书馆之间的距离，通过地区和国际网络使图书馆的资源得以共享，为教学、科研人员营造了与全省、全国乃至国际互联的网络环境服务模式。那么，高校图书馆建立少数民族文字文献数据库，及早与其他图书馆联网，最终同国际网络接轨，实现少数民族文字文献资源共享，这是历史发展的必然趋势。高校图书馆建立少数民族文字文献数据库是一项系统工程，也是高校图书馆展现自我的一种重要手段，只要我们高度重视，共同努力，一定会取得成功。

第四节　高校图书馆建设少数民族古籍文献数据库的思路

　　如前所述，我国各在中华的发展史上创造了灿烂的文化，形成了十分珍贵的古籍文献，为中华的文明作出了重要贡献。古籍文献作为记录历史、传承文化的重要文献资料，它不仅具有独特的史料价值，而且具有十分珍贵的文物价值。我国的古文献种类繁多、数量庞大。自造纸术和印刷术发明之后，纸质古籍文献为主要的文献形式出现并留存，至今纸质文献的历史已有两千多年。古籍文献工作作为文献收藏单位（图书馆及博物馆）工作的重要组成部分也应当跟上社会各项事业现代化建设发展的步伐。近年来，随着计算机技术的迅速发展，尤其是互联网技术的普及与运用，为古籍文献工作开辟了一条新的途径。合理利用现代化信息技术，包括缩微技术、数字化技术复制保存古籍，为实现古籍的复制、数字化及利用图书馆自身的条件为社会服务，提供了有力的工具，打破了以往古籍文献只是停留在以文物的角度来应用的局面，逐步实现了资源共享，这里我们以藏文古籍文献为例。

　　我国少数民族古籍文献中，藏文古籍文献极为丰富。藏族在我们中华的发展史上历史悠久，藏族文化博大精深，内容丰富，有着鲜明的地域特色和高原气质。在藏族文化中有许多藏文古籍文献，其卷帙之浩繁、数量之庞大、内容之广博是十分少见的，在我国仅次于汉文古籍文献，是祖国文化遗产中的珍宝，令世界瞩目。鉴于此，在这里我们以建立藏族古籍文献数据库为例，提出高校图书馆建立少数民族古籍文献数据库的思路。

　　藏族主要分布在西藏、青海、四川、甘肃和云南五省区。按我国现行区域自治地方讲，有1个自治区（西藏自治区），10个藏族自治州和2个藏族自治县。勤劳朴实的藏族人民在漫长的历史发展中，积累总结了大量的知识和经验，自从藏文字创制并推广应用以来的一千余年间，用藏文撰写、著述、整理和翻译而留存于世的藏文古籍文献卷帙汗牛充栋、浩如烟海，在世界文化史上也是极为罕见的。藏文古籍是藏传统文化的重要载体，是藏族文化的宝贵财富，也是中华文化的重要组成部分。藏文古籍文献作为记载藏传宗教、文化、历史、科学技术的重要载体，无论是现在还是将来都将为研究藏学、传承藏族文化发挥巨大的作用。它包含了藏族人民世代创造的一切文化成果。那些经过历史沉淀，具有一定的典型性、权威性，并在长期的社会实践中产生过广泛影响的藏文古籍文献，反映了藏族的发展历程，弥足珍贵，在一定程度上代表着藏族文化的形象，在中华文化宝库中光辉灿烂，在我国文化史上享有崇高的地位和作用。

一、藏文古籍文献的形式与类型

藏文古籍文献的形式及类型主要包括吐蕃时期的敦煌古藏文历史文献和历朝历代各个历史时间的藏文碑文、铭文、档案文书，全国各地藏传佛教寺院珍藏供奉的各类手抄、木刻的佛教显密经籍，高僧大德和著名学者的传世著作，存于藏族民间个人手中的部落志、家族史、地方志，以及数千年来在藏族民间口头广为流传的人民群众最喜闻乐见的口碑文献等等。藏文古籍的蕴藏量十分巨大，内容非常丰富。20世纪初，敦煌藏经洞的首次发现，震惊中外，人们感到惊奇的是敦煌历史文献的很大一部分是古藏文历史文献。藏传佛教各教派著名寺院不仅是宗教活动中心，而且也是藏族的教育中心和图书馆。西藏古老的萨迦寺珍藏供奉的近百万部各类经籍令世人叹服。1982年藏学泰斗原西北大学藏学教授才旦夏茸先生带领几名古藏文研究生在萨迦寺考察时，惊叹该寺所收藏的藏文古籍经典许多是他平生第一次见到，除佛经之外，大部分是藏文古籍珍本和绝本，其文化研究价值无法估量，是研究藏族文化取之不尽的宝藏。我们毫不夸张地说，萨迦寺如此，藏族聚居区的其他著名大寺差不多都是如此。藏文古籍数不胜数，口承文献数量宏大，搜集整理实为艰难。世界上之所以兴起藏学热，主要是由于藏族独具特色的文化个性特征格外引人神往，藏族的古代文明对人类的进步发展所做出的贡献十分突出且光彩夺目。藏文古籍（包括口承文献）完整保留了藏族精神文化思想的精华，它不仅是藏族文化的宝藏，而且也是全人类共同享有的财富，我们应当毫无保留地奉献给人类世界。

藏文古籍中涉及的学科有历史、宗教、文学、戏剧、歌舞、雕塑、绘画、天文、历算、医药等，其文献类型主要有以下几种。

（一）佛教经典类

千百年来，藏传佛教在广大藏的思想意识中打下了深深的烙印，由此产生了藏族文化典籍中最重要的组成部分——佛教经典。因此，在佛教经典中所蕴含的文化思想，在一定意义上也反映了藏族传统文化的核心以及更深奥的意义。历史上在藏族聚居区形成的许多佛教经典，以其深奥的哲理，浓厚的思辨色彩，表现出了严谨的逻辑思维能力和很高的宗教理论水平。经过翻译后的诸多佛教经典，对佛教本意的理解之准确、判断和推理逻辑语言表述之精确、创意词汇之多都是罕见的。如弥足珍贵的佛教经典藏文大藏经《甘珠尔》和《丹珠尔》被称为藏族文化的百科全书，是藏族文化典籍之顶峰。藏文《大藏经》在中国乃至全世界文化史上都占有非常重要的地位，并产生了巨大的深刻影响。

（二）史书类

历史文献是对历史的记载和阐述，通常指社会形态发展史、经济史、政治史、法制史、宗教史以及文学史和一般文化史等。在藏文古籍中历史类著述最多。随着社会的发展和进步，藏文化在各方面都得到了空前的发展，出现了繁荣局面。在汉文化的影响下继承藏族写史的传统，从 11 世纪到 15 世纪，这一时期的学者们比较重视历史，尤其是宗教历史和宗教大德的个人历史、家族史及寺院的历史。那一时期的藏族学者著述历史蔚然成风，先后完成了反映不同教派的历史著作。如《布顿佛教史》《西藏王统记》《萨迦世系史》《吐蕃王统世系明鉴》等。这些史书详细记载了藏的历史、社会政治、经济、宗教的发展演变以及重大历史事件和著名历史人物等。

此外还有不少有关佛教史和家族世系史类著作。

1．著名大师文集类

文集类的著作是佛教文献以外的核心部分，也是藏文古籍的精华部分，如《宗喀巴全集》《宗喀巴师徒二宗全集》《萨迦五祖全集》《玛尼全集》等。这些文集不仅对宗教进行了论述，而且还有很多有关因明学、传记、历史、诗歌、语言文字、医药、天文历算、工艺、音乐、绘画、雕塑、地理等各方面的论述。

2．人物传记类

人物传记是记录某人生平事迹的著述。藏族有关人物传记的撰写兴起于吐蕃时期。优秀的人物传记几乎与优秀的人生一样精彩，人物传记不仅是研究藏族历史、文化的主要史料，还有不少是具有较高欣赏价值的文学作品。具有影响力的佳作有《玛尔巴译师传》《米拉日巴传》《达赖仓央嘉措传》等等。这些传记是研究藏族历史、文化等诸多领域的主要资料来源之一。

3．诗歌类

人们把藏族地区一度称为"诗歌的海洋"。这是因为诗歌在广大藏族人民心中有着深厚的基础。我们从文献中了解到，藏族诗歌的类型很多，数量也很大，其成就也高于其他文学作品之上。诗歌在藏族各类文学作品中可谓独树一帜。藏族诗歌按照结构形式和表现手法可分为"勒"体诗、"道歌"体诗和"格言"体诗三种。藏族长篇英雄史诗《格萨尔王传》就采用了大量的"勒"体民歌；宣传和颂扬佛理的"道歌"有《米拉日巴道歌》《夏嘎巴道歌》等；"格言"诗有《萨迦格言》《格丹格言》《水树格言》《国王修身论》等等。这些诗都反映了藏族社会在不同历史时期的哲学思想、伦理道德和行为规范等。

4．佛教艺术类

在人类社会中，往往存在着比物质需求更高的精神需求，那就是对艺术的欣赏和追求。艺术是通过塑造形象来反映社会生活的一种社会意识形态，人们丰富多彩的社会生活就是艺术的源泉。藏族艺术历史悠久，源远流长，不仅艺术品类齐全，且异彩纷呈，有着独特的特色和地方特色。千百年来，藏族人民勤奋钻研，用聪明智慧创造了许多优秀的艺术作品。根据不同的表现形式，藏族传统艺术主要划分为音乐、藏戏、绘画和雕塑等。

随着藏族艺术的蓬勃发展，藏族学者为了表达对生活的热爱、对美的执着，为了表达内心的思想感情以及对美的向往，他们用文字记录下了这美好的时光，为后人留下了宝贵的精神财富。一是音乐方面的著作有萨迦班智达·贡嘎坚赞在公元 13 世纪前后所著成的

《乐论》a 二是藏戏（藏语称之为"阿姐拉姆"），是中国最古老的剧种之一，是中国戏剧的重要组成部分。它以丰富的文化内涵，浓郁、鲜明的特色而享誉海内外，并称之为雪域文化的"活化石"，是人类留存于世的非物质文化遗产。其中以《文成公主》《诺桑王子》《赤美更登》《卓玛桑姆》《囊萨姑娘》《苏吉尼玛》《白玛文巴》《顿月顿珠》等八大剧目最为著称。三是绘画艺术。从古至今，藏族聚居区的寺院、城堡、宫殿、贵族府邸以及平民的住宅都绘制有各种琳琅满目的绘画作品。藏族的绘画主要有壁画、唐卡（卷轴画）、木版画和堆绣等种类。其中最具特色的是壁画和唐卡。壁画…般指按墙壁大小直接绘于经堂墙壁上的画。壁画的宗教色彩比较浓，大部分表现的是佛——释迦牟尼业绩，护法神、菩萨、佛经故事等，另外也有其他方面的内容；如藏族历史传说、著名历史人物、名刹古寺、医学图画以及花卉、动物等。唐卡是藏族特有的一种绘画形式，一般绘于彩缎、丝绢织物之上，经精心装裱而成的卷轴画。四是雕塑，雕塑被称之为"视觉艺术"。根据制作方法的不同，通常包括雕、塑、刻三种最基本的艺术方法。"雕"与"刻"是用锐利的工具将硬制材料制作成一个个实实在在的形体艺术品。如石雕、木雕、铜雕等。"塑"则是对软质材料先塑出模型，然后才刻制成艺术品的。如酥油花、泥塑

等。雕塑处理上，也是按照一定的艺术典籍中的规范标准进行创制的。如《造像度量经》《画论》《佛说造像量度疏》等等。

5. 语言文字类

我国藏语的使用区域主要是西藏、青海、四川、甘肃和云南各省区，还有与我国接壤的一些国家中的部分地区也使用藏语。按照语系分类，藏语属汉藏语系藏缅语族藏语支。据史书记载，藏语最早的文字是象雄文，直到公元 7 世纪，在吐蕃赞普颂赞干布执政时期，吐蕃大臣吞弥·桑布扎参照梵文结合藏文特点而创造了今天使用的藏文。藏族人民自有了新创制的文字以来，在语言文字方面的著作也十分丰富，主要有 1514 年（藏历第一个饶迥木狗年），却迥桑布所著《正字法宝匣》；1891 年（藏历第十五饶迥铁兔年），洛桑楚臣所著的《藏文文法大疏》等。现代的许多藏学专家也撰写出版了很多有关藏族语言文字方面的著作。

6. 科学技术类

藏文古籍涉及科学技术方面的著作主要以天文历算类、医学类和建筑类为主。

藏族天文历算是一种特殊的阴阳历算系统，是以藏族地区最古老的物候历和公元 11 世纪从印度传入西藏的时论历为基础，公元 18 世纪又吸纳中原时宪历的部分内容而发展形成的。公元 13 世纪涌现出了许多研究天文历算方面的藏族专家，主要有噶玛巴·让迥多吉、布顿·仁钦珠等，形成的著作主要有《历算综述》《科学知者生恒》等。

藏医学是我国传统医药学的重要组成部分，据文字记载已有 1300 多年的历史。藏族天文历算与藏医学是紧密联系在一起的，这在世界文化史上可以说是一种十分独特的文化现象。据说藏族历算与藏医的联系，与藏医学的理论体系有关。对藏医学的研究，在赤松德赞时期，就有了很大的发展，这一方面的著作当属宇妥·云丹贡布编著的藏医经典著作

《四部医典》。这部巨著经后世勘校、充实，臻于完善，迄今仍为藏族医药的权威性著作，从而成为历代藏医学家必读的经典。此外，他还撰写了《宇妥验方利见》《脉学师承记》《四续司义简释》等医学著作。

总之，藏文古籍的种类很多，透过这些主要类型的名著，使我们从中能够了解到有关藏族的社会历史、宗教信仰、天文历算、藏医学、风俗等历史概况。

二、高校图书馆建立藏文古籍文献数据库的必要性

据不完全统计，目前，我国拥有藏文典籍约 43.6 万部，木刻印版约 2.4 万块。西北大学图书馆现有馆藏藏文古籍 13367 多种，包括手抄本、木刻本、影印本三部分。而我国的藏文古籍大部分收藏在广大藏族聚居区的藏传佛教寺院、藏族聚居区档案馆和相关文献收藏单位（图书馆等）。这些具有史料价值、学术价值、文物价值极高的藏文古籍，无论是现在还是将来都将为研究藏学、传承藏族文化产生巨大的作用。因此，利用现代信息技术将藏文古籍转化为电子媒体的形式，通过光盘、网络等介质进行保存和传播，这将对藏学研究的延伸和升华起到了重要的文献保障作用。这种模式的推广，既有利于传承和弘扬优秀文化，又有利于促进团结。对于进一步研究中华关系史、维护祖国统一，增强中华的同心力和凝聚力，都具有十分重要的现实意义和深远的历史意义。

（一）建立藏文古籍文献数据库是时代发展的必须要求

在信息技术的冲击和影响下，藏文古籍的研究与开发利用已经与现代科技发展紧密结合起来，这是时代发展的特征，标志着藏文古籍的研究迈向了新的领域。从一定的角度讲，藏文古籍数字化也是属于藏文古籍研究利用的范畴，是为了更好地保护、抢救藏学古籍文献，对于推进中国传统学术文化的深入研究有着重要意义。从长远利益来看，这将会影响一代人学术研究的思维和方法。因此，在网络时代，尽快建立健全藏文古籍书目数据库、全文检索系统等显得非常重要，这也是当前高校图书馆想尽一切办法所要解决的问题。

（二）建立藏文古籍文献数据库可以有效传承

优秀文化藏文古籍资源具有特殊性，它和文物考古资源一样，是不可再生的宝贵文化财富，毁坏一件就无法挽回。由于客观原因，目前，许多藏文古籍还不能得到有效的保护、发掘和抢救，特别是一些收藏机构的人员是"生在宝山不识宝"，缺乏应有的保护意识，一些珍藏的古籍文献长久"沉睡"在书库。当前，随着社会的发展和进步，藏文古籍不能只局限于一般的整理、保护和研究之中，而要必须坚持"古为今用"的原则，着力考虑如何利用这些文化资源为少数民族和的经济、教育、文化等服务。整理藏文古籍只是一种手段，激发和弘扬藏文古籍中所蕴藏的优秀文化与精神，为广大的研究者服务才是最终目的。因此，通过建立藏文古籍数据库，把整理、保护、研究工作提升到应用开发的高度，才能使静态的知识动态化，变文化资源为推动社会发展的可用资源，这样才能使藏文古籍得到进一步发展，使优秀文化永世传承下去。

（三）建立藏文古籍文献数据库可以抢救濒临失传的藏文孤本，有利于更好地保护珍贵的少数民族古籍

我国的少数民族古籍一般指新中国成立前出版的以文字（包括口传的）书写、刻印、记录的一切文化载体。据相关统计资料表明，全国现存藏文古籍60多万函，藏文古籍由于产生年代久远，再加上自然环境的损害，如潮湿、风化、虫害等。使许多藏文古籍已成为孤本、珍本。就西北大学图书馆的镇馆之宝"藏文大藏经《甘珠尔》"手抄本而言，距今已有3000多年的历史了，这是世界上仅存的两套大藏经之一，属于绝版。为了有效保护这些珍贵的文化遗产，图书馆对这样的古籍采取限借、限阅，只供参观、展览等形式，但这样又降低了珍贵文献的自身价值。因此，除了采取一系列积极的抢救、保护措施外，采用机器存贮的方法将藏文古籍文献存贮在易于传输、易检索、易复制，永久保存的现代管理系统中，这实属当代解决这一难题的有效办法。近几年来，我国政府非常重视抢救、保护、整理、研究这一工作，已整理出版了一定数量的古籍文献。以中国藏学研究中心图书馆为主，其他藏族群众聚居的省级、市级图书馆参与整理的《中国少数民族古籍总目录概要·藏文卷》现已出版。目前，高科技手段为少数民族古籍的保护和抢救提供了切实可行的技术保障。因此，为了更进一步加大保护力度，必须采用现代技术，如扫描、录像、制作缩微胶片、光盘等，快速地对少数民族古籍进行全文存储，逐步转化为数字信息。这样不仅使少数民族古籍本身可以长久保留，而且还可以提供网上服务，为更多的读者服务。

（四）建立藏文古籍文献数据库可以充分展现藏文古籍文献资源中丰富的科学文化资源

藏文古籍内容丰富、载体形式多样，真实地记载了古代藏族发展的历史，反映了藏族在历史上创造的思想文化和科学成就。利用现代化技术手段对其内容进行缩微、扫描、数码照相、数字化处理等，最终建成具有特色的数据库，展现藏文古籍文献特有的价值，使人们全面、系统了解藏族传统文化和科学技术的发展，促进我国经济文化的发展。

（五）建立藏文古籍文献数据库有利于满足研究者的网络阅读

用户需求是推动藏族古籍数字化深入发展的巨大动力。当前，随着互联网的蓬勃发展，大部分读者，特别是研究者都喜欢上网检索所需文献。据统计数据显示，截至2010年6月，我国手机网民占网民总体的60%以上，使用手机上网的网民占整体网民的11%。手机上网成为互联网最具潜力的增长点，标明移动互联网时代已经来临。事实说明，藏文古籍数字化是时代发展的需求，是广大用户的需求，因此，尽快建立藏族古籍数据库，为藏族学者提供更加便利、更加现代的网络化服务，这更加有利于激起研究者深入细致地研究藏族文化的兴志，使藏族文化世代传承。

三、系统实现与数据特点

高校图书馆藏文古籍文献数据库的特点在于加强软件中服务窗口的功能，要达到既以图书馆内部业务管理为基础，又将根本目标确定在为读者服务的层面上，能够提供直观、有说服力、方便、快捷的检索服务。这种面向读者的数据环境，不仅使专业人员能够确切知道某一检索项，而且使更多的非专业人员也能易于理解和检索。

安全、方便、实用是衡量信息管理系统的重要标志。建立藏文古籍文献数据库必须采用先进的、稳定的应用程序和软件系统，使其可以方便的处理其他类型的数据库信息并且向其他数据库提供兼容信息。

四、高校图书馆建立藏文古籍文献数据库需要注意的问题

（一）标准化问题

数字化相关标准的建设是藏文古籍文献数字化的基础，也是实现藏文古籍文献数字化资源共享的前提。因此，藏文古籍文献的数字化必须按照一定的文档格式标准进行，即在开发建设中必须遵守网络传输协议、数据化加工标准、藏文信息处理标准、数据储存标准和有关文献分类标引、著录规则等标准化原则和要求，达到与国际标准相统一、相一致，确保数字化产品的通用性和标准化，以便进行国际交流。比如：国家要制定出台和研发相应的《藏文古籍著录规则》《藏文古籍机读目录格式使用指南》《藏文古籍分类表》《藏文古籍描述元数据著录规则》等，以保证藏文古籍数字化的顺利实现。在现实中，高校图书馆在设计和建设数据库时，采用的标准不一致，从而难以实现资源共享。

（二）合作研发问题

建立藏文古籍文献数据库需要大量的资金作保障。在目前条件下，高校图书馆经费紧缺，面临一定的困难。因此，为了避免藏文古籍文献数字化资源的重复建设，各图书馆应增强彼此之间的合作和交流，包括地区之间的合作，各部门各系统之间的合作，不同的系统之间的合作等。在合作研究方面，我国在汉文古籍文献数字化方面已经做了尝试，并达到了预期目的，为高校图书馆藏文古籍文献数字化建设提供了先进经验，我们应该积极借鉴，避免走弯路。如近年来，为全面实现中文古籍文献资源共建共存，大陆与台湾，内地与香港、澳门开展了中文古籍文献的联合编目，使中文古籍文献书目数据库建设步入了合作化之旅，并已向全文数据库发展。另外，加强与国外的合作，争取更多的资金和技术上的支持，以加快藏文古籍文献数字化的步伐。

（三）检索功能问题

在建设藏文古籍文献数据库时，在程序设计时要充分考虑到一般用户、科研人员使用的角度和图书馆信息管理的角度，每条记录中要设置多个检索字段，如书名、著者、年代、版本、版面、关键词、全文和分类检索等特征。我们知道，藏文古籍文献在进行数字化转换过程中，要特别注意保护原貌，并且要与原书对应的数字图像版，便于学术研究，并且在建设中要具有强大的全文检索功能，使读者从中非常方便地检索到某个人物、某个事件在相关古籍中出现的次数及地方，为学术的计量研究提供帮助。同时，要充分采用超级链

接技术，加强数字化藏文古籍文献的知识发展功能，提高检索的智能化水平，帮助读者进行快捷检索。比如数字化的《四部丛刊》不仅提供书名、著者、全文和分类检索途径外，还提供了摘要笔记、纪元换算以及简、繁、异体汉字相关联查询功能。

（四）信息安全问题

信息安全问题随着信息技术的发展、经济社会信息化程度的加深而不断丰富，面临的新挑战和新问题也不断出现。藏文古籍文献数据库建成后，要在全社会推广使用，为广大的用户提供网上服务，在为大家带来便利的同时，也会带来一定的信息安全隐患。如果一旦出现网络"堵塞"或遭到攻击瘫痪，所有的服务都可能完全中断，从而引发安全事件。因此，在建立藏文古籍文献数据库时，必须采取切实有效的安全防范措施和手段，如加强安全性控制，防止数据丢失、错误更新和越权使用；加强完整性控制，保证数据的正确性、有效性和兼容性；加强并发控制，并在同一时间期内，允许对数据实现多路存取，又能防止用户之间的不正常交互作用；另外要采用信息加密、防火墙、访问控制、备份数据等，能够保证藏文古籍文献数据信息安全正常运行，使资源共享中不出现任何纰漏。

五、建立藏文古籍文献数据库的基本方法

藏文古籍文献形式多样，载体形式复杂，一方面可以采用拍照、摄像等方式转换成图像文件，如果本身资料就是照片、图片、地图等，则只能扫描成图片型以转换的方式变换为数码化的图形存储格式，以 BMP、JPG、TIF 等多种格式保存在光盘或海量存储器上，通过网络实现资源共享。另·方面，可同时处理为文本文件和图形文件两种形式，读者不仅可以查询文献内容，还可以通过图形文件考证文献的版本、笔迹等。以图片存储的方式作原版显示，并编制必要的检索目录，这种方式虽然占用较大的空间，但能够反映藏文古籍文献的原始风貌。

当然，建立藏文古籍文献数据库需要体现一套科学的流程，将管理者、责任者和结果有机统一，通过系统实现分工合作和数据共享。由于藏文古籍文献类型众多，要首先解决版权和标准规范的问题，所建立的藏文古籍文献数据库标准性、规范性方面必须依据数据库程序一一衔接，每个环节都非常重要。

从藏文古籍文献数据库的建立我们可以预见，我国少数民族文献数据库的建立会遇到很多问题和矛盾，只有采取科学合理的现代化的技术手段，通过现代扫描、缩微摄制等手段，将其内容数字化才能达到"藏"与"用"的有机结合。顺利实施和全面完成建立文献数据库工程，不仅仅需要馆藏单位的高度重视和积极努力，更重要的是还要得到政府的大力支持，统一规划，同力协作，研制符合文献全文数字化的解决方案，并尽快制定相应的规范化标准、细则，进而推进高校图书馆少数民族文献数据库建设顺利进行，建立起彰显时代特征、符合时代要求的文献数据库。

第六章　高校图书馆文献资源开发与共享

第一节　高校图书馆文献的开发利用

　　我国各少数民族在中华发展史上创造了灿烂的文化，形成了博大精深的文化与文献。我国的少数民族文化与少数民族文献是我们中华优秀文化的重要组成部分，它作为学研究的基础和先导，对学的研究起着非常重要的保障作用。但是，由于历史和地域等原因，对文献的整理研究、开发和利用还存在许多问题和困难，当今，如何在运用传统手段的基础上运用现代科学技术开发利用文献，是我们值得探讨的问题。

一、高校图书馆文献的馆藏情况

　　新中国成立后，党和政府十分关心少数民族的各项事业的发展，在各自治区首府、自治州及一些经济较发达的少数民族聚居地方建立了培养各类少数民族人才的高校，也相继成立了许多出版机构和研究机构，极大地丰富文化的内容和推动了文化的蓬勃发展，这给高校图书馆创造了千载难逢的机遇，为此，各高校图书馆结合自身所处的地域和人文环境，收集、整理、积累了丰富多彩的少数民族文献。此外，近几年来，有些有实力的图书馆还收藏了一些用文字出版发行的各种载体的电子文献，已形成了各具特色的馆藏优势。

　　从我国文献的出版情况看，从新中国成立至今出版数量逐年增加，表明党和政府对少数民族文化事业的关心和支持。表 6-1 反映了新中国成立以来，少数民族文字图书印刷出版的情况。

表 6-1 全国少数民族文字图书出版情况简表

年份	图书		杂志		报纸	
	（种）	（万册）	（种）	（万册）	（种）	（万份）
1952	621	661	15	169	20	2933
1965	1694	2480	36	268	36	3955
1980	1921	3427	42	575	18	7384
1986	2972	3635	126	1085	56	12561
1990	3251	3867	131	1027	79	14837
1995	3342	4791	185	1197	92	16833
1999	4591	6021	185	1009	81	10486
2002	4779	5306	202	990	92	12396
2005	5295	6755	192	466	82	10966
2008	5563	3797	192	650	82	14964
说明	数据来源 ；《2009 年中国统计年鉴》。					

我们从上表看出，我国少数民族文字文献的出版，不论从出版种类还是从出版数量来说，都不断扩大，充分表明了文化事业不断兴旺发达的事实。国家民委委属各高校图书馆对文献的收藏情况详见表 6-2。

表 6-2 国家民委委属六所高校图书馆馆藏文献情况简表

学校名称	合计	馆藏文献（万册）			电子文献
		纸质文献			
		总数	普通文献	少数民族文献	
合计	1288	809	717	82	479
中央大学	198	150	126	14	48
西北大学	250	150	140	10	100
中南大学	230	160	150	10	70
西南大学	200	150	110	40	50
北方大学	195	108	103	5	87
大连学院	215	91	89	3	124
说明	资料来源：各学校图书馆馆情介绍。				

从上表可以看出，国家民委委属各高校图书馆馆藏的文献中，相比之下普通文献占大部分，文献的馆藏量还是比较少。

高校图书馆文献利用现状及存在的问题众所周知，图书馆无论收藏多少文献，最终目的是为了更好地将馆藏文献经过整理、加工成信息之后提供给读者，只有这样才能体现文献的使用价值。这里，我们首先应当充分肯定，各个高校图书馆收藏的文献，一度为学校的学科建设、科学研究、人才培养，进一步挖掘文化、促进和谐校园建设、促进团结、维护祖国统一等方面发挥了不可取代的作用。其次，我们也要看到高校图书馆由于各种原因，馆藏文献利用率不高，有的文献没有充分发挥其应有的作用。据有关资料显示，部分高校图书馆馆藏文献的借阅率都比较低，出现这样的情况，原因主要有以下几个方面。

第一，对文献的开发利用重视不够。有的主管领导对文献开发利用的必要性认识不够，缺乏一定的开拓、创新精神，没有形成一个系统的、完整的关于开发文献的具体方案，造成大量文献得不到有效开发利用，使有价值的文献"沉睡"书库，造成资源浪费。

第二，有的对文献采取"重藏轻用"的方式，至今部分高校图书馆仍在沿袭旧的管理模式——"重藏轻用"，往往在采购方面大都遵循着"注重专业，照顾全面，保证重点"的原则，全面侧重收藏文献。而在管理与借阅方面，对馆藏文献进行严格管理，并对一些有价值的绝本文献还规定了读者前来查阅的时间、读者级别等，这种做法虽然保护了文献，但大大降低了文献的利用率。

第三，文献开发利用手段落后。近几年来，许多有条件的高校图书馆将计算机应用于图书馆工作的各个环节，自建和外购了各种类型的数据库，基本上实现了检索、查询、查新等在线服务。但由于文献的特殊性，有关少数民族语言文字操作系统开发难度大，虽然已开发研制出了几种操作系统（如激光彝文—汉字编辑排版系统、TCES藏文信息处理系统等），但这些少数民族语言文字操作系统还没有得到广泛的推广应运，为此，许多图书馆对文献的收集、整理、加工、借阅等仍采用手工操作，这也阻碍了对文献开发利用的效率。

第四，开发文献的人员非常紧缺 开发利用文献，不仅仅是只给读者提供文献资料而已，更重要的是要采用现代化手段对文献进行研究、整理，把静态的馆藏文献变成情报、信息源，增加揭示文献的深度与广度，生成二次、二次文献，可供读者随时查阅。根据目前现状，对文献开发利用还远远达不到社会发展的需求程度。这充分说明，高校图书馆缺乏既懂图书馆专业知识，又懂计算机管理和精通少数民族语言文字的人才，因而，这项工作很难搞好。

二、进一步开发利用高校图书馆馆藏文献的思路

建立一个统筹全局的网络协调中心，加强网络化建设。据有关资料显示，全国、研究院所图书馆有600多家，各语言文字文献总量达10余万种，上亿册，并且每年还有大量的文献出版发行（包括电子文献），而大量的文献大都被高校图书馆所收藏。因此，在这种情况下，建立一个统筹全局的网络协调中心，进一步加强网络化建设是非常必要的。该中心应统一规定、负责全国系统图书馆的文献资源共建共享的目标、原则、方案的制订、实施及负责具体的组织工作，协调各图书馆的业务工作，尤其是协调做好网络化建设问题，

为全国高校图书馆之间建立"区域性图书情报协作网"而努力奋斗,为实现的馆际互借、联机编目、联机检索等给予强有力的支持和帮助。此外,利用现代通信设备和现代网络系统,监督和指导各高校图书馆利用互联网和校园网,实现真正意义上的资源共享。

三、增加经费投入,优化馆藏结构

要从根本上改变高校图书馆文献利用率低的现状,就必须多方筹措资金,增加购书经费,在原有文献的基础上,围绕学校的专业结构、学科建设、人才培养、科学研究等,不断地采购最新的、最符合学校实际需求的、最富特色的各种文献(包括纸质文献和电子文献),在很大程度上充实馆藏文献量,优化藏书结构,为进一步开发利用文献打好坚实的基础[6]。

四、加强文献信息数据库的建设

我国少数民族文献虽然很丰富,但数据库建设比较落后,至今还没有一个比较完整、系统和实用的数据库。因此,高校图书馆尽快建立文献数据库也是开发利用文献的一个重要措施。一方面要注重馆藏文献书目数据库建设,对本馆收藏的文献信息以数字化方式进行转换、组织与揭示并提供上网,在本馆的主页上提供给用户使用,从而使高校图书馆的馆藏文献信息资源得以共享。当今,大部分图书馆已基本完成了这一工作,但还需完善。另一方面特别要注重特色数据库的建设(特色数据库的建设内容包括特藏数据库、专题数据库、全文数据库等)。各高校图书馆要有计划、有步骤地把馆藏文献资源中有独具特色的文献信息转化为数字化的可检索的特色数据库并通过上网提供给用户。这项工作有的图书馆已经有了起步。如内蒙古大学图书馆根据学校学科特色,先后建立了蒙古学者资料数据库、《甘珠尔》光盘数据库、中国蒙古文古籍总目等富有特色的数据库。西北大学图书馆根据学校的学科特色和专业实际,也建立了文献专题篇名数据库,内容涉及经济、文化、宗教等二十几个专题。今后,每个高校图书馆都应当积极建立特色数据库,为读者提供多层面的服务途径。

五、下载网上信息,充实自己的特色数据库

当前,我国政府为了不断弘扬文化,利用现代科技手段还建立了学数据网。如中国网、中国56个网、中国少数民族网、中华网等等。这些具有特色的数据网为高校图书馆从网上下载文献信息提供了方便。高校图书馆可根据本馆实际,有计划、有针对性地从网上下载一些对教学、科研具有参考价值的有关研究方面的网络文献资源,使之成为本馆特色数据库的重要组成部分。如从互联网上下载有关藏学、宗教学、中国少数民族文学、史志等方面的网络信息,并将这些信息资源重组成全文数据库群,内容涉及多个学科和专业,为教学与科研提供高质量的文献信息服务,从而提高文献的利用率。当然,从网上下载相关文献,事先必须符合该网站的下载规定,维护该网站的正当权益,妥善解决好网上文献的版权问题。

六、合理配备人才是提高文献利用率的关键

斯大林曾讲过；"人才，是世界上所有宝贵资料中最有决定意义的资本；人才，是成就大业最根本的因素。"这说明人是社会生产力发展的第一动力。当今时代，图书情报工作逐步向现代化、数字化、网络化方向发展。在这样的态势下，图书馆各项工作对人的专业技能的要求越来越高。而高校图书馆为全面、细致地开发利用文献对人的要求更高。因此，为了适应社会的发展，高校图书馆要通过多种形式，提高现有人员的综合素质，合理配备人才，组建一支综合素质较高的业务人才队伍，努力做到人尽其才，各尽所能，让他们为开发文献发挥整体作用。

第二节　高校图书馆地方文献的开发利用

我国一般都处于边远山区，其社会发展具有鲜明的特色。虽然自然条件差，信息闭塞，但地广人稀，具有长足发展经济的巨大潜力。为了从根本上消除贫穷、落后的局面，国家对的发展实行了各方面的扶持性政策，这为高校图书馆充分开发利用馆藏文献，尤其是馆藏地方文献提供了机遇。

一、地方文献的内涵、类型及特点

（一）地方文献的内涵

地方文献是指记载地方情况或具有地方特点的文献，包括地方志、地方史料、地方人士著作与地方出版物等等，所含地方情报信息非常丰富，是了解和研究地方状况及地方人物的重要资料。它是一个地区政治、经济、文化和社会事业发展以及风俗、民情、自然资源的综合反映。

（二）地方文献的类型

地方文献按载体形式分有印刷型、电子出版物和其他类型。印刷型包括图书类、报刊类、工具书类。如《西域图志》《全国方志报刊辑要》《甘肃文献书目》等。电子出版物和其他类的有音像资料，如《江苏名镇》；数据库，如《甘肃乡镇企业数据库》；图谱类，如《陕西地图》等。地方文献的特点主要有区域性、原始性、广泛性和特殊性四个方面。地方文献详细记述了一定行政区域的社会情况和自然风貌、历史资料与现实材料、物质生产和精神生活等方面的真实情况，尤其是地方志是一个地方的"百科全书"，其内容全面、细致地反映了本地区的真实情况，具有浓烈的乡土文化气息和地域特性。

原始性。地方文献中有一部分是孤本（如宗谱、账本、手稿本、手抄本、墨迹等），具有"文物"性质，如清康熙刻本《静宁州志》，具有非常重要的文献价值和历史信息。近几年来，

许多研究者始终坚持在挖掘整理的基础上，保持严谨的学术严肃性，也整理出版了一些西北地方文献，如《中国西藏及甘青川滇藏区方志汇编》《日喀则志稿》《阿里补志》等，这些文献都是经过专家的考证、整理、增订，以影印的方式形成新的版本，避免了原始资料的散失，严格地再现了历史文献的原始面貌，保证了文献的真实性和可靠性。

广泛性。地方文献种类繁多，内容包罗万象，有古代的、近代的、现代的；有地方志、地方史料、地方大事记、地方族谱、地方地图、地方史论、地方资料汇编、地方印章、地方表格、地方奏礼、地方年鉴等等，充分体现了多样性和广泛性的特点。

特殊性。地方文献不同于其他文献，它具有特殊的一面。一般情况下，图书馆在采购一般文献时，有比较固定的出版机构和发行机构的书目可以进行参考订购，而地方文献许多是非正式出版物，绝大部分分散在某些单位和个人手中，是比较难以收集的。另一方面，地方文献除了一部分是以图书、报刊形式出版外，有些是散页的、单张的，这就是它独特的一面。

二、高校图书馆地方文献开发利用的重要性和作用

我们知道，我国幅员辽阔、成分复杂，且处在国防前哨，在我国社会主义建设的全面发展中有着举足轻重的地位。新中国成立后，特别是改革开放以来，发生了翻天覆地的变化。但由于经济落后，生态环境恶劣，交通不便，这里的经济、文化等与东南沿海相比，还是相对贫穷、落后。如何消除存在的差距，加大改革力度，推进的经济腾飞，这不仅是各族人民关切的大事，也是全党和全国人民共同关切的大事。因此，高校图书馆也肩负着义不容辞的责任。在这样的大好形势下，高校图书馆将馆藏地方文献进行开发利用，对我们今天探索与总结历史经验，认识地情，继往开来，建设地方的物质文明和精神文明，促进经济社会的全面发展有着重要意义和作用。其作用主要有以下几点。

（一）为编修方志，为决策部门制定远景目标提供可靠的文献资料

地方文献能够为本地区编修方志、各系统、机关团体编写部门史、专业史能提供第一手资料。如文化系统编写《文化志》、林业系统编写《林业志》等。为决策部门制定远景目标，提供一定的参考资料。

（二）为科研人员研究问题提供资料

我国是一个多的国家，许多学者在从事学研究。在研究经济、文化、宗教、习俗等过程中要查阅大量的文献和地方文献，这将会产生巨大的社会效益和经济效益。

（三）为企业部门提供资料

自改革开放以来，党和政府十分重视的经济建设，并在政策上给予了极大支持，经济实力快速提升，企业蓬勃兴起。为了使经济走向市场、走向世界，企业家要进行大量的市场调研，要全面、细致地掌握和了解经济发展的巨大潜力，充分挖掘的资源优势，从而推动经济的可持续发展。地方文献对他们的产品生产和销售能够起决定性的作用。

（四）为维护团结发挥积极作用

我国各少数民族群众有着各自的宗教信仰、生活习俗和历史文化。千百年来，各之间通婚互市，相互间有密切的交往。地方文献从古至今记载这一事实。开发地方文献，进一步研究和探讨各关系的历史与现状，将有利于增强间的文化交流、促进间的相互理解、解决问题及冲突、维护团结、稳定祖国边疆。

三、高校图书馆地方文献开发利用现状

高校图书馆是具有特色和地方特色的文化信息中心，馆藏文献中，文献和地方文献占一定数量。但是，由于各方面的因素，利用率相当低。以西北大学图书馆为例：多年来，其藏书建设始终遵循着"注重专业，照顾全面，保证重点"的采购原则，全面侧重收藏少数民族民族文献和西北地方文献，现馆藏文献包括藏文、蒙古文、维吾尔文、哈萨克文等，还有西北地方文献1万余册，还收藏了陕甘宁地区自秦汉至民国时期的金石碑铭拓片1900余张。鉴于这些特点，西北大学图书馆的藏学、学、宗教学、中国少数民族语言文学、西北地方史志等五门学科被确定为研究级学科，这五门学科也被甘肃省确定为重点收藏单位。但是，长期以来，形成的"重藏轻用"的思想比较严重，许多史料价值高的西北地方文献几乎变成了"死书"。这种情况在高校图书馆普遍存在，原因主要有以下几种。第一，对全面收集西北地方文献重视不够。西北地方文献形成和发展的历程非常悠久，收藏的范围广，包括甘肃、陕西、青海、宁夏、新疆五省（区）以及与西北五省（区）边界地区有关的书刊资料。收藏的内容也比较丰富，有关西北五省（区）的历史、地理、文化、经济等方面的资料、政府出版物、册籍、碑志、拓片、声像资料等。由于地方文献内容广泛、种类繁杂，分布范围广且比较分散，给收藏者带来了许多不便。因此，高校图书馆忽视了这一问题，造成地方文献利用率和收藏率下降。第二，地方文献的目录体系不完善。高校图书馆虽然收藏了一定数量的地方文献，但是，对地方文献未做深层次的整理、研究，因而目录体系不完善，有些图书馆连起码的卡片目录都没有，使地方文献资源未能更好地发挥作用。第三，对地方文献的宣传报道重视不够。高校图书馆仍然采取封闭式管理，对馆藏的地方文献进行严加"管理"，甚至限制读者进入查阅，使馆藏比较丰富的地方文献几乎无人问津，在一定程度上造成了文献资源的浪费。

四、高校图书馆地方文献开发利用的途径

图书馆对地方文献的收集、积累、保存与开发利用是建立具有地方特色的文献资源体系的基础，又是为本地区各项事业提供文献信息服务的保障。因此，高校图书馆要从实际出发，进行统一规划和调整，将文献的收藏重点放在所在地的文献和地方文献上，突出馆藏特色，并进行合理的开发利用，使特色文献为促进本地政治、经济、文化等发展发挥积极作用。

（一）建立健全地方文献目录体系

随着经济社会的全面发展，国内外有关问题的研究越来越受到人们的关注。在研究问题的过程中必将涉及的方方面面。关键还要从研究地方文献入手。这就要求高校图书馆为了提高馆藏地方文献的馆藏质量和广泛的利用率，要把二次文献和三次文献的开发作为地方文献工作的一项重要任务来抓，有意识、有目的地组织有专业特长的人员广览群书、选择专题、摘录资料、汇编成册，采取多种形式为之服务。首先要编制能够全面揭示地方文献状况的各种类型的书目索引、专题索引、联合书目、机读目录等，如编制《西北地区经济建设资料书目索引》《黄河书目索引》《西北宗教史料文摘》(可按省、区分编)、《甘肃地区物产资源资料汇编》(可按地区分编)、《丝绸之路文献叙录》,《西北稀见方志》《西北地方文献报刊索引》《西北研究通讯》等。研究、提炼、归纳已有的馆藏各类文献中的地方文献信息，使之方便有序的为研究者提供比较完整的地方目录体系。

（二）利用缩微技术保护与开发地方文献

就图书馆而言，对文献资料实行"重藏轻用"就会忽略它的服务职能，而频繁借阅又势必会对文献资料造成一定程度的损坏，尤其是地方文献，由于保存年代久远、纸张脆、字迹模糊，最容易受到损坏。因此，高校图书馆为了更好地解决矛盾。首先，要充分利用现代化设备对其进行保护和开发。经过实践证明，缩微技术最适合，因为缩微技术有这样几个特点；是技术含量高、稳定，有完善的标准规范，使用空间广；二是数据保存寿命长；三是体积小、容量大；四是存储的数据安全可靠；五是缩微品和原件具有同等的法律效力^高校图书馆可根据本馆的馆藏特色，先对收藏的地方文献，按种类和范围，对其进行缩微复制，后整理、加工成保持原貌的复制品保存起来，这样既保护了珍贵的地方文献，又解决了后顾之忧，还能更好地为读者服务。其次，利用缩微品资源，根据读者的不同需求，选准开发目标，编制文献缩微品机读目录，并把缩微品通过缩微胶片数字扫描系统开发成书目数据库、专题数据库、报刊索引数据库、文摘数据库、全文数据库、照片数据库、拓片数据库等等，以便向用户提供多样化的服务，并通过校园网设置网页，在网上实现资源共孕。

（三）广泛征集地方文献，全面补充馆藏

地方文献分布广，种类繁杂，内容丰富，给征集单位带来了一定的困难。高校图书馆要克服重重阻力，通过各种途径，如刊登征订启事、通过网上下载和兄弟院校制订采购规划、派专人到全国各的新闻出版部门搜集内部报刊目录、信函征订等。另外，与各文献编纂机构建立关系，掌握文献出版信息，积极参加省内外有关问题研究的学会、协会，如"中国敦煌吐鲁番学会""丝绸之路研究会""省地方志学会"等，及时掌握学术研究动态，搜集会议专集、论文汇编等。对那些零散的、过时的文献资料，亲自登门访求。向社会各界人士宣传地方文献工作的重要性，通过政府行为建立地方文献呈缴制，保证文献资源的系统收藏，从而保证地方文献资料的完整性和馆藏特色。

（四）大力宣传报道馆藏的地方文献，提高利用率

大力开展社会宣传是搞好地方文献工作的基础。高校图书馆要通过各种形式宣传和报道馆藏地方文献，诸如加强与新闻媒体的合作，通过声、光、电等途径，宣传到千家万户，让社会各界充分认识到地方文献在弘扬传统文化、促进精神文明建设和物质文明建设中的重要意义和作用，使地方文献为社会服务，为的经济建设服务。

（五）培养开发利用地方文献工作的专门人才，走与科研人员共同整理开发的路子

培养一批既有实践经验又有科研理论水平的较高综合素质的专门人才，是搞好地方文献的基本保障。鉴于这种情况，高校图书馆必须走与科研人员共同整理开发的路子，这是因为，科研人员参与地方文献的整理和开发，可以提高他们的现代信息意识和检索能力，又能深化专业研究，提高研究水平。文献整理人员通过参与可以掌握科研信息和学术动态，了解科研人员对文献信息的需求，能提高处理文献信息能力和提供信息服务水平，这样通过相互交流、学习，能够取得良好的社会效益和经济效益。

总之，随着我国图书馆现代化事业的蓬勃发展，地方文献工作的现代化已是历史发展的必然趋势。我们相信，高校图书馆的地方文献在社会发展的历程中将会发挥非常重要的作用。

第三节　高校图书馆外文期刊的开发利用

近几年来，随着我国改革开放的不断深入和科技事业的迅速发展，也随着我国对外交流的进一步深化，我国的经济必将不断纳入全球一体化的发展轨道。在这种新形势下，外文期刊在科技、文化、经济、教育等方面的重要作用和地位越来越受到人们的关注。据有关统计资料表明，我国科研人员特别注重追踪和研究世界科技发展的前沿，重视获取外国的最新科技情报信息，在他们的许多科研成果和著述中，外文期刊的引文数占总引文数的比率高达 70% 以上。这充分显示，外文期刊的信息含量大，内容新已成为科技人员利用的重要信息情报源。然而长期以来，由于高校办学模式、学科建设和专业设置具有特点，因此，对外文期刊的收藏比较欠缺，利用率相对低。为了适应新时期社会发展的需求，最大限度地发挥高校图书馆外文期刊在教学科研中的作用，努力为教学科研和经济建设服务，这是高校图书馆探讨的新问题。

一、高校图书馆外文期刊开发利用的现状

我国加入 WTO 后，外文期刊的影印版大幅度下降，订购外文原版期刊是必须遵循的一条法规 t 因为外文原版期刊价格非常昂贵，如《化学文摘》（英文原版），全年定价 3000

元人民币,比影印版的价格高出 30 倍。在这样的情况下,高校图书馆馆藏外文期刊的种类和数量受到影响。以西北大学图书馆为例,仅 2010 年征订中文期刊 1760 余种,少数民族文字期刊 73 余种,而外文原版期刊在 2000 年之前只订了 10 余种,后来由于经费所限,停止了外文期刊的订购,2005 年起增订了 25 种外文原版期刊。但是,其利用率非常低,仅为 10%,其他 90% 的外文原版期刊处于无人问津状态。导致这种现象出现的原因大致有以下几种。

第一,语言障碍。众所周知,高校图书馆的读者大部分来自偏远的少数民族,外语水平普遍较低,查阅外文期刊的能力和意识比较淡薄。其次,学生平时只注重基础外语的学习,将大部分时间和精力用在外语的等级考试上,不注重了解国外的相关知识,仅满足于了解和掌握国内发展的动态,对利用外文期刊不感兴趣。

第二,组织管理不完善,服务方式落后。高校图书馆由于客观条件所限,对文献资源实行自动化管理较晚,对馆藏外文期刊仍然采用传统的手工操作,服务工作滞后,检索工具不齐全,对教学科研发挥不了作用,使有用的信息失去价值。

第三,管理人员的外语水平差,高校图书馆外文期刊管理人员的外语水平比较差,有的只认识几个英语字母,有的只能阅读简单的英语文章,他们只能承担简单的借阅工作,对外文期刊的内容了解不深,无法更深入地开展工作。

二、高校图书馆外文期刊开发利用价值

信息时代,随着经济的全球化、文化的多元化和服务的网络化,国际间的学术交流日趋频繁,学习和掌握国外的先进教育技术和管理模式,以此来促进教育事业的快速发展,这是高校所企盼的。高校图书馆首先要充分认识到开发利用外文期刊的重要性,改变服务理念,对馆藏外文期刊进行深入、细致地整理、研究、排序,把有价值的国外信息提供给读者,这对于进一步提高本校的教学科研水平具有十分重要的作用。其作用有以下几点:

(一) 为本校学生了解和学习国外相关知识

提供资料高校图书馆是学校的信息中心,除了拥有丰富的中文文献外,而且还拥有一定数量的外文文献。尤其是外文期刊中有许多值得学生学习的新理论、新知识、新技术。学生从中能够借鉴和吸收国外的先进技术和先进方法,获取在课堂上无法得到的知识。如我校有一位研究生,他的毕业论文题目是《试谈佛教在中国的传播》,他通过查阅我馆收藏的外文原版期刊《佛教文化》后,为他的论文注入了新的内容,也提高了论文水平 s 因此,读者利用外文期刊中的信息,有助于他们开阔眼界、增长见识、扩大知识面,还能提高其外语水平和工作能力。

(二) 为教学科研人员提供资料

当今世界,科技在社会生产力发展过程中起着主导性和决定性的作用。近几年来,高校积极贯彻党中央关于科学技术是第一生产力,科学技术必须面向国民经济建设,经济建

设必须依靠科学技术的方针，为适应国内外高科技发展趋势和市场需求以及经济建设发展的需要，努力调整基础研究、应用研究与开发研究的比例，在科学研究方面取得了显著成绩。中央大学物理学院光电技术研究所研制开发的大屏幕"LED 光电显示牌"；西北大学信息研究院研制开发的"藏文信息处理系统"等，在市场竞争中赢得了一席之地。这充分说明，高校的科学研究实力越来越强大。为了从根本上提高我国的科技水平和科研人员的研究水平，达到与世界先进国家同步，就必须研究和掌握国外在这领域方面的最新动态和模式。高校图书馆围绕学校的教学和科研，及时掌握学校的科研内容、方向以及科研动态等，把外文期刊中的科技信息进行研究、整理、加工后及时提供给他们，使他们把有限的时间和精力投入到研究工作中。这些难得的国外科技信息，能够提高他们的科研水平，能够促进学科建设和学术人才的成长，使他们的科研成果才。能尽快转化为生产力，为学校创造一定的社会效益和经济效益。

（三）为经济建设提供信息服务

改革开放以来，的经济得到飞速发展，农村经济由当初的封闭型逐步向开放型转变。但是，由于对现代化的文化信息、科技信息获取与利用的渠道不畅，对信息的重要性认识不够。例如，一些厂矿企业长期缺少与外界的联系和合作，缺少对人才和技术的吸引能力，造成企业生产技术落后、产品质量差、生产效率低，生产力的发展受到严重制约，因此，的经济与东南沿海相比，还存在一定差距。现阶段缩小中西部差距，振兴经济的任务十分艰巨，高校图书馆也有义不容辞的责任。应在为教学、科研服务的同时，结合经济、文化的发展特点、针对经济发展的重点、热点、难点问题，充分开发外文期刊中有关促进经济发展的各类新信息、先进经验和先进技术，诸如农产品的深加工、科学养殖、土特产品的生产和改良、矿产品的开发利用、各种手工艺品的生产和推销等，帮助他们脱贫致富。这有利于经济的发展，有助于产品打入国际市场，加强与国外同行间的竞争。

（四）促进国际学术交流

我国加入 WTO 后与国外的友好交往和学术交流、学术研究、学术活动日益加深，为中外学者提供了互相学习、互相交流的平台。外文期刊为大家了解世界、认识世界、研究世界加起了一座桥梁，大家通过这种途径获得许多新信息。如 2005 年 6 月《读者》杂志总编彭长城应邀参加了在美国举行的世界期刊大会，回国后他深有感触地畅言，期刊业同行的竞争非常激烈，现在世界的名牌期刊已经进入中国，国际期刊本身有先进的制作技术，这是他们面临的挑战，也是学习的好机会。通过这次学术交流，他对办刊作了调整。认为作为本土化的期刊首要先守护好自己的阵地，把自己期刊的特色、内容，包

括汉语文化的特点办出来，这样才能立足国内，走向世界。从这个角度讲，高校图书馆开发外文期刊信息将有利于促进国内外学术成果的交流，加深国际间的交往，有利于东西文化的传播。

三、高校图书馆外文期刊开发利用的原则

我们从总结以往开展工作实践经验出发，高校图书馆外文期刊开发利用应遵循以下原则。

（一）遵循建立专题数据库原则

随着高科技的发展，文献资源数字化和信息服务网络化已成为信息服务的发展趋势。外文期刊开发一定要借助计算机、多媒体等现代化的先进技术，首先要建立馆藏外文期刊专题数据库，为读者提供现代化的信息网络服务打下一定的基础。

（二）遵循实现文献资源共享原则

外文原版期刊价格非凡，仅靠一个单位是无法收集齐全的。需要高校图书馆与其他高校图书馆共同协商，应根据各馆特色和优势，开展馆际协作，互通有无，共同努力，打破地域、系统和行业的界限，确定方案，制订采购计划，利用现代化技术将外文期刊进行合理的数字化处理，通过相关协议，在局域网上提供服务，实现资源的共建共享。

（三）遵循制定标准方案原则

高校图书馆在外文期刊的开发过程中，一定要采用国家标准建立规范、统一的数据库，使本馆的外文期刊数据库，能在广泛的网络环境和复杂的技术条件下为所有的读者服务。

四、高校图书馆外文期刊开发利用的思路

（一）加强采购工作，补充馆藏资源

高校图书馆在订购外文期刊时，应深入教学科研第一线广泛征求广大师生的建议，并根据少数民族读者利用外刊的客观记录，分析研究他们利用外刊的规律和兴趣，从而有针对性地订购外刊，如西北大学图书馆，2005 年把订购外文原版期刊的书目提供给各学院，要求各学院的教学和科研人员圈标所需要的外文期刊，然后图书馆根据其学科建设、专业设置，订购了《佛教文化》（日文版）、《伊斯兰教》（英文版）、《文化》（英文版）等针对性较强的期刊，使外文期刊的内容不断丰富、种类不断增加。同时要保证所订外刊具有的超前性，避免盲目性和片面性。

（二）多渠道、多方位筹措资金

首先争取专项资金。我国加入 WTO 后外文期刊的订购价格大幅上涨。因此，高校图书馆一方面要向国家争取一些开发外文期刊的专项资金；另一方面要争取国内外企业、个人的捐助。在这方面可借鉴其他高校图书馆的成功经验。如北京大学图书馆利用争取到的外资建造了新馆；上海大学图书馆争取到了香港人士唐翔千先生的捐款 600 万港币建造了联合图书馆等。高校图书馆也应积极争取这方面的资金，用来增加订购外文期刊的经费。其次，争取外刊捐赠。高校图书馆加强与国外同行的联络，通过馆际联姻，互通有无、互

赠书刊，进行多方面的交流和合作，争取外刊资源。在这方面，我们也应该向这些兄弟院校图书馆学习。如吉首大学图书馆、四川大学图书馆等已经多次获得美国亚洲基金会和"亚洲之桥"的大批量的外文书刊的捐赠。以上措施，既弥补了馆藏量又缓解了订购外刊资金，是值得借鉴的。

（三）加强电子出版物建设，优化馆藏结构

随着网络技术和信息技术的发展，外文期刊的出版向着电子化、网络化趋势发展，而且网络电子期刊具有传递速度快、形式多种多样、内容丰富、查询功能完备、节省读者时间等优点深受大家的青睐。因此，高校图书馆在外文期刊的收集方面，要正确处理好传统纸质文献和电子文献的合理配置，想尽办法购置对教学科研有价值的联机数据库和光盘数据库，如购买《外文原版期刊全文数据库》《外文期刊目次数据库》等，从而优化馆藏外刊结构，为深入有效地开展外文期刊服务提供条件。

（四）加强管理，对外文期刊实行全面开架服务

开架借阅是现代图书馆科学管理的一项重要措施P目前，高校图书馆在外刊订购十分有限的情况下，对馆藏外刊实行闭架服务，这种现象严重阻碍了外刊利用率的提高。因此，高校图书馆应根据现状，建立完善而有序的馆藏外刊目录体系，为读者提供多样化的检索途径，如定期为读者编译《外刊索引》《外刊题录》《外文新刊摘要》等，并为读者介绍世界上的主要检索工具，如英国的《科学文摘》、美国的《化学文摘》《生物学文摘》《医学索引》等，引导读者正确利用外刊资源。

（五）提高工作人员的外语水平

英国图书馆学家哈里森说；"即使是世界一流的图书馆，如果没有能够充分挖掘馆藏优势效率和训练有素的工作人员，也难以提供广泛有效的读者服务。"由此可见，人才是深化外刊服务的关键，因此，高校图书馆应当有计划、有步骤的组织有关人员通过培训、进修等方式，加强管理人员的外语学习，提高他们的外语阅读能力和编译能力，并且还要加强计算机知识、网络知识的学习，不断提高他们的综合素质，只有具备了一定的专业知识和业务技能，才能适应社会发展的需要，才能将外文期刊中有价值的信息开发出来，才能为读者提供个性化的服务，才能为读者扮演好"导航员"和"信息专家"的角色。

总之，高校图书馆外文期刊开发利用是一项长期而复杂的工作，一定要投入大量的人力、物力和财力，才能使丰富的外文期刊资料为教学、科研服务。

第四节　高校图书馆少数民族文献资源共建与共享

自 20 世纪 90 年代以来，微电子技术、通信技术和自动化技术得到巨大发展，从此，

人类社会踏上了通向信息技术的"高速公路"。在网络环境下，图书馆已经不再局限于"物理"的独立的个体，而是向着虚拟的网络化的方向发展。这样的大环境给院校图书馆少数民族文献资源共建共享同样带来了新的机遇。

一、高校图书馆少数民族文献资源共建共享所面临的机遇

在当代，首先互联网已经成为人们生活、工作、学习不可或缺的工具，这对社会生活的方方面面产生了深刻影响。据工业和信息化部 2010 年 4 月 22 日发布的数据显示，当年第一季度，我国互联网网民新增 2000 万人，网民总数达到 4.04 亿人。截至 2010 年 3 月底，中国社交网站的用户群达到了 1.91 亿人。另据报道，目前全世界有网页 30 亿个，联机数据库超过 1 万种，已有 190 个国家和地区的 4000 多万台主机实现了互联，网上用户有 4.5 亿。这为少数民族文献资源共建共享创造了得天独厚的条件。其次，电子出版物发展迅速。随着现代化技术的快速发展，以 CD—ROM 光盘为载体的电子出版物大量问世。电子文献的诞生，打破了传统纸质文献一统天下的格局。据有关资料报道，我国电子出版物的研制发行机构已多达 100 多家，内容涵盖了政治、经济、文化、教育、法律、医药、天文历算，从业人员约 5000 多人。目前，各种类型的图书馆都收藏了大量的电子出版物，使馆藏文献的布局、结构更加合理、优化和科学，为少数民族文献资源共建共享打下了坚实的物质基础。数字图书馆作为网络时代的新生事物，现已成为评价一个国家信息基础设施建设水平的重要标志。因此，近几年来，国内外在数字图书馆建设方面取得了显著成绩。据统计：美国已投入 8 亿美元进行数字图书馆建设；俄罗斯早在 1999—2004 年间，每年出资 2 亿卢布进行数字图书馆建设；日本也投入 15 亿日元用于数字图书馆建设。大量的实践证明，数字图书馆的兴起，为少数民族文献资源共建共享搭建了技术平台，20 世纪 80 年代是中文信息技术处理取得长足进步的重要发展阶段。在文字输入、文字编辑、印刷、排版、情报检索、机读翻译等方面得到了突破性的进展。这为我国少数民族文字信息处理系统的研制提供了先决条件。与此同时，在党和政府的大力支持下，我国将少数民族文字信息处理系统的研制工作也被提上了议事日程。为方便用户上网查询资料，以便更广、快、精、准地获取少数民族文献信息，于是一些专家、科研人员借鉴有关中文信息处理系统研制的成功经验，经过多年的研究，攻破一个个技术方面的难关，最终研制成功了一些少数民族文字信息处理系统。如西北大学就计算机藏文系统，经过藏学和计算机专家学者十多年的开发研制，20 世纪 90 年代由兰海电子公司成功地推出了"兰海 WPS 藏文桌面印刷系统"，此系统容量大，内存占用少，十分实用，藏汉英全兼容，保持了汉卡的全部功能，它可用于办公室自动化管理、教学研究、企事业的自动控制与管理，其计算机处理的各项技术指标均达到国内外先进水平。另外，具有代表性的少数民族文字信息处理系统主要还有蒙古文和维吾尔文信息处理软件，蒙文信息处理系统，藏汉双语信息处理系统，藏文视窗平台、字处理软件和藏文网站，维吾尔文、哈萨克文、柯尔克孜族、汉文、英文 5 种文字计算机处理系统等。这些少数民族文字信息处理软件，不仅为高校的教学与科研、各文化的建设与发展提供了信息保障，也为少数民族文献的深层次开发和少数民族文献资源的共建共享

提供了技术保障。

二、高校图书馆少数民族文献资源建设现状

　　文献资源建设是指根据图书情报单位的服务模式与服务对象及整个社会对文献的需求，收藏机构通过全面、系统地规划、选择、搜集、整理、加工、组织文献并进行科学管理文献资源，从而建立起具有特定功能的藏书体系的一个动态过程，是任何 y 个图书馆开展各项工作的重要物质基础。我国的高校基本上是属于文理兼顾的综合性大学。图书馆根据本校的学科建设、专业设置、研究方向、服务对象、地域特征等情况，收藏了数量可观的少数民族文献。这些各具特色的文献信息资源，是图书馆提供特色化服务并实现资源共建共享的基础和前提。多年来，各高校图书馆着眼长远，科学规划，重点突破，在办馆特色方面，基本形成了具有一定规模、结构合理、内容丰富、特色鲜明的藏书体系。但是，由于各种因素所制约，其资源建设的基础性工作比较薄弱，发展缓慢，少数民族文献的馆藏量所占比例较小。

　　近年来，各高校图书馆在文献建设方面做了很多工作，但从总体上看与汉文文献相比仍然表现出馆藏数量仍然不足和内容单一。高校图书馆虽然在特色文献、地方文献，重点学科文献的收藏上较其他高校图书占优势，但图书馆的馆藏文献一般以汉文为主，约占总藏量的90%，少数民族文献仅占总藏量的约10%。这一方面是由于少数民族文献的出版量不及汉文文献的出版量，另一方面是由于高校是一所综合性大学，其学科建设、专业设置等决定了图书馆的馆藏布局。因此，大部分购书经费投入到了汉文文献方面，造成馆藏文献呈现出载体单一、内容陈旧、种类较少、结构不合理的状况。追究其原因，主要是多年来缺乏统一的协调、指导机构，从根本上没有形成少数民族文献资源共建共享的有效机制，这为少数民族文献资源的共建共享带来了许多弊端。同时，现阶段高校图书馆在传统管理模式的束缚下，仍然采取"闭馆自守""条块分割"的方式进行管理，长期以来，在馆际协作、相互交流、共同发展等方面仍然没有形成一个合理、规范、科学的共识，馆际之间的横向交流与联络仍然不够广泛，形成了少数民族文献资源建设收藏分散、重复现象严重，影响了高校图书馆少数民族文献资源整体的数量和质量。此外，个别业务人员的整体素质不够理想。要实现少数民族文献资源共建共享的目标，需要一批既懂图书馆业务又懂少数民族文字和计算机技能的复合型人才队伍。

三、高校图书馆少数民族文献资源共建共享的重要性

　　如前所述，文献是我国中华丰富文化资源的重要组成部分，是少数民族产生、演变、发展、生产、生活的真实体现，它详细而真实地记录了各从古至今的发展历程。显而易见，少数民族文献资源建设对促进经济建设、科技文化、加快现代化建设步伐等方面起到了越来越重要的作用。根据当前少数民族文献收藏情况来看，大部分收藏在高校图书馆，在收藏布局上看，已经形成了一种分散、各自为政的状况。在网络环境下，详细、全面、系统地掌握全国高校图书馆少数民族文献资源的藏书布局，对少数民族文献资源做进一步的开

发利用，实现资源共建共享，对高校的教学科研和科学发展都具有深远的历史意义和现实意义，其重要性有以下三方面。

第一，有利于提高高校图书馆文献信息的保障能力。随着信息化技术的迅速发展，文献资源建设的内涵、文献载体的类型和文献收藏渠道等正在发生新的变化，这也带动了出版行业的发展，尤其是进入当代信息化时代，学科种类越分越细，目前已达2000多种，对学科又进行组合，形成各种交叉学科，随之出现了各种载体的出版物。据统计，近几年全球每年出版的各种文献超过12亿册，仅我国以纸质为载体的文献年出版量达20余万种，特别是现代学科领域的文献每隔15年就增长1倍。另外，书刊价格也在逐年上涨，在这种环境下，任何一个国家或地区的图书馆，都不可能也没有必要将世界上出版的各种载体的文献收藏齐全。要想充分满足读者的文献信息需求，走资源共建、共知、共享的发展道路是最好的办法。

因此，高校图书馆应打破过去"闭馆自守"的局面，从根本上改变各馆存在的"大而全""小而全"的现象，从传统图书馆"条块分割、各自为政"的束缚下解放出来，努力实现开放性政策。要使处在同一地区的高校图书馆之间，可以通过区域联盟的形式，通过加强横向联系，互通有无，统一规划，共同协作，做到联合采购、编制联合目录、文献资源联合开发，合理配置，优化高校图书馆少数民族文献资源的整体布局，力求保证少数民族文献的完整性和连续性。这种举措既可避免各馆间重复收藏的弊端，又能发挥各馆独具特色的馆藏优势与文献的整体效应，为整个高等教育的发展提供少数民族文献资源的保障体系，能够提高高校图书馆少数民族文献的保障能力。

第二，有利于促进学校教学科研的可持续发展。高校办学的宗旨就是立足本地，面向全国，服务地方。要力争做到为少数民族以及经济建设和社会发展服务，具有鲜明的教育特色。因此，高校图书馆的主要任务就是要紧紧围绕学校的教学科研这一主题开展文献信息服务。各高校图书馆将馆藏少数民族文献进行系统分析、整合、组织和开发利用，通过互相交流，互为借鉴，取长补短，形成一个广泛的少数民族文献交流网络，通过这个网络平台，为本校师生提供全国高校图书馆的少数民族文献信息，为他们的教学、科研充实新的内容，提高教学质量和科学研究水平。

第三，有利于提高高校的综合实力。从一般的意义讲，实力可以分为硬实力和软实力。图书馆作为学校的文献资料中心，在校园文化建设即软实力方面发挥重要作用。

图书馆通过充分发挥馆藏文献资料的优势，建立全面、完整、系统的少数民族文献资源保障体系，提高少数民族文献的利用率，实现少数民族文献共建共享，为学校广大师生提供高质量、深层次、特色化的少数民族文献信息服务，使高校在办学特色、优化专业、教学模式、培养人才等方面有一个全面提高，扩大学校在社会上的影响力，展示学校的综合实力。

四、高校图书馆少数民族文献资源共建共享的思路

高校图书馆要尽快改变目前的被动局面，需要进行多方面的改革，而其中最重要也是

当前最迫切的任务就是加快少数民族文献资源共建共享，这是信息化发展的必然趋势，是图书馆在信息时代满足读者多元化的需求，带动高校图书馆整体水平提高的关键所在。

（一）夯实少数民族文献资源共建共享的物质基础

文献资源是图书馆开展一切工作的物质基础，如果没有一定的文献资源来做保障，资源共享就成了"无源之水，无本之木"。高校图书馆历来就是收藏少数民族文献的宝库，因此，各图书馆应根据本校重点学科和专业建设，明确收藏范围和收集重点，制订切实可行的文献资源共享计划，积极加强藏书建设，优化藏书结构，完善藏书布局，努力丰富资源共享的物质保证。根据现状，高校图书馆所藏文献也各具特色。目前，高校图书馆在现有基础上要进行馆藏布局的合理调整，在今后的发展中要注重大力加强电子文献资源建设，使少数民族文献布局进一步趋于合理化，从而建立起较为完整的、多元的、多功能的文献藏书体系，为少数民族文献资源共建共享提供物质基础。

（二）建立少数民族文献资源共建共享的组织机构

少数民族文献资源共建共享必须建立一个跨行业、跨系统的权威性的管理职能机构，在其领导和组织协调下，制定少数民族文献资源共建共享的组织原则和条例，规划共建共享总体方案、制定网络系统结构方案等，并对各自的任务、责任等作具体规定，形成互惠互利的保障体系。在该机构的领导下，在统筹协调的原则下，共同确定少数民族文献资源采集的分工合作，减少重复建设，逐步形成网络环境下合理的少数民族文献资源布局。如可以在一个区域范围内建立少数民族文献资源共建共享协调委员会，协调委员会可以由地方教育行政管理部门负责，各图书馆主要负责人为委员会的成员，委员会采取定期召开会议的方式，对少数民族文献资源共建共享过程中出现的各种问题进行指导、调节、协商等，对共建共享的运作进行统一规划、统一部署、统一实施。同时制定出操作性比较强的共享制度，要求凡参加协调和共享的各高校图书馆，要认真履行参与共建共享的义务和权利，各馆之间密切配合，合理分工，共同完成这一艰巨任务。

（三）切实加强少数民族特色文献资源的数据库建设

高校图书馆依托现代化技术，充分开发利用馆藏少数民族文献，将少数民族特色文献资源进行整理、组合、排序并转换为数字信息。这是实现全方位少数民族文献资源共建共享的最有效的方法和途径。少数民族文献数据库建设要从以下几方面做起。一是建立本馆少数民族文献书目数据库。各高校图书馆对馆藏少数民族文献采取回溯建库的方法，将书目数据按照 CNMARC 格式做成机读目录，通过网络为读者提供馆藏文献信息。这是提高信息资源共享的必备条件，也是网络化环境中，高校图书馆信息资源建设的重要起步阶段和主要内容之一，这能够极大地提高馆藏少数民族文献资源的利用率和共享程度。二是努力创造条件，建立少数民族文献资源的全文数据库。由于书目数据库存在许多弊端，特别是读者检索到书目信息后无法获取全文信息，从而降低了服务效率。高校图书馆将纸质型文献通过计算机扫描以数码形式的文件方式保存到计算机内，再通过编辑、排版、标引等深加工,使大量少数民族文献资源转化成数字化型,为读者提供便利。近几年来,在这方面,许多高校图书馆做了一定尝试,效果显著。如西北大学图书馆对馆藏藏文古籍通过计算机扫描进行了数字化转换,形成了独具特色的数字化建设,为古籍文献的共建共享打下了良好基础。三是应加强网上信息资源的搜集,补充自己的特色馆藏。随着网络化技术的迅速发展,网上信息浩如烟海,如我国的政府部门、研究机构、高校、企业和专家学者等相继建立了自己的网站,通过网络,有计划地下载对教学、科研具有参考价值的有关研究方面的网络文献信息资源,使之成为本馆特色数据库的重要组成部分,丰富馆藏资源。这里要特别强调,在建设数据库的过程中,各高校图书馆要充分利用各自的优势,有目的、有选择地开发重点项目数据库,减少盲目性和重复建设。数据库建设的标准化、规范化是实现网络资源共享的基础,一定要严格按照国家数据库的标准,统一使用标准格式。建立少数民族文献资源数据库,为中国的学研究,为科研人员提供研究信息动态、最新研究成果,为党政部门提供有关方面的信息咨询都具有重要意义。

(四) 加大经费投入, 为资源共建共享提供保证

长期以来,经费是资源共建共享的主要问题。近几年来,全国高校图书馆就少数民族文献资源进行数字化转换,实现网上共享进行了多次商讨,但最终还是因"心有余而钱不足"而搁浅。2007 年 8 月,首届全国高校藏文文献整理研讨会在西北大学召开,参加会议的有中央大学、西北大学、西南大学、西藏大学、青海学院等院校的图书馆负责同志、有关方面负责人和专家学者参加了会议。在此次会上,与会者就对藏文文献的整理、开发利用及共建共享事宜进行了认真讨论,最后在联合编目方面达成了共识。但是,至今,这项工作由于经费不足进展缓慢。因此,国家应高度重视这项工作,加大对承担国家或地区、系统文献信息资源保障中心图书馆的经费投入,保证经费支持。高校图书馆要进行资源整合,必须依托现代化设施,要通过联网才能实现资源共享的目标,这就需要一大笔资金来做保障。只要政府在人力、物力、财力方面加大投入,少数民族文献资源共建共享的前景就是广阔的。

(五) 合理配备人力资源

要实现少数民族文献资源共建共享,提高人员的综合素质是当务之急,也是共建共享的根本问题,是保证少数民族文献资源共建共享建设的关键所在。在具体实施少数民族文献资源共建共享的过程中,要求从事这项工作的人员不仅是信息资源的管理者,还是信息分析的组织者,信息提供的传播者,信息利用的导航者。人才是开展各项工作的必要条件,建设一支高素质的少数民族文献信息资源建设队伍,是整个文献资源建设的知识保障。网络环境下,文献资源建设不断被赋予新的内容、新的方式,这就对文献资源建设人员的素质提出了更高要求,使得文献信息资源共建共享的工作者无论从思想上、业务技能上、工作水平及方法上不断提高、不断充实自己。因此,为了扎扎实实做好此项工作,高校图书馆要尽快采取措施,对现有人员进行全面培训,培养一批既懂文献资源加工与管理、计算

机系统开发与维护，又懂少数民族语言文字处理系统的较高层次的技术人员。此外，在实际工作中，要提高他们的各种现代化技术技能。如网上获取信息的能力，对网上各种复杂信息的判断、筛选和鉴别能力，熟练的外语应用能力，只有这样才能适应网络环境下少数民族文献资源共建共享的需求。

　　文献信息资源的共建共享是近几年来国内外图书馆界讨论的重要课题，也是图书馆文献资源建设的必然趋势。高校图书馆为了满足读者的文献需求，必须强化特色服务。实现少数民族文献资源的共建共享是为读者提供特色化服务的有效途径之一，只要互相之间加强联系，统一规划，分工协作，联合采购编目，就一定会取得显著成绩。

第七章　高校图书馆人力资源管理创新

第一节　高校图书馆人力资源管理现状及要求

人才是搞好事业的基础，只有具备了拥有现代化技能的人，才能营造出现代化的图书馆。图书馆员工的知识、素质和能力是图书馆的重要资本和财富，高素质、蕴含潜力的员工是图书馆可持续发展的重要保证。

一、高校图书馆的人力资源管理现状

（一）人才流失

社会人力资源的正常流动具有合理性，人力资源从效益差的部门流向效益好的部门将会促进社会经济的发展。然而，我国图书馆人力资源的流动却并没有给图书馆带来活力，因为流动大多是高层次人才的流失，所形成的结果是人才缺乏。人才流失已是我国图书馆面临的一大困境。据调查，从图书馆中调出的人，最多的是直接从大学分配进来的本科生、研究生或具有高级职称的人员，他们中的很多人将图书馆作为跳板，并没有将图书馆的工作作为自己长期发展的目标。他们本来可以成为图书馆的业务骨干，但是由于图书馆不是他们的发展目标，最终还是调出了图书馆，致使图书馆每年都在录用毕业生或引进高级职称人员，但每年却又有相当数量的人员从图书馆流出，这给图书馆的人力资源管理增加了大量的培养成本。也有一些图书馆的业务骨干，本来在图书馆工作了很长时间，做出了很大贡献．但由于图书馆的待遇差，也纷纷跳槽。这种现状给图书馆造成了巨大的损失，导

致很多中小型图书馆面临后继乏人的问题。然而，继续留在图书馆的人员中，有些人文化层次不高，即使经过培训，也很难符合现代图书馆的任职上岗条件；还有一些年龄偏大者，虽有丰富的学识和工作经验，但由于多种原因，积极性和创造性得不到发挥。

人才流失给图书馆造成了很大的负面影响。由于缺乏拥有高新技术的人才，多数图书馆信息技术应用滞后，先进设备的效率发挥不足，服务水平落后，信息开发程度低，社会形象也较差。

（二）比例失调

调查显示，高校图书馆员工普遍存在比例失调的现象。主要表现在以下几方面。

1. 学历结构失调

大多数高校图书馆中具有硕士以上学历的工作人员比较少，具有大学本科及相当于本科学历的还不到二分之一，而大专以下学历的几乎达到半数。学历是人们所受教育程度的重要标志，单位工作人员的学历水平决定着单位工作人员的整体素质情况。改善图书馆人员的学历结构，是提高服务水平、迎接信息社会挑战的首要问题。

2. 职称结构失调

在高校图书馆中高级职称人才严重缺乏。因为高级职称人员有能力在其他领域获得更好的发展条件，导致这部分人才流失严重。新的高素质人员不愿意进入图书馆工作，已经进入的高素质人员安不下心来，原有高级职称人员随着年龄的增长又陆续离退休，造成图书馆的人才更加缺乏。

3. 专业结构失调

如今高校图书馆的人才队伍中存在着专业人员知识老化、知识结构单一的现象。主要表现为：一方面，图书馆专业的人员对其他相关专业知识了解不多，而其他专业的人员对图书馆的基础专业知识又了解不全；另一方面，一些人计算机的运用能力较差，外语的使用能力有限。因此，对于高校图书馆来说，合理的知识结构是一个单位综合实力的体现，是提高其管理水平、发挥其业务创新能力的必备条件。就目前高校图书馆的发展来说，如果计算机和外语人才跟不上，基本服务就会受到很大影响，更不要说面向未来了。因此，图书馆工作人员知识结构的调整，也是当前面临的重要问题。

4. 年龄结构失调

图书馆工作人员既需要年纪轻、精力充沛的，又需要年纪较大、经验丰富的。不同年龄的工作人员相互配合，才能把图书馆的工作做好。而现在大多数图书馆中，年纪大的占多数，年纪轻的占少数，后继乏人是其发展中的一大问题。

5. 性别结构失调

图书馆员工男女比例失调在各高校图书馆中早已是普遍存在的事实。多数高校图书馆中女员工所占比例超过60%，有的甚至达到90%以上。例如，笔者所在的西昌学院图书馆，全馆共有62名职工，其中女性员工就有42名，占全馆人数的60%以上。女性员工与男性员工的配备应有一个适度的比例，才能使人际关系处于最佳状态，才能进一步调动他们的工作积极性，为图书馆事业做出更大贡献。比例失调过于严重，将会造成员工情绪消沉，效率不高，人际关系紧张。缺少男性员工，图书馆的重体力劳动无人胜任，文化活动也难以正常开展。

6．缺乏高效的领导班子

主要表现在以下几个方面：①人治管理占统治地位。图书馆领导往往习惯于人治管理，缺乏科学的管理机制和有效的监督机制，容易造成官僚主义和用人上的随意性，导致不正之风盛行。②大多数高校图书馆领导在任职前并未接受图书馆专业知识的训练，也没有从事图书馆工作的经验。从目前高校图书馆领导人员的现状来看，大多数都是从学校其他部门调过来的非图情专业的领导干部。图书馆的业务流程和组织结构重组要求图书馆领导的推动和全力参与，没有相关的专业知识，图书馆领导将无法带领全馆进行图书馆改革，从而降低了其权威性。③任期短。图书馆领导，尤其是馆长的任用都是由上级管理部门来决定的，委派任期没有相应的规定，随意性强，导致任期短。馆长推行的政策还没来得及执行就换了人选，造成图书馆的管理工作不统一，资源浪费。④图书馆领导年龄偏大。图书馆往往被认为是一个清闲的地方，很多年龄偏大或身体不佳的老干部或专业人员在退休前来到图书馆，他们一般对图书馆的未来发展缺乏兴趣，难以推动图书馆各项工作的全面发展。⑤女性馆长少，女性工作人员多。图书馆的工作人员女性偏多，而领导则是男性偏多，造成了人员管理的不协调。

二、解决当前图书馆人力资源危机的措施

造成当前图书馆人力资源危机局面的，既有社会原因和管理体制上的原因，也有图书馆事业和图书馆自身的原因。要解决图书馆的人力资源危机，必须采取有力措施。图书馆必须在用人方面有自主权，可以自由地择人、用人，才能选好人才、用好人才，才能增强广大工作人员的工作积极性，减少人才的流失。不管我们怎样强调精神的重要力量，也不能忽视个人的物质需求。待遇低是很多工作人员跳槽的主要原因。待遇低不仅直接导致了个人的物质需求得不到满足，而且造成了社会对这一行业的歧视，使图书馆员工心理失衡。这种状况必然会降低图书馆的吸引力，导致人才流失。因此，图书馆要保证全体工作人员的基本物质需求，尽可能增加其工作报酬，提高待遇。

（一）图书馆内部要对人力资源进行科学管理

首先，要转变观念，以积极的态度对待人力资源流动，把人力资源流动看成是社会进步的产物，把单位所有的人还原为社会人、自由人。其次，要实行科学合理的人才流动机制，建立健全人才流出制度，如规定工作人员在馆工作的最低年限，业务培训费用的合理补偿，双方违约的责任追究，富余人员分流后的权益保障等；建立健全人才流入制度，引进员工要有利于优化工作人员结构和提高他们的业务水平，凡调入人员，均应严格通过编制审核、学历审查、知识水平考核、签订聘用合同等程序；应制定优惠政策，吸引高学历、高职称，

有真才实学的人才进馆。最后，要深化图书馆内部改革，对人力资源的聘用、开发、晋升和考核进行科学管理。在聘任上，取消职务终身制，可以实行逐级聘任制，按需设岗，双向选择，竞争上岗，保证人员的能力与其所在岗位适应；在开发上，制定规范的培训计划，采取与人的实际情况相适应的培训措施；在晋升方面，看重个

人的能力，而不是资历和以往的工作业绩，对工作人员进行职业生涯设计；在考核上，制定科学合理的考评、考核方法。

（二）图书馆内部实行有效的激励机制

采取物质激励与精神激励相结合的办法，在图书馆经费不足、无法给予更多物质奖励的情况下，精神奖励具有尤为重要的作用。精神激励不仅包括精神奖励、表扬、树立榜样，还包括在馆内建立良好的文化氛围．为工作人员提供发展的机会，使其工作与能力相配合，在工作中赋予其更大的自主权，使之获得更高的工作满意度和成就感。

（三）现代图书馆对管理员提出了更高的要求

以前图书馆员工在上岗前只要经过简单培训，便可胜任高度专业化的工作。现在工作发生变化，简单培训已不足以解决问题，需要全面的教育培训。广泛开展培训不仅能使工作人员提高自己的知识水平和工作技能，也为他们提供了发展机会。

（四）尊重人才

必须尊重真正的人才，既要防止大材小用，又要防止出现那些知识水平和工作技能尚待提高的人占据高位的现象。在工作中要能干者上，领导要知人善任，使人尽其才，物尽其用。积极向上的文化氛围会给图书馆的员工带来精神上的满足感。图书馆应创造良好的组织文化，做好团结工作，开展集体活动，增进部门、职工之间的相互理解，建立良好的人际关系，增强单位内部的凝聚力。

（五）精神教育

开展敬业精神的教育，保持和发扬艰苦创业、无私奉献的精神，树立正确的价值观、人生观。

三、高校图书馆人力资源管理的基本原则

人力资源管理的目标是实现系统的整体优化，发挥系统的最佳功能。因此，图书馆在进行人力资源管理时就应遵循一定的原则，以求得最佳效果。

（一）能级对应原则

"能"就是处理事物的本领大小。机构、法和人都有能量问题，能量既有大小，又可以分级，级别则构成了管理的"场"和"势"，使管理有规律地运动。图书馆人员管理系统可以看作一个"管理场"。人员管理的每一个岗位都在"管理场"中占据一定的位置，处于一定的能级水平，处在不同岗位或级别的人员要求有不同的能力。每个工作人员，根

据图书馆工作的需要，各自隶属于不同的管理层次，对应于不同的能级岗位。人员管理的能级对应原则实际上就是要求建立一系列合理的能级，使相应才能的人处在相应的能级岗位上，做到能力与职位相符合。一个合理的图书馆人员结构，必须由高、中、初水平的人按一定的比例构成一个完整的结构。另外，随着人员才能的发展和变化，要不断进行合理的调整，实行干部聘任制和任期制，废除终身制。只有这样，才能保证人们在各个能级中合理流动，通过各个能级的实践、发现、锻炼和检验人们的才能，使之各得其位，各展其能，相互配合，实现能级和人才的动态对应，构成和谐的有机整体，发挥最大的管理效能。

（二）动力原则

图书馆人力资源管理必须有强大的动力，并正确地运用动力，才能使管理活动得以持续有效地进行。动力不仅是管理的能源，而且是一种制约因素，没有它，管理就不能有序地运行。强大的推动力主要有三个方面：①物质动力。合理的奖金制度，及时提级、加薪，工作条件的改善，福利问题的解决，生活上的关心照顾等，都是必要的物质动力。②精神动力。社会对图书馆工作者的重要地位的肯定，人们对优秀图书馆员工的嘉评，组织对具有一定水平的图书馆专业人员的职称评定，以及理想道德教育、日常的思想政治工作和表彰奖励等，都是精神动力。精神动力是客观存在的，人有精神就一定有动力。人的精神与物质利益正确地结合，精神动力就会产生巨大的能量。③信息动力。在信息社会中，信息作为一种动力，有超越物质动力和精神动力的相对独立性。信息是决策的依据，也是行动的推动力。图书馆工作人员只有掌握同行进步的信息，才能确定自己的位置，形成竞争的局面。对图书馆业务人员进行在职教育，为他们创造条件，不断补充更新知识，提供开展学术交流活动的机会，不断提高其理论水平和实践能力等，都属于信息动力的范畴。以上三种动力要综合协调运用，要合理掌握刺激量，刺激量不足或过大都不能有效地运用动力。

（三）协调和谐原则

协调和谐就是通过控制、调节，使图书馆队伍中各部门或个人之间既互相制约又互相配合，齐心协力，团结共进，以实现全局最优化。协调和谐是图书馆人员管理中必不可少的重要原则。这是因为图书馆各部门、各人员之间由于所处的岗位不同，在见解和行动上往往会产生一些分歧，如学术上的不同观点，人才使用的不同意见，奖惩方法的不同看法等，这就需要管理者在图书馆人员管理活动中依靠畅通的信息，及时地发现问题，并通过协调的方式使各个方面统一思想，统一认识，统一行动，或者是求同存异，相互谅解，协同作战。协调活动是通过各级管理人员有组织地进行的，每个岗位都在有组织的协调活动中发挥着各自的作用。各种职位上的人构成协调过程中极为重要的环节。协调和谐原则要求每个职位都有人负责，每个人都要知道向谁负责，有哪些人要对他负责。要严格实行统一指挥，即每个人只接受一个上级的指挥，并对他负责。上下级之间的上传下达都要按层次，不得越级，形成一个"等级链"。这个原则还要求建立一条互相制约的"连接链"也就是说，要把图书馆各部门之间必须协作配合的具体要求用岗位责任制的形式固定下来，形成一串环环相扣的链条，发挥互相制约、互相促进的作用。它要求本部门向兄弟部门负责，主动提供服务，合理进行职权与利益的分配，共同遵循协调原则。协调的方式有调查研究、座谈交流、寻找症结和化解矛盾等。只有大家步调一致，动作和谐，才能取得最佳工作效果。

（四）责权利统一原则

责权利一致是现代管理的主要特征。"责"就是一个工作人员应尽的责任．必须完成的工作任务。"权"就是一个工作人员在工作的整个过程中所享有的某些权力。"利"就是一个工作人员获得的某种荣誉和物质利益。图书馆在实施人员管理过程中，应按级负责，实行岗位责任制，明确划分各级管理人员和业务人员的职责权力范围，同等的岗位职责赋予同等的权力。责任到人，权力也随之到人，哪一级人员负责哪一类工作，各有各的责任，各有各的权力，不能混淆．也不能代替。有权无责，很容易产生瞎指挥、滥用权力的官僚主义。有责无权，就会失去平衡，使工作处处被动、消极和低效。有责有权才能承担任务，而任务完成后，必须给予相应的物质或精神鼓励，没有这一条，责权就失去了基础，群众的干劲不能持久，更不会提高。只有将责权利三者有机地结合起来，才能充分发挥每个人的积极性和创造性，保证图书馆各项任务的落实。

（五）动态管理原则

人是现代管理中最积极、最活跃的因素，任何一个图书馆人员系统的最佳结构不会是一成不变的。随着时间的推移、情况的变化以及内部构成因素的改变，具体的管理过程也要随之不断地进行调整或调节。动态管理的实质就是要把握好管理对象系统在运动、发展变化的情况下，如何注意适应变化以达到整体的、长远的目标。图书馆人员的科学管理必须考虑多变的因素，如随着图书馆的发展，必然会有许多新的机构部门和服务项目增加，会有些落后陈旧的东西被取消，图书馆各部门人员的数量就应随之增减。尤其是现代化技术的应用，使图书馆由传统模式向现代化模式过渡，图书馆人员的质量必然应有相应的变化。同时，现代科学技术的迅猛发展也要求图书馆不断地调整其智力结构。通过调整和协调，使图书馆人员结构能适应社会的变化、环境的变化和人员素质的变化，并在动态中平衡发展，以求得最佳功能。

四、高校图书馆人力资源管理的内容

图书馆人力资源管理的内容相当广泛，归纳起来，主要表现在两个层面上，即宏观的人力资源管理和微观的人力资源管理。

宏观层面的图书馆人力资源管理是指决策者在图书馆管理活动中进行的人力资源战略规划，制定人力资源发展的方针政策，分析与预测图书馆人力资源的存量与需求，控制与评价人力资源利用的管理过程。通常体现为针对人员发展以及图书馆事业发展的需要，制定图书馆人力资源的发展规划与战略管理政策，建立图书馆人力资源社会保障体系，推动图书馆人力资源管理的社会化和系统化发展，如图书馆专业人员职业资格的培训与认证工作。

微观层面的图书馆人力资源管理主要是指具体制定图书馆的人事管理制度与相关的方针政策，确定人员编制，规定人员的业务职称标准和考核标准，明确岗位要求与薪酬制度，配备与培训图书馆工作人员，协调图书馆各部门人力资源关系等图书馆管理活动过程。如果说宏观的图书馆人力资源管理的重点在于营造图书馆人力资源使用的社会环境的话，那么微观的图书馆人力资源管理则侧重于对图书馆工作人员的录用、选拔、培训、使用、考核与奖惩等具体指标的制定与运用。微观的图书馆人力资源管理通常由图书馆的人事管理部门来执行与完成。

宏观的人力资源管理与微观的人力资源管理是图书馆人力资源管理不可缺少的重要内容，在很大程度上决定了社会与图书馆、图书馆与部门、部门与个人之间的互动关系，也决定了图书馆事业发展的动向。

第二节 图书馆人力资源管理的基本过程

图书馆人力资源管理的基本过程一般包括人力资源规划、人员招聘、人员挑选、人员培训、绩效评估、职业生涯规划和设计等环节。

一、人力资源规划

确认图书馆对未来人力资源的需求，并制定相应的政策体系，以便能在不断变化的环境下有效地管理人力资源。人力资源规划对图书馆最大的作用在于把事后的处理变为事前的预防。一方面人才流失现象严重，另一方面未来的图书馆对人力资源提出了更高要求，在复杂多变的环境中.图书馆为了避免找不到合适的人员，有必要对人力资源做出细致规划。人力资源规划的任务，主要是根据图书馆的战略计划，确定未来的人力资源需求.并寻找满足这些需求的途径,制订相应的活动计划。首先,要进行图书馆的人力资源需求预测，分析图书馆在未来一段时间里什么样的人员需要增加，什么样的人员需要减少。再造后的图书馆，业务流程和组织结构都进行了重组，人力资源规划也要配合重组的进行，为业务工作的改变提供人力保证。此时可以采取统计的方法，根据某种业务因素和图书馆的用人规模、数量之间的比例关系确定人员需求，也可以用判断的方法，综合研究图书馆的发展，确定图书馆未来的人力需求。其次，要进行人力资源的供给预测，即分析图书馆内部的人力资源现状。根据图书馆的发展战略，设计图书馆未来的组织结构和工作职位，对工作职位进行分类，反映出工作人员晋升的阶梯.在形成一系列阶梯之后，预测在规划期内会有多少人继续留任，有多少人会被调到其他职位，或者离开图书馆和退休。对跳槽走的，可以根据以往的离职率进行预测。在进行了需求和供给分析后，规划结果只有两个，即人员过剩和人员不足。人员过剩可以采取解聘或提前下岗的方法，要注意对富余人员分流的权益保障；人员不足则可以用增雇员工、加班、重新委派工作、雇临时工、提高留职率等方法来解决。

　　人力资源规划能够协助图书馆根据发展战略，确定工作岗位，做出相应的人员任职变动，确定人员招聘的需求，为高校图书馆的总体人力资源管理提供保障。

二、人员招聘

　　对于图书馆来说，人员招聘的方向有两个，即外部招聘和内部招聘。外部招聘的优点是有利于拓宽图书馆的专业，比内部培养的成本低，不会形成小团体势力；缺点是招来的人员可能不完全满足招聘的要求，需要较长的调整适应期。内部招聘的优点是有利于提高晋升者的士气，且更能准确地判断员工的能力，判断员工能否胜任新职位，节省招聘成本，可促进员工的连续晋升，而且也比较简单；缺点是易导致"近亲繁殖"，打击未晋升者的士气，人力资源管理培养计划的制订有一定难度。图书馆对这两种方向的选择要做好计划。

（一）图书馆进行外部招聘的方法

1．员工推荐

　　这个方法的优点是利用员工对职位的了解，使求职者的离职率低，同时，招聘中因加入了员工的信誉，能够基本保证应聘者的质量，因为本馆员工一般来说不会推荐很差的人；缺点是今后容易形成小团体。

2．毛遂自荐

　　这个方法的优点是效率高，成本低，应聘者积极主动，应聘者事先会主动了解图书馆；缺点是由于出现职位空缺的时间与收到简历的时间不同，有可能错过人才。

3．招聘广告

　　这个方法的优点是可在短期内传达招聘信息，覆盖范围广；缺点是效果差，失败率高，应聘的人太多，招聘耗时。

4．职业介绍所与猎头公司

　　职业介绍所主面面对的是普通员工，成本较低；猎头公司主要面对的是高级专业人员和管理人员，成本较高。目前对于图书馆来说，委托猎头公司招聘高级人才的方法并不适用。

5．校园招聘

　　这个方法主要面对的是大学毕业生，其优点是人员年轻，知识水平较高，有助于改善图书馆的年龄结构和专业结构；缺点是速度比较慢，不能随时随地进行，而且只适用于没有工作经验也能胜任的岗位。图书馆进行外部招聘时，应关注社会上的人力资源流动方向，尤其是图书馆专业的大学毕业生和图书馆急需的信息技术、计算机技术、网络技术人才的走向等，要注意提高成本效益，提高工作的吸引力。

关于招聘方法的选择，要根据填补职位的类型、需要填补的时间、招募的地理区域、各种方法的成本等因素考虑。

（二）图书馆进行内部招聘的方法

1.电脑化的人力资源管理系统

建立科学的人力资源管理系统，记录每一位工作人员的个人信息，在需要时根据系统信息对人员做出调整。优点是从系统中可以迅速寻找可填补空缺的人员；缺点是系统中的信息都是客观信息，对于主观信息无法判断。目前，多数图书馆并没有建立起这样的人力资源管理系统。

2.领导推荐

这个方法的优点是更易与上级管理者相配合；缺点是完全取决于上级领导的意愿，易产生小集团，忽略领导圈外的优秀人才。

3.图书馆内部公开招聘

这个方法的优点是扩大了选择范围，表明了竞争的机会与要求，向员工明确了晋升目标，让对现任职务不满意的员工可找到其他工作机会或竞争机会，降低了离职率，增加了员工的工作积极性；缺点是周期长，员工可能会盲目地争取此机会，被拒绝的员工易离职。

4.职业生涯设计系统

该系统是为一些特殊的优秀人才设计职业生涯发展道路，进行特殊培训的系统。优点是能留下最优秀的员工，可保证出现职位空缺时能找到合适的人选；缺点是未被纳入培训的员工和接受了培训却没有得到晋升的员工可能会产生消极情绪。

三、人员挑选

人员挑选，其目的是为图书馆挑选合适的员工。它能降低培训成本，因为人才选拔的要求越具体，将来的培训成本就越低。实施人员选拔，要经过相关测试。测试的技术性标准主要有两个：第一个是效度，即选拔人员的标准性与工作要求的相关性，相关程度越高，则效度越高。其中包括两个概念：一是目标效度，即工作测试分数与工作绩效的相关性；二是内容效度，即测试的项目与工作内容的相关性。第二个是信度，指每个测试者在多项评分项目中所表现的一致性程度，即测试的结果是否可信。简单来说，就是看一个人的测试分数是否能反映他的水平，如果每个被测试者的分数在所有的时间里都能保持一致，则这种测试结果就有很高的稳定性，是可靠的。

进行有效的测试，首先要分析工作，对工作进行仔细说明，明确承担这项工作的人员必备的技能、潜质，制定成功做好这项工作的标准。其次要选择测试项目，根据工作标准选定测试项目和测试指标。再次要实施测试，检验测试是否有很高的效度。最后要将测试分数与绩效相结合，看二者是否存在一致性，是否分数越高实际工作绩效就越高。

一般来说，人员选拔的方法主要有以下三种。

（一）填写申请书

通过这种方法可以确定候选人员是否符合应聘职位资格的最低要求，有利于图书馆判断候选人员是否符合某个职位的特定要求。此外，还能在某种程度上发现求职者的潜在信息，如通过求职者在回答问题时的逻辑性，来推测求职者的智力情况。研究求职者的受聘记录，从中分析求职者对图书馆工作的潜在态度。检测求职者的文笔，通过笔迹考察此人的性格等。

（二）推荐或背景调查

通过应聘者以前的领导了解应聘者的教育和工作经验、品质和人际交往能力、工作能力等。但是这种方法往往有一定的虚假因素，因此还要进一步落实。

（三）面试

几乎所有的选拔都会经过面试这一关。通过与应聘者直接对话，可以了解到许多信息。图书馆进行人员的选拔，面试也是必不可少的。有效的面试要做好充分的准备：了解面试者的基本情况，选择好面试的地点，建立和谐的气氛，尽量降低求职者的紧张情绪，使之能够反映真实的信息，同时还要掌握提问的技巧，如避免提问以"是"或"否"回答的问题，不要把话递到求职者的嘴里，不要传递期望的答案信息，不要在谈话中漫不经心，不要让求职者支配整个过程，应鼓励求职者充分表达自己的想法。面试结束时，要以积极的态度告知求职者图书馆对他是否感兴趣，以及招聘后期的程序。面试结束后要检查记录，回顾场面，整理评判。需要注意的是，通过种种选拔方法，图书馆要挑选出与图书馆的工作相适合的人员，而不是最优秀的人员。

四、人员培训

培训是向新员工和现有员工传授其完成本职工作所必需的基本技能的过程。培训是图书馆开发人力资源，调动员工积极性，增强图书馆吸引力的一项重要举措。

五、绩效评估

绩效评估也称绩效考评，主要包括业绩评定和素质评定，具体指员工的工作完成情况、工作态度、性格、知识技能以及与工作的适应性等。通过绩效考评，能够掌握员工在完成组织目标中的贡献和不足。绩效考评的结果可以作为评定员工升迁、调配、奖酬和解雇的依据，可以作为评价招聘和人员选拔政策的依据，还可以作为员工培训、开发的依据以及评价这方面政策的依据。工作绩效考评还有利于纠正下属的低效率行为，强化下属的高效率行为，有利于制定员工的职业发展规划，有利于减少图书馆的内部纠纷。

绩效评估的内容包括工作业绩、工作能力、工作态度、个人性格、今后的发展方向等不同的方面，考评内容的选择应结合考评的目的。绩效考评的过程主要为制订绩效评估的计划、设计绩效指标与绩效标准、人员准备、收集信息资料、分析评价员工的实际绩效、绩效反馈等。

在绩效设计中，总会出现一些问题，如主要领导不重视绩效考评体系、考评标准设计不当、被考评者对考评漠不关心、评定者态度不端正、考核方法与工具设计不科学、缺乏公开性反馈机制、考评结果不加应用、过于突出个人成就、不注重团队考评等。这些问题得不到解决，会给图书馆的工作带来一定的负面影响。

提高绩效考评效果可采取以下措施：在员工进入图书馆前，在事先培训阶段就应让他们了解有关绩效考评的制度和程序，明确考评目的，根据具体的考核项目和工作内容设计考核标准，以不同的工作岗位和业务性质确定各部门每个人员的考核时间，确定完整的考评办法和实施程序，确定评价指标，确定考评的执行人员，并就考评的目的、内容、方法进行培训，建立正式的公开反馈制度，使员工了解考评的程序、方法和结果。评定者与被考评者要有面谈的机会，有反馈、解释，与被考评者分析考评结果，设定改进绩效的方法和衡量标准。

六、职业生涯规划和设计

所谓职业生涯，指的是一个人在其一生中所承担职务的相继历程。每个人都希望自己能有不断发展的机会，在职业生涯的道路上一帆风顺。图书馆应参与每一位工作人员的职业生涯设计，为他们的发展创造条件，这对图书馆和个人来说是一举两得的事。图书馆的培训不仅要考虑图书馆自身的需要，而且要考虑工作人员个人发展的需要，将二者结合起来，也就是将组织目标和个人目标结合起来，从而使培训产生更大的激励作用。一般来说，可以将职业生涯分为五个阶段来进行考虑。第一个阶段为职业准备期，这一时期是人们对自己的工作做出选择的时期，它发生在就业之前。图书馆如果能树立良好的形象，对外积极宣传，会对个人在这一时期的选择施加影响。第二个阶段为进入组织时期，在这一时期，图书馆的主要任务是做好招聘工作，选拔合适的人员进入图书馆。新员工入馆后，图书馆要做好培训，尤其是着重态度培训，使新成员完全融入本馆之中。第三个阶段为职业生涯初期，大概是在人的 25～35 岁，对于图书馆员工来说，就是学会如何工作、如何开展工作的历程。在这一阶段，图书馆应开展多方面的知识技能培训，使员工更好地开展工作，明确今后的发展方向。第四个阶段为职业生涯中期，一般来说，每个工作人员在这一时期已有了明确的方向，图书馆应对他们加以支持，并提供有利条件，促使他们不断进步。对于有管理才能的人应给予晋升，对于业务精深的人应使他们在相关工作中承担更大的责任。第五个阶段为职业生涯后期，工作人员在经历了前四个阶段后，已具备了充分的经验和技能，可以指导他人完成工作。这时，图书馆应注意对这些人开展拓展知识面的培训，以免故步自封。此时，对于多数人来说，这也是一个职业衰退、面临退休的时期。在图书馆高素质人才缺乏的情况下，对高素质的退休人员实行返聘，不失为一个明智的举措。图书馆参与工作人员的职业生涯设计，应该充分考虑到个人的因素。有的员工可能希望获得管理职位的晋升，有的员工则可能更看重职称的变化，也有的员工希望发挥自己的专业所长，成为独当一面的专家。图书馆应根据不同情况开展培训，帮助他们获得全面发展。

七、高校图书馆人力资源管理开发

人力资源开发（Human Resource Development，HRD）是人力资源管理的核心内容。人力资源开发的本意是对人的才能进行开发。在现代管理学中，人力资源开发就是把人的智慧、知识、经验、技能、创造性和积极性当作一种资源加以发掘、培养、发展和利用，以提高人的才能和增强人的活力。图书馆人力资源开发就是通过对图书馆员工进行有计划的人力资本投资，采取教育、培训等有效形式，充分挖掘图书馆员工的智慧、知识、经验、技能和创造性，积极调动图书馆人力资源的工作积极性和潜在发展能力的过程，目的在于促进图书馆员工的个人发展，提高图书馆员工的才能和增强其活力，以保证图书馆各项目标的实现。

（一）我国图书馆人力资源开发的现状

目前我国图书馆的人力资源开发存在许多问题，还没有建立起规范、合理的相关制度。图书馆员工的潜能释放受到很多因素的影响和制约，其主要表现在以下几方面：

第一，人本管理思想的缺失制约了图书馆员工潜能的开发。近年来，很多图书馆学专家都强调以人为本的管理方法，但在实践中往往得不到贯彻执行。强调管理监督功能的图书馆管理方法，暗示了对员工的不信任，在某种程度上挫伤了图书馆员工的积极性。同时，管理层还认为员工工作的最终目的是经济利益，他们一旦获得学习的机会，更多考虑的是个人目的。从这个角度出发而形成的图书馆文化，显然是不利于员工个人发展的，其潜能也得不到重视。

第二，传统图书馆管理理念导致图书馆员工的潜能低层次释放。图书馆的传统服务形式是一种消极等待的被动服务，图书馆员工只是作为文献资料的保管员和传递员来开展工作，忽视了图书馆员工的个性特长，忽视个人所具有的潜能，把图书馆员工的潜能定位在低度释放的范围内。这种低要求、低层次的能量转换，非但不能创造出图书馆服务工作的高绩效，反而制约了员工正常能力的有效发挥，更谈不上潜能的最大释放了。

第三，封闭式的管理机制束缚了员工的潜能释放。我国大多数图书馆的现行管理体制仍是在计划经济体制下产生和发展起来的，具有强烈的自我封闭性。人们没有从社会与发展的角度去清醒地认识图书馆组织的社会地位和作用，而且在图书馆工作部门的设置上按照线性作业流程和工作环节进行架构，实现部门的管理职能。这种线性发展的组织结构造成了对外与社会需求严重脱节，对内只突出了行政管理上的领导与被领导关系，而没有形成业务上的指导与被指导关系，束缚了图书馆员工的个人发展，同时也制约了图书馆的可持续发展。由于缺乏互相沟通和联系，无法实现工作任务的互换，从而使图书馆员工长期从事简单重复的工作，缺乏挑战性和危机感，处于缺少竞争力的消极被动状态之中。

为了改变这种落后的人力资源管理面貌，就需要加大改革力度，开发图书馆·人力资源，提高图书馆管理效率，激发图书馆工作人员的才能和活力，使之不断焕发出工作激情。

（二）图书馆人力资源开发的意义

第一，人力资源开发是图书馆适应社会进步和技术发展的重要措施。社会的进步是推动图书馆事业发展的强大动力，而技术的进步又是图书馆增强生命力和长远发展的重要手段。哈佛大学图书馆的 B. 格拉汉指出："技术的推动常常会掀起一阵学习的浪潮，原有的挑战压力依然存在，而我们手中的工具已经改变，

我们必须学会使用它们。"图书馆员工必须不断更新知识和技能，知识要通过学习和实践来获得，技能要通过在实践中勤学苦练来形成。因此，对图书馆人力资源的智力开发和职业技术开发、人力资源管理政策的开发以及使用性开发都成为图书馆人力资源管理和开发的主要内容，成为系统化的管理工程。

第二，人力资源开发可以提高图书馆工作人员的素质，改善图书馆服务的质量，提高图书馆工作的效率和社会效益。

第三，人力资源开发是图书馆获得竞争力的关键。目前社会上出现了越来越多的提供与图书馆业务类似的服务机构，同时网络的迅速发展普及使图书馆不再是人们获得所需信息的唯一途径。要保持并提高自身的地位，图书馆就必须重视人力资源开发，唯有如此，才能获得长期发展的竞争力。

第四，人力资源开发是促进馆员工发挥潜能的有效途径。通过培训等有效的继续教育方式，使图书馆员工的个性和特长得到进一步发挥，真正实现以人为本的管理思想。员工的个人发展得到管理层的理解和重视，可以使他们感受到来自工作中的自我实现成就感，就能够极大地改善图书馆的工作氛围，从而使图书馆和员工自身实现"双赢"。

（三）图书馆人力资源开发的内容和方式

有学者认为，图书馆人力资源开发的内容应包括能力的开发和精神的开发。能力开发，指体能与智力的开发。精神开发，指人力资源的政治观念、职业道德、敬业精神、合作意识等同于组织文化内涵方面的开发。具体包括：①启发调动人力资源已有的体能和智能；②在原有能力的基础上，进一步培养、训练和提高人力资源的能力，特别是智能；③营造图书馆的组织文化，提高图书馆员工的思想素质水平，培养图书馆员工应有的价值观、敬业精神；④采取各种措施充分调动图书馆员工的工作积极性、自觉性和创造性，改进工作绩效；⑤合理配置、使用图书馆的人力资源，根据个人的才能特点，将之置于恰当的岗位，做到人尽其才。

根据人力资源的特点以及现代人力资源开发理论，可以把人力资源开发活动划分为三个层次。

1. 培养性开发

图书馆人力资源培养性开发主要指以教育培训的方式来进行开发，它包括员工知识的更新、技能的扩展和素质的提高。在新的网络环境和社会环境下，图书馆员工应成为咨询专家、知识导航员，这是图书馆员工专业性的体现。

根据这种社会需求，应通过对图书馆员工的继续教育与培训来提高其工作技能和自身素质。例如，日本的终身教育审议会于 1996 年提交了《社会教育主事、学艺员以及司书

培养等的改善方案》。其中提出了对图书馆员工进行培训的具体要求，包括情报服务的技术与动向，图书馆内著作的处理，有关心理咨询与人际交流的研究，参考服务的实践，资料的收集、整理和保存的实践，各种媒体的操作，有关图书馆经营（管理）的研究等。我国学者对此也有不少精辟的见解，如贺子岳提出对图书馆工作人员的培训内容应包括显在知识部分（图书情报专业知识和技能、学科知识背景、计算机以及网络相关技能、管理知识和沟通技巧）、组织文化部分（图书馆价值观、图书馆各种规程规章等）和隐含知识部分（经验、工作流程、与用户的关系等）。

图书馆员工不仅要加强图书馆学和情报学专业知识的培训，还要重视其他相关知识和技能的学习，一专多能的人才是图书馆持续发展的保证。图书馆员工应进行的知识技能培训为基本技能培训和工作能力培训。基本技能培训主要指为了满足信息时代用户的信息需求，掌握有关的计算机基本操作、网络基础知识、数据库管理、信息搜集与处理、专业外语等方面的内容；而工作能力培训主要是提高解决实际问题的能力，如怎样正确处理工作中的人际关系，如何设立有效的激励机制，如何分配图书馆中的各种资源等。图书馆人力资源开发的培训应该实现制度化、规范化，对其内容也应有相对权威的规范。文化和旅游部从1998年起就开始组织图书馆界的专家学者编写有关图书馆员工培训的教材，现已形成了一个比较完整的教材系列。

2.使用性开发

实际上，使用性开发是对图书馆员工激励的一种手段，其内容主要是量才为用、职务晋升。图书馆人力资源使用性开发的关键是用人。我们主张在充分考察图书馆员工个人的专业、学历、特长、技能、发展方向和个性的基础上，为其提供更具挑战性的工作任务。图书馆员工在工作实践过程中将不断学习新的技能，积累新的经验，获取新的管理方法，这实际上也是对自身能力的一种挖掘与开发。图书馆在做出这样的工作设计时，不仅使本馆的人力资源得到充分利用，同时也使员工个人得到了发展。此外，增加员工岗位轮换也不失为一种有效的开发方式。图书馆员工如果长期在同一个岗位工作，容易安于现状而产生惰性，甚至对工作产生心理疲劳。通过岗位轮换，员工有了更多的机会了解、熟悉并从事图书馆内一系列相关工作，扩大视野，同时也能使员工对工作产生新鲜感，增强学习新知识和掌握新技能的兴趣，有利于更新知识结构和培养一专多能的复合型人才，促进图书馆事业的不断发展。但目前一些图书馆考虑到岗位轮换将要付出的培训费用，往往忽视员工渴望新的工作任务和新的挑战的心理，不提倡员工在馆内的工作岗位轮换，导致工作人员工作效率低下。作为图书馆的管理层应该避免这种"短视病"。

3.政策性开发

人力资源政策性开发是指通过制定符合人才成长规律和人力资源管理原理的一系列调整政策来变革管理体制，充分运用激励机制等手段，促进人才的不断涌现。目前，我国图书馆人力资源开发与管理的现状不容乐观，很多图书馆都没有形成相关的制度与政策，缺乏对人力资源开发管理的长期规划，对于员工的开发和聘任等主要是遵从上级部门的分配，随意性大，岗位设置与人员结构不合理，造成了一定程度的浪费。对于图书馆人力资源的政策性开发，管理者要做的是制定一套尊重员工个人发展需要的规章制度，保障员工的科学培训和合理使用。国内一些具备领先意识的图书馆就制定了这方面的规章制度，如关于职工继续教育的政策、办法以及继续教育考评的总结等。这些规章制度的制定从政策的层面保证了图书馆人力资源开发的连续性和制度性，使员工能够在这一系列的政策中感受到来自工作的压力以及图书馆对员工个人发展的重视。

第三节　高校图书馆员工的继续教育

有专家指出，图书馆员工是搞好读者服务工作最具有活力的因素，图书馆员工素质是决定读者服务水平与质量的关键。实现图书馆的现代化必须有一支优秀的队伍，图书馆员工素质的现代化是推动图书馆现代化进程中最关键、最基本的一个方面。培育出优秀的图书馆员工才能使图书馆迎接知识经济的挑战，才能促进图书馆的发展与进步，才能实现图书馆的知识管理，才能不断促进图书馆事业的持续发展。建设高素质的人才队伍，全方位提高图书馆专业人员的素质，成为目前图书馆工作的紧迫任务。加强继续教育是提高图书馆员工素质的一条重要而又便捷的途径。

一、图书馆员工继续教育的意义

信息时代的发展使高校图书馆进入全面发展的时期。这对图书馆的人员队伍提出了更高的要求。改变知识结构，接受继续教育，对图书馆在职人员意义重大。从整体上讲，图书馆要有一支梯次衔接、专业配套、结构合理、富有生机的专业人员队伍。这支队伍应在层次结构、知识结构、职能结构和年龄结构等方面比较适宜。据调查，目前的图书馆专业人员主要由以下几部分组成：历届初高中毕业生、中等专业学校毕业生、非图书情报专业和图书情报专业毕业的大专毕业生、非图书情报专业和图书情报专业毕业的大学本科毕业生、图书情报专业的研究生等。这些人中，前两种人员几乎很难应对信息技术的挑战，第三种人员面对这种挑战也会困难重重，即使是第四种人员，也并非都有较好的应对能力。他们中有"老三届"的大学毕业生、"工农兵"大学生及成人高校毕业生，这部分人虽有较丰富的传统图书情报工作经验，但由于种种原因，他们中的有些人知识欠全面和系统，尤其是在现代技术和外语方面其基础更显薄弱，在掌握新知识时也会有一定困难，由这样一些人员组成的图书馆专业队伍，如果没有计划地对他们进行继续教育，改变其知识结构，他们将很难适应现代信息技术的发展需要。有关资料显示：无论何种高度的普通教育，所提供的知识最多是一个人一生所需的10%，其余90%需要在职业生涯中不断学习来获得。毕业后的工程师，其专业知识一般每过5～10年就要失效一半，这被称为"知识半衰期问题"。图书馆业内同样面临着"知识半衰期问题"，因此，唯有接受不同方式的继续教育，不断改变知识结构，才能建立起一个不断演进的知识体系，与时代同步发展。

二、高校图书馆员工继续教育面临的问题

（一）教学机构不足，教育培训监管不足

高校图书馆员工的继续教缺乏相应的政策法规及管理机制对其进行导向和规范管理，导致继续教育鱼龙混杂、竞争无序，在教学管理、收费标准、培训目标、培训内容等方面存在着很大的盲目性、随意性与无序性。有的培训单位把继续教育作为计划外创收的途径，乱收费、名不副实现象时有发生，部分营利、旅游性质培训班充斥其＞司，培训质量与效果难以保证。此外，高昂的培训费让僧多粥少、经费紧缺的图书馆难以承受。一方面，广大的图书馆员工迫切需要接受继续教育的培训；另一方面，培训费的水涨船高让图书馆望而却步，这都严重制约着图书馆继续教育事业的发展和图书馆员工素质的提高。

（二）各种形式的图书馆继续教育培训各自为政

在总体上缺乏统筹规划、协调合作，造成分布的不均衡及资金投入的分散，使培训资源得不到优化配置，导致图书馆继续教育培训项目、基础设施的重复建设及信息资源的巨大浪费。

（三）继续教育培训管理松散

继续教育存在混文凭的现象，对培训的管理松散，基本处于无人监管状态，为混文凭者与借学习之名行旅游之实者大开绿灯。许多图书馆还未建立或完善图书馆有关继续教育的规章制度，对经费的落实、图书馆员工的组织管理、业务考核内容标准、继续教育与人事制度的对接等也没有做出详细明确的规定，使继续教育的贯彻落实与管理缺乏依据及有效的激励机制、考核机制与监督机制，导致图书馆继续教育有名无实或流于形式。

（四）继续教育课程体系建设存在问题

培训的课程设置陈旧，施教内容与现实工作脱离，这都不利于图书馆员工知识结构的更新和专业技能的培养。教学形式单一，培训基本上采用"填鸭"式授课，不注重培养学员的实际操作能力，针对性不强，学习效果不显著。培训基本上是传统的短期集中培训，而图书馆普遍不同程度地存在着图书馆员工素质偏低、专业技术力量薄弱的问题，因而效果不佳。继续教育的培训面临经费短缺、受时空限制等问题而难以全面实施的困难。利用多媒体技术与网络技术等现代科技手段不但能很好地解决这些难题，而且经济实用，可惜迄今为止仍未能在图书馆的继续教育培训中普及。

三、高校图书馆员工继续教育的主要途径

图书馆员工的继续教育，主要是指图书馆员工在接受不同层次、学科、形式的传统教育以后，接受技术、业务、文化和科学等内容的再教育，是知识更新和专业技术培训。它

既是传统教育的延伸．又是正规教育的重要补充形式，旨在使接受教育的图书馆员工的专业知识和业务能力不断得到更新、补充、拓展和提高。信息社会科学技术的迅猛发展，新技术的广泛应用，使图书馆各项工作发生了很大的变化，图书馆员工的角色也在不断改变。对图书馆员工的继续教育除了传统的图书馆专业知识和良好的职业道德教育外，目前更需要着重加强计算机网络技术能力、外语水平、多学科专业知识和学习能力的教育。

（一）加强培训教育

继续教育的组织形式多种多样，既有补缺性质的培训班，又有提高性质的研究班；既有针对工作环节(流程、岗位)的专题培训班，又有更新内容的短训班；既有围绕某一新技术、新标准的学习班，又有系统学习业务的进修班等。对图书馆员工的教育与培训，要坚持在职、脱岗培训制度和走出去交流制度，形成终生教育体制，不断用现代的、科学的、系统的模式培养高校图书馆发展所真正需要的高素质人才。图书馆不仅要通过走出去（外出参加培训、进修等）的形式，而且也可以通过请进来（请老师来馆开办讲座、召开学术会议等）的办法，让员工有针对性地不断更新知识，掌握图书馆事业发展的趋势及学术研究的动态、焦点问题，引导员工理论联系实际地开展业务工作，提高理论水平和工作技能。

（二）实行岗位轮换制

能力和经验的获取，最有效、最简捷的途径就是在实践中锻炼。在图书馆具体工作中，实行岗位轮换制是提高员工素质和能力的一个基本途径。图书馆工作是一项复杂的综合性工程，各个环节都是相互关联的，尤其在网络环境中，各岗位之间在技术上的相互依存性和相互制约性在不断加大。根据工作实际，每年对员工进行适当的岗位轮换，一方面，可以加强各个岗位之间的交流和联系；另一方面，可以促进员工为适应新岗位、新工作而不断努力学习新知识、新技能，不断提高自身的素质和能力。

（三）开展合作与交流

由于经费不足、科技发展及环境变迁等多方面的因素，图书馆之间的合作变得日益迫切。已有不少图书馆适时地加入了合作组织（如图书情报学会等)，并积极开展从馆际互借、心得交流、合作馆藏到人员交流等方面的工作，这似乎已成为一种潮流与趋势。目前的图书馆合作组织，应多举办适合图书馆从业人员参加的研讨会，鼓励大家继续学习，提供员工发表研究及工作心得的机会，以提高图书馆员工的学术水准与地位。同时，大中型图书馆应为小型图书馆缩小"数字鸿沟"提供帮助，为它们加快信息网络设施建设、开展信息网络技术培训、共享知识资源、提高员工素质提供帮助。

（四）自主性的终身学习

这种学习方式不同于人们平常所说的自学。它不是指某一个单独的学习，而是强调其主动性，可以是一个人，也可以是一个小组。它具有如下特点：一是灵活性，包括学习内容的灵活性，不同的员工可以根据自身的需要确定特定主题学习；学习方式的灵活性，可以一个人自学，也可以搭建学习小组共同学习研究探讨；学习时间和地点的灵活性，不必拘于固定时间、地点。二是针对性，不同的员工有不同的学习需求，针对非图书馆学专业出身的员工可以进行由外行转向内行的基础型学习，针对刚从图书馆学专业毕业的员工可以进行实践型和提高型学习，针对老员工缺乏新技术应用知识可以进行补己所短的补充型学习。三是实用性，指工作中遇到的问题通过学习探究其解决方案，反过来可以更好地指导图书馆工作。四是网络性，发达的网络环境为满足员工通过网络实现终身教育提供了便利。

第四节　高校图书馆的人本管理

人本管理是一系列以人为中心的管理理论与管理实践活动的总称，它与传统管理有着不同的管理思想和管理观念。传统管理是建立在对人的限制和制约机制上的，它把人视为与资金、物资和设备等同等重要的资源，忽视了人的主体地位的存在，忽视了职工参与管理、自主管理和自我实现的需要，因而不利于调动人的积极性和创造性。人本管理则是把人视为一切资源中最为宝贵的资源，把管理建立在尊重人、理解人、关心人和培养人的机制上。强调发展亲密融洽的人际关系，创造奋发向上的文化环境，注重正确的人生观、共同的价值观的培养，使人不仅享有通过劳动获得报酬的满足感，而且享有参与管理、得到尊重、获得荣誉、施展才华与实现抱负的自我实现感，从而把对人的管理与对物的管理有机地结合起来。将人本理念引入企业界，进而发展出人本管理的思想，并引起了管理思想的深刻变革，同时也引起了图书馆界的思考，因此，人本理念对图书馆管理工作同样具有很好的借鉴作用。其原因是：

（1）图书馆是以人为主体组成的。图书馆的构成要素包括图书资料、馆舍、设备和人员等，其中的主体要素是人。没有人，图书馆就只是一个"物件"，没有人的运作，图书馆就不能正常发挥其功能。

（2）图书馆是依靠人进行管理活动的。作为一种特殊的社会活动，管理总是要由人去进行的，管理对象诸要素——图书资料、馆舍、设备和人员等必须依靠人去协调，管理过程诸环节——采编、流通、资料阅览、情报服务和参考咨询等必须靠人去调控，管理系统功能的发挥必须靠人去推动。人在图书馆管理中始终居于中心地位，发挥着主导作用。

（3）图书馆是为读者的需要而运作、存在的，它所进行的一切管理活动都是以此为中心开展的，而"满足读者的需要"这一中心工作离不开图书馆人。作为人，他们亦有各种需要。因此,图书馆管理工作必须努力满足员工的各种需要,否则就无法调动他们的积极性、创造性。

（4）图书馆最重要的资源是人才，它关乎图书馆的生存和发展。合理配置资源是为了获得最佳的经济效益和社会效益，图书馆管理工作就是要对人才进行合理配置，做到人尽其才，充分发挥其主观能动性、积极性。人本理念还提出了我们应如何审视和思考读者所拥有的权利。国际图书馆协会联合会在《公共图书馆宣言》（1994年通过）和《学校图书馆宣言》（1999年通过）中声明：图书馆应在人人平等的基础上提供服务，无论人们在年龄、种族、性别、宗教、国籍、语言、专业或社会地位上的差异，必须向那些不能获得图书馆正常服务和资料的用户提供特殊服务。也就是说，平等享受图书馆的服务，是每一位读者的权利。这些权利包括平等获取知识权，自由选择知识权，知识信息知情权，知识服务保障权，批评、建议和监督权。

一、图书馆实施人本管理的意义

人本管理是图书馆生存和发展的动力。现代图书馆已采取自动化、数字化和网络化等技术手段，对馆藏信息资源进行加工、存储和流通，为用户提供文献信息服务。但是，技术手段要由人来掌握，由人来支配。技术既是人的智力成果，也需靠人的智力才能得到应用。图书馆毕竟是以人为主体，并依靠人进行管理活动的。知识经济是以知识和智力作为第一要素的经济，因此，作为知识和智力载体的图书馆人才就成为图书馆在知识经济中生存和发展的首要因素，他们是图书馆最重要的资源。未来图书馆的竞争是管理与服务的竞争．而这些竞争归根结底也是各图书馆间图书馆员工总体素质的竞争。

人本管理是图书馆服务高质量的保证。无论是图书馆的采访、编目、信息加工等业务工作，还是面向读者的阅览流通与参考咨询工作，图书馆员工的素质在很大程度上决定了图书馆的服务质量。既然知识经济时代向图书馆提出了智能化的要求，那么图书馆就自然成为高知识含量信息产品的生产地，而这些高知识含量信息产品的设计、生产、操作都是通过图书馆员工来完成与实施的，这就要求图书馆员工的素质不断向专业化、多样化方向发展。图书馆的服务质量、服务水平和服务深度，是图书馆业绩评估的重要指标，高素质的图书馆员工是图书馆服务高质量的保证。

人本管理是图书馆确立新机制的根本。图书馆的人本管理是与"以书为本"的管理相对应的概念。书是图书馆的基础，但是图书馆的管理则必须以人为本，人本管理是建立在尊重人、理解人、关心人的机制上，它强调培育全体员工共同的价值观，爱岗敬业、奋发向上的文化环境以及亲密融洽的人际关系。通过激励机制、竞争机制、保障机制等，使图书馆员工不仅获得劳动报酬的物质满足感，而且获得参与管理、施展才干、获得尊重、自我实现的精神满足感。人本管理能使图书馆的运行机制更适应市场经济的外部环境，有效维持内部动态的平衡，使图书馆的生存与发展充满活力。

二、图书馆人本管理的表现形态

图书馆人本管理表现在情感沟通、建立民主制度、加强自我约束、合理使用人才和创造文化氛围五个方面。

情感沟通是指图书馆领导者与图书馆员工通过情感交流，实现有效管理。它对于调动图书馆员工的积极性，推动图书馆工作的顺利开展有着特殊的作用。通过情感沟通，可以增加对图书馆各层次人员心理需要的了解，尽可能适合和满足他们的需要，从而形成和谐融洽的心理气氛。这就要求领导者以诚恳、信任、关心、理解和支持的态度去对待每一位员工，动之以情、晓之以理，以情感人、以理服人，使图书馆员工从中体会到管理活动中所包含的富于人情味的东西，从而激发工作干劲，消除消极情绪，心情愉快地合作共事。

建立民主制度是指在情感沟通的基础上，建立让图书馆员工参与管理、当家做主的制度。图书馆的领导者要充分调动图书馆员工的主观能动性，使他们在做好本职工作的同时，积极为图书馆的工作献计献策，发挥主人翁精神。在工作决策中，增加透明度，集中大多数员工的智慧，善于接纳不同意见，充分运用职工代表大会、职工合理化建议活动、民主对话、班组民主生活等形式，鼓励大家随时提出有益于图书馆管理的积极建议，建立起一套图书馆工作的民主管理体系，力求达到上下一致，同心同德，推动图书馆事业的进步。

加强自我约束是指在民主管理制度下，图书馆员工要根据图书馆的发展战略和目标，使个人意志与团体意志统一起来而对自身确立的一种行为规则。它是靠员工自觉的行为控制和以自己的工作成果去实施自我约束，这对图书馆员工自身素质建设具有重要意义。在当今信息时代，图书馆员工不仅要具有良好的思想道德素质，自尊、自重、自律、自强，而且要努力调整知识结构，提高综合能力，把现代技术手段和图书馆专业知识结合起来，同时能运用计算机进行文献信息管理，运用数据库和网络开展服务，具备信息处理、外语应用和文字表达、科研和综合分析、经营和公关等综合能力。

合理使用人才是指在自我约束的基础上，最大限度地调动图书馆员工的积极性，充分挖掘图书馆的人才潜力，进行重视培养，合理使用。图书馆领导者必须掌握人才管理的规律，善于发现那些在工作岗位上有创造精神，既懂信息技术，又懂专业知识，并取得优异成绩的图书馆人才，同时还应当保护这些人才的创造精神，鼓励和帮助他们克服各种困难，并积极创造条件为他们提供进一步学习和发展的机会。为了真正实现人尽其才、才尽其用，还必须建立图书馆人才信息管理系统，使人才的培养、使用、流动更加科学化。

创造文化氛围是指要创建一种对全体图书馆员工起主导作用的价值观体系和行为规范，能综合反映图书馆精神，协调图书馆外部环境和内部条件，从而增强图书馆员工的内聚力和向心力，实现图书馆目标的文化环境。它具体表现为图书馆员工共同拥有的信念、职业道德、传统习惯、规章制度、工作态度和人际关系等。积极建立这样一种文化氛围，能使图书馆员工在潜移默化中接受共同的价值观和行为准则，把他们引导到图书馆所确立的目标上去。在融洽的文化氛围中，管理者和员工愉快协作，形成心往一处想、劲往一处使的良好局面。

三、图书馆人本管理的机制

根据图书馆的特点，图书馆实施人本管理应形成合理的动力机制、压力机制和激励机制。

虽然图书馆现在仍属事业单位，基本工资收入稳定，但是，社会经济的发展使人的价值观念产生了变化，随着经济意识的觉醒，人们不再满足于收入的稳定，而是向往高收入来体现个人价值和提高生活水平，这就造成了图书馆行业人才流失严重的局面。面对人才流失现状，图书馆管理者不应怨天尤人，应从人性角度来理解市场经济对人们物质需求的刺激，并采取积极态度和合法手段，扩大经费筹措来源，改善员工收入水平。事实证明，只有打造了产生动力的重要物质基础，打破没有差别的大锅饭分配模式，将工资收入与个人贡献联系起来，拉开分配档次，才能在图书馆内形成一种多劳多得、奖勤罚懒、平等竞争的动力机制。

竞争使人经常面临挑战，具有危机感，正是这种压力才使人产生了持续向上的力量，因而图书馆要在用人、选人等管理工作中充分发挥优胜劣汰的竞争机制。推行竞争上岗，是调动图书馆员工积极性，保持持久工作热情的有效方式。实践证明，采用全员聘任、能上能下的用人机制能使员工有施展才能的机会。竞争机制也使走上领导岗位的人时刻有压力，不敢对工作有丝毫懈怠，营造出一种既有压力又有奔头的良好环境。

员工的潜能能否得到激发，关键在于图书馆管理者建立有效激励机制的手段能否引起员工共鸣。这些手段绝不仅限于物质刺激，只有依靠民主管理、科学管理，针对员工最关心、最迫切需要解决的问题，有的放矢地设置激励目标和条件，从心理上调动员工的积极性，才能充分发挥人的主观能动性。

图书馆实行以人为本的管理，可以改变过去以具体工作、具体任务为中心的旧观念，取而代之的是以员工为中心的新理念。抓住决定工作质量和工作成果的关键因素，就能产生一流的工作效益。图书馆管理者要善于运用这一新理念，指导图书馆管理实践，迎接知识经济对图书馆带来的挑战。

四、以人为本，搞好图书馆管理与服务创新

图书馆的人本管理就是把尊重人、关心人和激励人作为重点，使人人关心图书馆，人人参与管理，充分发挥人在图书馆当中的主宰作用，依靠人的力量完成工作任务，实现整体目标，推动图书馆事业的进步和发展。

培养和树立群体意识是图书馆人本管理的核心。图书馆的基础是各部室的工作人员，图书馆整体目标的实现依赖于每一个人。因此，图书馆人本管理的核心在于突出培养全体成员共同的价值观念，形成一种共识的群体意识——图书馆精神，这是体现图书馆良好形象的重要标志，是一笔无形的财富和宝贵的资源。有了这种精神，就有了向心力和凝聚力，就会激发人们持久的工作热情，提高组织的活力和工作效率。图书馆的人本管理就是要用这种精神进行长期的、潜移默化的教育，使受教育者在自我调控、自我约束的自主管理中得到归属感，增强责任感，使个人与整体达成共识与协调，不断地培养和强化图书馆精神。

建立健全科学合理的规章制度是图书馆人本管理的基础。科学合理的规章制度是使图书馆工作有序运行，进而完成各项工作的保证。严格的规章制度是图书馆内部的"法律"，无论馆内馆外，无论领导群众，只要置身于这个环境，就要积极自觉地遵守它、维护它。对那些遵守制度者要奖赏和宣传，对那些违反制度者则应予以处罚，以达到鼓励先进、鞭策落后的目的。科学合理的规章制度是大家行为的共同准则，在执行过程中，随着人们群

体意识的提高，它会使人们由不习惯到习惯，由强制实行到自觉行动。强制管理与自我管理对立统一的过程，正是规章制度由建立到不断健全和完善的过程，这个过程须臾离不开管理。无数事实表明，没有建立和健全科学合理的规章制度，不能依"法"从严管理，要实现图书馆整体目标是不可能的；没有工作人员在自觉执行和维护科学管理的规章制度基础上的自我管理，要长期保持图书馆优质、高效地完成各项工作，也是难以办到的。

领导者的素质是图书馆人本管理的关键。图书馆领导者是图书馆整体形象的代表和化身，他们的思想道德品质、文化业务水平、科学管理能力影响着图书馆工作人员的价值取向、行为规范和工作目标的实现。成功的管理者不仅需要用经济的、"法律"的手段进行管理，而且要以良好的人格形象——坚持原则、作风正派、勤政廉洁、办事公道、实事求是、平易近人等，影响工作人员思想道德品质的完善。在人本管理中，要讲究方式与技能，善于在不知不觉中支配工作人员的潜意识、共同的价值标准和生活观念，激发他们的自尊与自信，增强工作人员群体的凝聚力、向心力和持久的工作热情，使管理者与被管理者和谐地统一起来。作为图书馆各项工作的管理者和决策人，馆领导应将每个工作人员都作为有思想、有情感、有进取心的人来对待，以自身的操守引导工作人员的行为，稳定工作人员的情绪，平衡工作人员的心理，创造良好的人际关系氛围，使全体工作人员在强烈的责任感和事业心的驱动下，以主人翁的姿态关心图书馆建设，参与图书馆管理，全身心地投入工作。

自我约束、自主管理是图书馆人本管理的最终目的。图书馆工作人员不可避免地会受到复杂多变的社会大环境的影响，在这种情势下，图书馆人本管理的当务之急是教育和引导工作人员扮演好现代社会图书馆管理角色，找准自身位置，崇尚"安贫乐道"的服务敬业精神，通过群体意识的增强、规章制度的完善以及领导者的身体力行，激发全馆人员的工作潜能。

第八章 高校图书馆参考咨询服务

第一节 参考咨询的起源

1876 年,美国伍斯特公共图书馆馆长塞缪尔·斯威特格林在《图书馆与读者的个人关系》一文中, 首次提出"图书馆员应对需求知识和信息的读者提供个别帮助", 指出图书馆开展参考咨询服务的四个理由;"指导读者利用图书馆, 帮助读者解答咨询问题, 辅导读者选择好书, 在社区中推广图书馆"。他的观点阐明了图书馆不仅仅是信息收藏中心, 而应成为知识推广中心。格林对图书馆开展参考咨询服务提出倡议, 并被誉为"参考咨询之父"。自此, 图书馆参考咨询服务逐渐产生并发展, 并成为了与"采分编典流"同样重要的图书馆核心工作, 随着图书馆事业的发展, 参考咨询的服务内容不断丰富、服务形式趋于多样, 服务手段不断改进, 为实现图书馆为读者提供高水平、专业化的信息服务发挥了重要作用。

我国图书馆参考咨询工作始于 20 世纪 20 年代, 清华学校图书馆馆长戴志骞自美国学习图书馆学归来, 在清华学校图书馆设参考部, 此后, 国内大学纷纷仿效, 设立参考咨询部, 至 20 世纪 80 年代, 图书馆参考咨询服务进入繁荣期, 并逐渐规范化发展, 呈现多层次、高水平的发展趋势, 其特性主要包括;第一, 在服务目的上, 协助读者, 寻求知识信息;第二, 在服务于段上, 利用各种资源, 加工整理信息, 方便读者查阅信息;第三, 在服务观念上, 教育读者, 传播知识。当前, 随着网络技术普及应用, 数字参考咨询服务应运而生, 参考咨询的内容、形式、范围都发生了很大的变化, 用户的需求得到了进一步的满足。

第二节　传统参考咨询服务内容

参考咨询服务内容是随着社会及图书馆的发展而不断变化的，传统参考咨询服务以馆藏资源和咨询馆员为中心，以纸质及图书馆硬件资源为基础，设置参考咨询台、参考书阅览室、文献检索室等，为到馆读者提供参考咨询服务。

一、传统参考咨询服务内容

通过多种形式解答读者咨询问题，包括读者当面咨询电话咨询、E-mail 咨询、qq 在线咨询、FAQ 等。咨询内容包括图书馆资源及其利用、文献查找过程中遇到的问题和图书馆各项服务，其咨询解答并不包括为读者查找资料的具体内容，但可以提供建议性的帮助。

二、传统参考咨询服务内容要求

（1）作人员要及时对各种途径的咨询问题进行登记、填写"读者咨询问题登记表"及问题解答情况。对到馆咨询的读者给予明确答复，或引领到相应的部门。

（2）在 2 个工作日对读者 E-mai 咨询的问题进行回复。

保证在 1 个工作日内对 QQ 在线咨询的问题回复。

（3）FAQ；读者经常会遇到并提问的问题，图书馆已经整理了"图书馆常见问题解答"，读者可以从 FAQ 中找到这些问题的答案。

（4）对读者电话咨询的问题，即时予以答复，或直接告知相关部门人员姓名和联系方式，如果不能在规定时间内答复，应告诉读者原因，并确定最后回复时间。

（5）定期分析读者咨询问题，将带有倾向性和普遍性的读者意见反馈给馆长。对于一些不能解答的问题及读者带有倾向性和普遍性的意见、建议要及时反馈给馆内相关部门及馆领导。

第三节　数字参考咨询服务

数字参考咨询服务则在网络支持下将传统参考咨询服务范围加以延伸，文献传递、科技查新、定题服务、读者教育等都相继融入到参考咨询服务范畴，数字参考咨询服务是传统参考咨询在网络环境下的延伸与发展，各种虚拟参考咨询服务目前很多高校图书馆都已开通中国高等教育 CALIS 分布式联合虚拟参考咨询系统（简称 CVRS），将图书馆申请成为 CALS 成员馆，并将馆藏信息和读者信息与本省 CALS 中心实现对接，读者即可以利用 CALIS 资源包括：E 读学术搜索、CALIS 外文期刊网、CALIS 高校书刊联合目录以及 CALIS 虚拟参考咨询系统。

一、CALS 资源简介

（一）资源介绍

1.E 读学术搜索

是国内高校学术文献资源的集成搜索引擎，它包含 300 万种图书、3500 万篇期刊论文、50 万学位论文，以及古籍、拓片等特色资源。在尊重知识产权的基础上，为高校师生提供全文学术资源。

2.CAIS 外文期刊网（CCC）

包含 9 万种刊名、2 万种刊的 3500 万篇期刊论文，CAIS 三期结束时将达到 4.5 万种刊的 6000 万篇期刊论文，还有刊名导航、数据库导航馆藏对比等功能。系统标注了 CALS 高校成员馆的纸本馆藏和电子资源馆藏，用户可以通过全文链接直接下载全文，也可以发送文献传递请求获取全文。

3.CALS 高校书刊联合目录

CALIS 联合目录数据库收录 300 多万条书目记录，馆藏信息达 3300 多万条。涵盖印刷型图书和连续出版物、电子期刊和古籍等多种文献类型；覆盖中文、西文和日文、俄文等语种；书目内容囊括了教育部颁发的关于高校学科建设的全部 71 个二级学科，226 个三级学科。

4.CALS 分布式联合虚拟参考咨询系统（CVRS）

是一个由多馆参加的、具有实际服务能力的面向全国高校的分布式联合虚拟咨询服务体系。

（二）CALS 联合认证登录方法

1.匿名咨询

无需帐号登录，点击"CALS 虚拟参考咨询"，进入"虚拟参考咨询聊城大学"页面，选择"表单咨询"或"实时咨询"即可提交问题进行咨询；

2.账户登录咨询

点击"CALS 虚拟参考咨询"，进入"虚拟参考咨询 ** 大学"页面，在其页面右上角点击"读者登录"按钮，根据界面窗口提示输入"证件号、密码与验证码（证件号为读者登录图书馆"我的图书馆"时的证件号）"。进入界面后，可以进行"表单咨询"和"实时咨询"等操作。

3．若需进行"实时咨询"中的"同步浏览""白板"等其他更多服务

请下载安装"JRE6.0"，并建议使用"In-ternetExplorer8.0"以上版本的浏览器。否则，咨询馆员在窗口会看不到您在咨询问题。"匿名咨询"时，"如需答复请填写正确的 E-mai 地址"。

4.CALS 平台文献传递和馆间互借方法

读者登陆 CALS 吉林省文献信息服务中心，进行文献查询，如有需要，在确认我馆无馆藏的情况下，可以进入"馆际互借读者网关系统"提出文献传递或馆际互借的请求，填写请求请尽可能地信息完整，如否，不能保证反馈的文献信息准确性。通过 CALIS 平台进行文献传递或馆际互借会产生一定的费用，读者在提出申请前请确认所需文献无法通过本馆已购买的电子资源获取。

二、读者教育与用户

培训大力开展用户培训，推进信息素养教育是图书馆读者服务工作的重要内容，主要有以下几种用户培训方式

（一）新生入馆教育

为使新生充分了解和利用图书馆的资源与服务，了解图书馆的布局、OPAC 系统的查询、各种资源与特色服务，图书馆应于每年秋季新生开学时举办"新生入馆教育"。由学校教务科统一安排、分期分批地给全校新生进行《如何利用图书馆》的新生入馆教育讲座。

（二）文献检索课教学

为全校本科生、研究生开设《文献检索》课，制订统的教学大纲，编写文献检索课教材，制作课件，利用多种教学手段，开展文献检索课教学工作。

（三）定期开展文献资源利用的培训

针对图书馆馆藏电子资源，开展多层次、多种形式的讲座。

三、代检代查

代检代查是图书馆参考咨询服务部根据用户的实际需求利用馆内外资源进行针对性的检索，为用户提供多种用途和多种形式的检索结果的项服务工作。参考咨询部利用本馆收藏的所有印刷版检索工具、光盘数据库、取得使用权的所有数据库及网络资源为读者提供服务。如果本馆没有读者需要的检索工具，可通过馆际互借关系获取。

（一）代检代查服务内容

1．专题文献检索服务

为帮助读者快速全面地找到所需文献信息，以便其进行论文撰写和学术研究，参考咨询服务部指定专业人员，根据读者提供的以描述课题的主题词、关键词等有关信息作为检

索人口，利用所有馆藏资源及馆外可用资源，广泛检索，为读者提供详实的相关文献信息。检索结果主要提供相关文献的文摘，也可根据用户的需求提供部分电子全文。本馆电子资源中没有全文的，读者可通过文献传递服务获取全文，文献传递产生的费用由读者个人承担。

2. 定题跟踪服务

按照用户的申请定期或不定期针对某一特定主题进行跟踪检索，把经过筛选的最新检索结果，以书目、索引、全文等方式提供给用户；或是针对自然科学、社会科学及人文科学各个学科、各种项目的研究课题，经与用户协商从课题前期调研、开题立项、中期成果、直到成果验收，开展整个过程的文献检索提供服务

3. 论文收录及引用

检索服务根据用户申请中提供的文献信息，以文献的题名、作者关键词等作为检索入口，检索特定文献是否被 SCI、ISTP、E Ⅰ、CSSCI、PubMed、CNKI、万方数据及维普等数据库收录和被引用情况。可根据检索的结果为用户出具数据库收录证明。收录及被引情况检索中产生的费用由读者个人承担。

（二）代检代查服务流程

1. 读者提交代检代查申请单

提供详细的检索要求（确切的课题中英文关键词及其相互关系等）。

2. 检索人员

（1）根据用户要求，利用图书馆资源及网络资源进行检索，给出检索结果。

（2）对于本馆找不到的原文，通过馆际互借及文献传递等渠道索取原文。

（3）在正常情况下（非正常情况如网络故障等），在确切收到检索请求的 3-5 个工作日内给出检索结果，如对检索时间上有特殊要求的读者应在检索申请单上注明

3. 代检代查申请的要求

（1）无论是通过哪种方式申请代检代查服务，读者必须准确提供个人信息，包括姓名、所在院系或部门、联系电话或邮箱地址

（2）专题文献检索服务要求；为了保证检索结果的准确性和全面性，无论何种方式的检索申请，请按以下要求提供信息；检索需提供课题中、英文关键词（及其同义词、别名、俗称、缩写等），指明每个关键词的重要程度，以及词与词之间的组配关系（具体也可咨询工作人员）。如对检索年代、文献类型、文献语种等有特殊要求的，请一并说明。

（3）论文收录及引用检索服务要求为确保检索准确和快速，委托人需提供被检索人的论文目录，论文目录内容应包括；论文作者、题目、所发表的期刊名称、卷（期）、页码等；委托人提出检索要求和指定要检索的数据库

（三）代检代查具体步骤

（1）读者提出检索申请，填写代检代查申请单，如是有偿服务（如需要委托外馆，如

国家图书馆、清华大学图书馆、东北师范大学图书馆等），需要交押金，根据实际产生的费用进行结算。

（2）检索人员与读者交流沟通，确定详细检索内容。

（3）检索人员制订检索词，构建检索表达式，选择检索工具进行检索。

（4）检索人员对检索结果进行筛选，对符合检索要求的结果进行保存。

（5）检索人员将检索结果（题录、文摘、全文或相关线索）根据读者选择获取文献的方式递交读者。（专题文献检索免费，论文收录及引用检索按实际发生的费用收费）。

四、科技查新科投

查新是由具备一定信息资源基础与相应查新咨询资质人员的查新站通过计算机检索和手工检索等途径，运用综合分析和对比的方法，为评价科研成果、科研立项等的新颖性提供文献查证结果的一种信息咨询服务工作。

（一）科技查新业务的受理范围

1. 科技立项（申报各级、各类科技计划）

2. 科技成果鉴定

3. 申报科技成果奖励

4. 其他（如博士论文开题、评审等）

（二）科技查新程序

1. 办理查新委托手续

查新委托人需先仔细阅读"查新委托须知"，然后认真填写"科技查新委托单"，要由课题负责人或掌握课题全面情况的研究人员填写。由于查新工作人员为检索文献、整理、加工、分析文献到正式出具查新报告需要花费 定的时间，一般情况下每份申请需 10 个工作日。

2. 检索

（1）分析课题——查新人员与委托人一起，针对课题的查新点、科学技术要点等进行深入交流，进一步了解查新目的和具体要求，同时了解课题的具体细节，确定查新重点和检索词并构造检索策略。

（2）调试检索策略—在用户在场的情况下，查新人员利用各种数据库及国际联机系统进行试验，并根据试验情况确定正式检索的数据库及检索策略。

（3）正式检索—在用户在场的情况下，查新人员完成国际联机、国内联机及各相关数据库的检索。

3. 撰写查新报告

（1）索取必要的原始文献和资料——以上检索得到的文献中，有一些只有题目，或是虽有文摘但看不出与查新课题的具体相关性，这些情况下需要查阅原始全文文献，以便与查新课题进行对比分析。

（2）对比分析——将查新课题的技术要点（查新点）与检索得到的相关文献逐篇进行对比，分析查新课题的新颖性，最后做出查新结论。

（3）起草查新报告——查新人员如实地根据前面的检索结果和对比分析结果起草查新报告。

（4）审核、签名、盖章——查新报告最后须经具有高级技术职称的审核人员审定，查新人员和审核人员签名并加盖查新工作站专用章，方能生效。

4.用户取报告和交查新费用

根据科技部的规定，查新咨询工作为有偿服务。完成一个课题的查新正常需要 10 个工作日，如遇特殊情况需要做加急处理时，另收加急费。

（三）查新委托须知

为保证科技查新工作的科学性、客观性、公正性和准确性，维扩查新有关各方的合法权益，请委托单位严格按照以下程序向本查新工作站提交查新委托

1.下载或领取"科技查新委托单"

委托者可通过网上下载，也可直接到图书馆参考咨询服务部办公室领取。

2.填写"科技查新委托单"

（1）由课题负责人或掌握课题全面情况的研究人员填写。

（2）查新项目名称；应与立项书或鉴定书上的项目名称一致。

（3）查新目的；可分为科技立项、科技成果鉴定等

（4）查新项的科学技术要点；具体概括项所属的技术领域、背景技术、要解决的技术问题、采用的技术方案、主要技术特征、技术效果及成果应用情况等。

（5）查新点；查新点是指需要查证的技术创新点般要求每个查新项目不超过 3 个查新点。要以 1，2，3 来标记查新点，逐条列出。

（6）查新要求；查找国内外是否有与本项目相同或类似研究 / 查找国内外有关本项目的科技文献报道 / 查新委托人提出的其他要求。

（7）检索词；关键词（含规范词、同义词、缩写词、相关词）应从查新项目的科学技术要点中抽出，同时应属于查新项目所属专业的文献常用词汇。化学物质除提供化学名称外，应尽可能提供其商品名、俗称、分子式、结构式及 CA 登记号。

（8）参考文献；与查新项目密切相关的国内外同类科学技术和相关科学技术的背景材料（应当尽可能注明文献的著者、题目、刊名、年、卷、期、页）等，以供查新机构在处理查新事务中参考（本查新站妥善保管，结题后归还）。

（9）联系方式应包括负责人和联系人的电话号码于机号码、E-mail 地址。

3．递交填写完毕的"科技查新委托单"

可通过 E-mai 递交电子版，也可到图书馆参考咨询服务部递交书面形式。

4．查新工作站收到"科技查新委托单"后

与委托人讨论可否接受委托，可以接受委托的项目须签订正式的"查新合同"。

5．签订查新合同

签订查新合同在图书馆参考咨询服务部办公室，来时请携带有关的技术资料，如研究报告、总结报告、相关文献已发表的论文、申请的专利等（查新站将妥善保管和保密，结题后可归还）。查新合同采用书面形式，一式两份，自双方签字盖章后有效。

（四）查新委托人协助配合

为更及时有效地完成查新报告，敬请查新委托人协助配合以下工作；

1．请查新委托人据实、完整、准确

向查新机构提供如下查新所需资料：

（1）科研立项查新须提交；立项申请书、主要参考文献等。

（2）成果鉴定查新须提交；项目研制报告、技术报告等。

（3）申报奖励查新须提交；奖项申报书及有关报奖材料（查新站将妥善保管和保密，结题后可归还）。

2．在查新过程中

查新人员就查新项目提出不明事宜时，请查新委托人给予积极的解答与及时的沟通，以确保查新工作的顺利进行。

3．查新委托单的内容一经确定后

不能随意更改确实因需要而更改项目的主要内容、技术性能指标或增加查新点等，则应及时与查新站联系，委托时间也应从修改之日起计算，如有必要将收取相应的修改费用。

4．查新报告一般提供二份正本

用户要求多份时，应事先说明，费用另计。

5．查新项目已接受委托

且已完成检索工作时，若委托人提出取消查新，则需支付一半查新费作为检索费用若此时查新报告已完成，委托人则需支付全部费用。

五、学科馆员

学科馆员是在参考馆员的基础上发展起来的，二者又存在本质上的差异，其服务模式、服务对象、服务性质及职责等各不相同。

（一）学科馆员的角色定位

学科馆员是现代图书馆最重要的岗位之一，其角色具有时代性，出现多种新的定位。

清华大学学科馆员的角色定位为：咨询馆员、需求发现者、需求引领者、培训馆员、学科资源建设参与者。概括为方向定位（信息联络员、信息传递员、信息指导者）；知识定位（非图书馆学的专业知识背景、图书馆学专业知识或工作经验、计算机、网络应用知识和外语水平）；能力定位（沟通能力、信息检索能力、科研能力自学能力、教学能力）；工作定位（与对口院系建立联系、协助采访部门进行馆藏建设、开展学科咨询、用户教育）。

（二）学科馆员的服务模式

学科电子资源培训和咨询

学科馆员在图书馆的电子资源培训与咨询中承担着非常重要的角色，是电子资源培训和咨询的主体，极大地宣传和推广了我馆电子资源，使馆藏电子资源得到了较好的利用。学科馆员推广图书馆服务和电子资源的工作方式主要有；一是针对院系的专场培训。学科馆员会定期或不定期地对负责的院系进行专业相关数据库专题专场培训。二是深入院系的个别辅导工作。针对一些教师在数据库使用上存在的具体问题，学科馆员经常到负责的院系这些教师进行个别辅导，特别重视对一些老教授和知名专家的指导。一些老教授在了解了和他们相关的电子资源后，认为这些资源及使用的方便为他们的教学科研提供了非常大的帮助。学科馆员为知名资深教授提供个别辅导，促进了传统治学手段的改变。

2．学科资源推送

学科馆员采取定期或不定期的方式，与自己负责的院系老师通过 E-mail 进行数据库和电子资源的宣传，向他们介绍图书馆新增加的数据库，通告图书馆举行的各种数据库培训并解答院系教师在使用图书馆电子资源方面遇到的各种咨询问题等。加强咨询解答服务，每天由学科馆员负责随时解答读者通过 E-mail、网上咨询台以及电话提出的咨询问题，多方位地满足用户的不同需求，对咨询问题解答结果进行整理，对经典的咨询添加到 FAQ 中。为宣传资源，由学科馆员制作资源彩页。

3 学科资源建设

学科馆员在学科资源建设上起着积极的作用。学科馆员与其他馆员所做的不同在于；其他馆员关心的是一般的信息资源建设，而学科馆员做专门学科的资源建设，有明确的资源分工。一是学科资源的收集与开发，如新购数据库在试用阶段相关院系师生对数据库的反映及评估的调查；积极推荐院系师生急需的专业数据库，二是学科资源的整合。为了更好地揭示图书馆的电子资源，方便师生利用我馆的资源，学科馆员进行了基于数据库的资源导航外文期刊导航工作。外文期刊导航是对我校购买的电子资源数据库中的期刊按照学科专业进行整合后建立起来基于学科的电子期刊导航数据库。

4．用户需求调查

学科馆员只有了解需求，才能提高服务的有效性。为了更好地了解用户的需求，应当经常性地开展本学科用户调查，以便更好地有针对性地开展专业服务。调查方法是由学科馆员组统一进行调查设计；各学科馆员负责所在学科的调查问卷回收、统计与分析。

参考文献

［1］刘兹恒，徐建华，张久珍.现代图书馆管理 [M].北京：电子工业出版社，2010.

［2］付立宏，袁琳.图书馆管理学 [M].武汉：武汉大学出版社，2010.

［3］丹曲.拉卜楞寺藏传佛教文化论稿 [M].兰州：甘肃出版社，2010.

［4］易先培.中国高等学校少数预科及班教育研究 [M].北京；红旗出版社，2010.

［5］陈自仁.西北大学图书馆馆史.2010.

［6］中国图书馆分类法编辑委员会.中国图书馆分类法 [M].5 版.北京图书馆出版，2010.

［7］国家图书馆《中国文献编目规则》修订组.中国文献编目规则 [M].2 版.北京图书馆出版社，2005.

［8］中华人民共和国国家统计局.中国年鉴 [M].北京：中国统计出版社，2010.